杨富斌　郭海鹏 ◎ 主编

怀特海全集

郭海鹏 ◎ 译

【英】阿尔弗雷德·
诺思·怀特海 ◎ 著

SCIENCE 科学与
现代世界
AND

THE MODERN

WORLD

3

中央编译出版社
CCTP　Central Compilation & Translation Press

图书在版编目（CIP）数据

科学与现代世界 / （英）阿尔弗雷德·诺思·怀特海
著；郭海鹏译. — 北京：中央编译出版社，2025. 5.
ISBN 978-7-5117-4947-5

Ⅰ. K103

中国国家版本馆CIP数据核字第20258DH713号

科学与现代世界

责任编辑	李媛媛　王　岗
责任印制	李　颖
出版发行	中央编译出版社
网　　址	www. cctpcm. com
地　　址	北京市海淀区北四环西路69号（100080）
电　　话	（010）55627391（总编室）　（010）55627307（编辑室） （010）55627320（发行部）　（010）55627377（新技术部）
经　　销	全国新华书店
印　　刷	佳兴达印刷（天津）有限公司
开　　本	880毫米×1230毫米　1/32
字　　数	228千字
印　　张	11. 875
版　　次	2025年5月第1版
印　　次	2025年5月第1次印刷
定　　价	90. 00元

新浪微博：@中央编译出版社　微　信：中央编译出版社（ID: cctphome）
淘宝店铺：中央编译出版社直销店（http://shop108367160. taobao. com）
　　　　　（010）55627331

本社常年法律顾问：北京市吴栾赵阎律师事务所律师　闫军　梁勤
凡有印装质量问题，本社负责调换。电话：（010）55627320

《怀特海全集》编委会

本套《怀特海全集》的出版得到了北师香港浸会大学高等研究院的经费支持。

"七张面孔的思想家"怀特海：
时代坐标下的智慧之光

杨富斌

身处 21 世纪，我们不禁要问：为何要翻译、编辑并出版《怀特海全集》？又为何要研习与探究怀特海的思想？或许，从人类文明演进的宏大视野，特别是从我们全力推进的生态文明建设、中国式现代化建设以及积极构建人类命运共同体的角度出发，来解答这些问题，才能让怀特海思想所蕴含的时代意义与当代价值更加彰显。

一、怀特海的传奇人生

在现代西方哲学的舞台上，与年少成名的弟子罗素相比，身为老师的怀特海堪称大器晚成。再看作为罗素弟子的维特根斯坦，其一生创立了两个观点截然不同且影响深远、拥趸众多的哲学学派；而怀特海这位师爷，却始终围绕自己创立的过程哲学，不断雕琢完善理论体系，思想脉络一以贯之。

怀特海全名为阿尔弗雷德·诺思·怀特海（Alfred North Whitehead，1861 年 2 月 15 日—1947 年 12 月 30 日）。他的人生经历极富传奇色彩，理论贡献也十分卓著，主要体现在以下几方面：

其一，怀特海堪称兴趣广泛、思想独树一帜，且在多学科领域建树颇丰的大师级人物。日本怀特海研究专家田中裕教授赞誉他为"七张面孔的思想家"，认为他兼具数理逻辑学家、理论物理学家、柏拉图主义者、形而上学家、过程神学创立者、深邃生态学家以及秉持教育家立场的批评家等多重身份。这些评价或许并非无可挑剔，但也从侧面展现出怀特海作为综合性大思想家的特质。

其二，怀特海一生未师从任何哲学家，也未曾聆听过哪位哲学家系统性的课程或讲座，却在哲学思想领域凭借自学自成一派，独立创立了过程哲学，亦称机体哲学。由于在数学哲学和科学哲学研究方面成绩斐然，在从伦敦帝国理工学院数学教授席位退休后，他被哈佛大学哲学系聘为讲座教授；哈佛大学甚至打破原定一年的聘期惯例，任由他讲学多年。结果，他在哈佛一讲就是十三年，直至 76 岁因身体缘故才"二次退休"。正是在哈佛期间，他开创了具有深远影响的过程哲学学派。从怀特海算起，历经查尔斯·哈茨肖恩、小约翰·柯布、大卫·格里芬、菲里浦·克莱顿、杰伊·麦克丹尼尔等，过程哲学思想已传承了四五代，并且在 21 世纪展现出愈发强劲的发展态势，这对现代西方哲学家发展而言极为罕见。大卫·格里芬甚至大胆预言，哲学发展的 21 世纪或将成为"怀特海世纪"。

其三，怀特海在大学学习与工作时专攻数学，随后从纯粹数学转向应用数学，进而涉足理论物理学，又从理论物理拓展至形而上学与哲学领域。虽说他的数学研究从纯数学角度而言并无重大突破，但他与罗素合著的《数学原理》，却是数理逻辑，即符号逻辑的奠基之作，也是哥德尔提出"哥德尔不完全性定理"的重要研究蓝本，该书因此跻身 20 世纪西方最具影响力的 100 部英语学术著作之列。

其四，对于达尔文进化论、麦克斯韦电磁学、爱因斯坦相对论以及普朗克量子力学，怀特海给出了深刻且系统全面的哲学概括与总结，在现代西方哲学家中，他是对这些科学学说反思最为透彻的思想家之一。尤其是在《相对性原理》一书中，他大胆质疑爱因斯坦相对论的时空观，依据"矢量学说"与"事件学说"，批评以爱因斯坦为代表的科学家只认可"钟表时间"，却否认自然界存在客观时间持续性的观点。这一观点在当下宇宙学、物理学以及哲学的"时间理论"研究中，依旧具有重大现实意义。

其五，自怀特海逝世后，哈佛大学哲学系设立了以"怀特海讲座"命名的系列讲座，以此缅怀这位伟大的哲学家。每两年左右举办一届的"国际怀特海大会"，同样以他的名字命名，至今已成功举办 13 届。最近一届，即第十三届国际怀特海大会，于 2023 年 7 月在德国慕尼黑举行。基于怀特海哲学创立的建设性后现代主义学说，被我国著名哲学家汤一介先生赞誉为"19 世纪末 20 世纪初西方最具创新性的学派之一"。

二、怀特海思想发展的三阶段

1861 年 2 月 15 日，怀特海诞生于英格兰的一个教育世家。幼年时，他身体羸弱，父母出于对其健康的担忧，在他到了入学年龄时，选择让他在家自学。在那段时光里，他尽情遨游在自己喜爱的各类书籍之中；同时，常听家中园丁讲述故事，并在园丁的引导下，细致观察庭院里的各种植物、花卉与昆虫。这般早年经历，深深烙印在他心中，对他毕生亲近自然、敬畏生命的品性产生了极为深远的影响。

从 10 岁起，怀特海踏上自学拉丁文的征程。12 岁时，他开始自学希腊文。他不仅痴迷于广泛阅读，对数学、历史和文学作品满怀热忱，还乐于与他人探讨问题，这使得他一生都广结善缘，无论面对何人，包括自己的学生，都能以平等的姿态展开讨论。

1875 年，14 岁的怀特海身体逐渐强壮起来，他的父亲便将他送入一所声名远扬的中学 ——位于英格兰南部多塞特郡的舍伯恩中学。相传，阿尔弗雷德大帝（849—899 年）也曾是这所学校的学子。这所中学以修道院建筑作为校舍，怀特海有幸能够使用修道院长的书房，这为他打开了知识的宝库，让他有机会饱览大量自己喜爱的书籍。这一经历对他日后在学术研究中，秉持不拘泥于单一学派观点与思想的治学风格，起到了至关重要的塑造作用。

1880 年，年仅 19 岁的怀特海凭借优异成绩考入剑桥大学三一学院，主攻数学专业。然而，他的兴趣广泛，对政治、宗教、哲学和文学同样兴致盎然，尤其钟情于文学，这促使他阅读了海量的著作。众所周知，剑桥三一学院可谓人才辈出，牛顿、麦克斯韦、卡文迪许等众多著名科学家皆曾于此求学。怀特海后来曾提及，在社交能力的培养与知识的训练方面，剑桥大学，尤其是三一学院，给予了他极大的助力。晚年，他前往美国马萨诸塞州坎布里奇的哈佛工作，有趣的是，此地英文原名也是"Cambridge"，为与英国剑桥区分，才音译为"坎布里奇"。从这个层面来说，怀特海的大学学习以及最初的教学和研究工作生涯，皆始于剑桥。

怀特海曾评价道，剑桥大学教学规范严谨，教师们不仅素质卓越，还风趣睿智。在大学期间，他不仅认真听课、聆听讲座，还热衷于与人交流，常常与同学、老师和朋友探讨各类问题。这些讨论通常从傍晚六点或七点的正餐时分开启，一直持续到晚上十点左右。结束讨论后，他往往还会再钻研三个小时的数学。尤为特别的是，他的朋友圈子并非依据所学专业划分，大家讨论的话题五花八门，涵盖政治、社会、宗教、哲学、文学等诸多领域，而他对文学的偏爱更是溢于言表。这很大程度上得益于他被选为剑桥大学一个秘密学习社团——"使徒协会"的成员。该学会没有教师参与，由不同专业的学生组成，每个周末晚上都会专门针对一个问题展开讨论，由会员轮流进行主题发言。像罗素等知名校友，也曾是这个社团的一员。到1885年他获得研究生奖学金时，他已能大段背诵康德《纯粹理性批判》的部分章节。对于自己在剑桥大学期间这种自由交谈的学习方式，他戏称其为"柏拉图式的对话"，并称赞剑桥大学的教学方式为"仿效柏拉图式的方法"。正因如此，他对柏拉图《理想国》和伽利略《两种科学的对话》等对话体写作方式也格外推崇，认为这种方式能够淋漓尽致地表达作者的思想与观念。

1890年12月，一次偶然的机会，怀特海于亲戚家中邂逅了美丽聪慧且擅长社交的女子伊芙琳·韦德。随后，在父亲和哥哥的主持下，他与伊芙琳幸福地步入了婚姻的殿堂。然而，他的母亲却不太中意这位并非毕业于名牌大学的儿媳妇，甚至没有出席他们的婚礼。自此，他的妻子与母亲关系始终不睦，往来甚少；但不得不说，怀特海遇见伊芙琳是他莫大的幸运。他的父亲欣喜地看到，儿子婚后性格大为改变，比以往开朗了许多。据怀特海自己所言，妻子对他的世界观以及为人处世的方式产生了深远影响，这在他的哲学研究中是一个不可忽视的重要因素。长期以来，怀特海生活在英国职业阶层那种狭隘沉闷的英国式教育环境之中。这个职业阶层，既影响着上层的贵族，又引导着下层的社会大众，其盛行在一定程度上成为影响19世纪英国社会发展的关键因素之一。而伊芙琳自幼跟随身为军人和英国驻法外交官的父亲生活，在法国长大并接受教育，说话带着一丝法语口音。她气质大方美丽，待人接物从容得体，生活追求丰富多彩，家庭布置独具品味，引得剑桥大学教授们的家属们都羡慕不已。伊芙琳极强的社交能力，与性格内向、略显沉闷的怀特海形成了鲜明的反差与完美的互补。这使得怀特海后来逐渐领悟并总结出，道德和美学意义上的美，乃是生存的终极目的；善良、爱以及艺术上的满足，则是实现这一目的的具体形式。逻辑和科学能够揭示相关的模式，同时也能帮助我们规避不相关的事物。

由于学业成绩优异，怀特海毕业后顺利留校，在三一学院担任数学教师。与其他毕业留校后急于发表或出版研究成果的年轻学者不同，怀特海直到留校约 13 年后的 1898 年，才推出了自己的第一部学术著作——《普遍代数论》。这部极具创新性的数学著作一经问世，便为他赢得了极高的声誉。五年后的 1903 年，他成功当选为英国皇家学会会员。大约 30 年后的 1931 年，因在哲学研究领域取得的卓越成就，他又当选为英国科学院院士。在英国学术界，能够同时拥有这两个身份的人可谓凤毛麟角。

1901 年，怀特海与他曾经的学生、当时的同事伯特兰·罗素携手，开始共同撰写《数学原理》。这部著作的书名采用拉丁文书写，并且有意与牛顿那享誉全球的《自然哲学的数学原理》同名，足见他们壮志凌云。这部三卷本的《数学原理》堪称数理逻辑或符号逻辑领域的奠基之作，哥德尔更是以此书为研究对象，提出了著名的"哥德尔不完全性定理"。当初，罗素进入剑桥大学的那份数学入学考试试卷，怀特海正是阅卷人之一，他对罗素的数学天赋极为赏识，也正因如此，二人从师生关系逐渐转变为朋友与同事。然而，遗憾的是，随着时间的推移，二人在世界观和哲学观点上产生了分歧，在写作《数学原理》的过程中，最终分道扬镳。罗素秉持逻辑原子主义的主张，坚信通过将复杂命题还原为原子命题，便能清晰地认识和解释世界，因为他认为世界中的事物如同弹子一般，彼此界限分明，通过还原论的分析即可洞悉一切。而怀特海则认为，世界是一个无比复杂的有机体，宛如一个无限庞大的"果冻"，其中各个事物之间的界限并非那般清晰可辨。人类唯有借助数学、科学、哲学、艺术和宗教等多种不同的认知方式，才能获取对世界的有限认知。正如怀特海所言："在哲学讨论中，对终极性陈述哪怕仅有丝毫独断式的确信，都是一种愚蠢的表现。"也正因为此，怀特海对罗素的学生维特根斯坦的语言哲学思想也并非完全认同，在与维特根斯坦进行了一次深入交谈后，二人鲜少再有交集。

1910 年，怀特海因不满学校对一位老师的不公正处分，毅然辞去了在剑桥大学的高级讲师职位，迁居伦敦、另谋教职。学术界将怀特海从 1880 年进入剑桥大学学习和工作，到 1910 年离开的这段时期，称作怀特海思想发展的"剑桥时期"。这一时期，他的代表作包括《普遍代数论》（1898年）、《画法几何学公理》（1905 年）、《射影几何公理》（1906 年）以及三卷本的《数学原理》（与罗素合著、1910

年、1912年、1913年）。

在赋闲在家的一年左右时间里，怀特海潜心撰写了《数学导论》一书，并深入研究应用数学。凭借这些积累，1911年，他顺利应聘到伦敦大学大学学院，担任应用数学讲师。1914—1924年，他先后在伦敦大学大学学院担任不同教职，随后又在帝国理工学院担任教授，期间还先后担任过科学系主任、教务委员会主任和校务会成员。正是在此期间，基于对英国教育教学制度和实践的深入思考，他撰写了日后出版的《教育的目的》中的大部分文章。在这些教学和管理工作的磨砺中，他逐渐改变了对现代工业文明中高等教育的看法，对面向过去的精英教育模式，如牛津和剑桥模式、德国模式提出了尖锐批评，而对伦敦大学面向现在和未来的教育模式则给予了高度赞赏。在学术研究方面，受到爱因斯坦相对论和普朗克量子力学的影响，加之在剑桥大学时达尔文进化论和麦克斯韦电磁学在他心中留下的深刻烙印，他陆续撰写并出版了三部重要的自然哲学和科学哲学著作——《自然知识原理探究》（1919年）、《自然的概念》（1920年）、《相对性原理》（1922年）。这三部哲学著作在西方学术界引起了广泛关注，众多知名学者纷纷推荐他前往哈佛大学任教。于是，在63岁从伦敦大学教授职位退休时，他"颇感意外地"被聘为哈佛大学哲学讲席教授。

学术界通常将1911—1923年视为怀特海学术思想发展的第二个时期，即"伦敦时期"。这一时期，他的代表作有

《自然知识原理探究》（1919 年）、《自然的概念》（1920 年）和《相对性原理》（1922 年）。

在怀特海到来"约 30 年前"，哈佛大学哲学系曾有一段"伟大时期"。彼时，哲学系汇聚了罗伊斯、詹姆士、桑塔亚那、帕麦尔、闵斯特贝尔格等众多著名哲学家，他们组成了一支令人瞩目的学术团队。这是一群勇于探索、善于思辨、积极寻求新观念的学者。到了 20 世纪 20 年代，哈佛大学哲学系主持系务工作的伍兹（J. H. Woods）教授为了重振哈佛哲学系的辉煌，在全球范围内广纳贤才。当时颇具声望的哲学家柏格森、罗素、爱丁顿和杜威等，皆在他们的聘用名单之中。1920 年 3 月 10 日，伍兹教授向哈佛大学校长洛威尔（Lowell）提议聘任怀特海主讲科学哲学，洛威尔校长认为暂不宜做出过多承诺，因为当时他对怀特海讲授哲学的能力仍心存疑虑。然而，到了 1923 年，生物化学家劳伦斯·亨德森（Lawrence J. Henderson）再次向校长洛威尔举荐怀特海，并借用柏格森的话评价道：他是用英语写作的最杰出的哲学家。同时，专门探讨科学哲学问题的"罗伊斯聚餐会"团体内的成员，都曾拜读过怀特海的一些著作，并对其赞赏有加，他们一致强烈呼吁，哈佛应当招揽这样的人才。于是，1924 年，怀特海收到了来自哈佛大学哲学系的越洋电报——一封邀请函，邀请他前往哈佛大学主持哲学讲座，工作年限为五年。即将赋闲在家的怀特海欣然应允。由此，他开启了学术生涯中最为光辉的篇章，奏响了其一生最具哲学创造力的乐章。他后来曾感慨道："我难以用言语充分表达哈佛大学校方、我的同事、学生以及我的朋友们给予我的鼓励与帮助。他们对我和我的妻子关怀备至。我出版的书中难免存在疏漏和错误，这完全由我个人负责。在此，我大胆引用一句适用于所有哲学著作的评论：哲学试图用有限的语言表述无穷的宇宙。"

与年少成名、名扬四海的罗素不同，怀特海可谓是大器晚成、自学成才的思想家典范。他从未正式听过一门哲学课程，所有的哲学思想皆源自自学以及与他人的探讨。他直到50多岁才被评上教授，且还是应用数学领域的教授。然而，在他思想发展的第三个时期，即"哈佛时期"，他相继完成了一系列哲学巨著——《科学与现代世界》（1925年）、《过程与实在》（1929年）、《观念的探险》（1933年）、《自然与生命》（1934年）、《思想方式》（1938年）以及《科学与哲学文集》（1947年）等。他的教育哲学著作《教育的目的》（1929年）也在这一时期出版。正是通过这些著作，他成功创立了过程哲学，亦称为"有机体哲学"，得到了众多西方哲学大家的认可，实现了西方哲学从实体到过程的"过程转向"，对传统西方实体哲学形成了超越性的冲击。从此，由黑格尔思辨辩证法明确开创，经马克思和恩格斯唯物辩证法继承与完善的过程哲学思想，在人类哲学思想的百花园中，绽放出一朵绚丽独特的时代精神之花。

颇具戏剧性的是，怀特海在哈佛大学开讲科学哲学之初，慕名而来的听众众多，"爱默生"教学楼演讲厅座无虚席。然而，没过多久，听讲者便寥寥无几，甚至连是否让他继续授课都成了问题。这是因为他所讲授的过程哲学或有机体哲学思想，与分析哲学大本营哈佛大学哲学系的主流思想大相径庭。以至于有的教授在听过他的讲座后，评价他是"纯粹的柏格森主义者"。在当时的美国哲学界，这几乎等同于骂人。不过，哈佛大学校长洛威尔和哲学系主任伍兹独具慧眼，坚信这位《数学原理》（三卷）、《自然知识原理探究》《自然的概念》和《相对性原理》的作者，绝非信口开河。或许，他所阐述的思想观念过于超前，让人一时难以理解。于是，他们不仅明确表态继续聘任怀特海授课，还给予了他哈佛大学当时最高的年薪，并让他按自己的意愿决定授课年限。结果，怀特海在哈佛一讲就是十三年，直至1937年，76岁的他才因身体原因从哈佛大学讲座教授职位上退休。

退休之后，怀特海依然笔耕不辍，在哲学领域持续耕耘，不时发表学术论文。尤其是《论不朽》和《数学与善》这两篇论文，极具创新性。在生命的最后一年——1947年，他将这些论文结集出版，推出了平生最后一部著作《科学与哲学文集》。同年12月30日，享年86岁的怀特海与世长辞，这位一代思想大师的遗体最终长眠于马萨诸塞州的坎布里奇。

随着时间的推移，凭借其助教和传人查尔斯·哈茨肖恩教授在芝加哥大学对过程哲学的大力传播与讲授，哈茨肖恩教授的弟子小约翰·柯布以及柯布的学生大卫·格里芬对怀特海过程哲学的深入解读与应用，特别是在美国加州克莱蒙研究生大学神学院由柯布等人创立的过程研究中心，创办的《过程研究》杂志，以及每两年举办一次的国际怀特海大会，如今，尽管怀特海已离去，但他那极富创新性的过程哲学思想以及"过程—关系—有机"观念，如同他所说的"永恒客体"一般，永远留存于世间，供我们汲取、思考，激励着我们不断开拓创新，为推动实现人类命运共同体的共同福祉而不懈努力。

三、广义和狭义过程哲学及总体评价

过程哲学思想源远流长，并非怀特海首创或独创。在古老的华夏大地，被誉为"群经之首"的《易经》，其核心主旨之一便是阐述"变易"之道。正因如此，它的英文译名为 *The Book of Change*，即"变化之书"。而《黄帝内经》自开篇至结尾，始终贯穿着过程思想，据统计，其中提及过程之处达二百余。《道德经》里那句"道生一，一生二，二生三，三生万物"，更是将以"生成"为根基的过程思想展露无遗。《论语》中的"子在川上曰：逝者如斯夫"的喟叹，以生动形象的笔触描绘出世界的过程性本质。

在遥远的古代西方，当哲学家泰勒斯提出"水是万物的本原"时，过程思想已悄然蕴含其中。毕竟，水并非静止不变的实体，而是处于流动的过程之中。赫拉克利特提出"永恒的活火"概念，其过程哲学内涵不言而喻。古希腊哲人们诸如"无人能两次跨过同一条河流""太阳每天都是新的"这般经典命题，更是将过程哲学思想直白地呈现出来。步入近代西方哲学时期，德国古典哲学家黑格尔清晰地概括出世界具有过程性这一伟大的基本思想。马克思和恩格斯敏锐地汲取了黑格尔的过程哲学思想精髓，不过，他们将黑格尔那倒立的唯心主义哲学重新扶正，创立了以联系和发展为显著特征的唯物辩证法哲学，亦称为实践唯物主义哲学。

然而，唯有怀特海构建起了具有体系化、大写意义上的过程哲学理论大厦。尽管古往今来、中外各方的思想家们，脑海中都不乏丰富的过程哲学思想火花；但他们之中，无人能像怀特海这般，精心雕琢出一套专属于过程哲学的基本概念与范畴体系，并以此为基石，搭建过程哲学的基础理论架构。这一体系为我们勾勒出一幅独特的世界图景，既迥异于以牛顿力学为根基的机械唯物主义或形而上学唯物主义所描绘的世界，也与形形色色的唯心主义世界观大相径庭。在怀特海的世界图景里，宇宙仿若一个充满生机的有机体，具备过程性与关系性这两大总体特征，其中蕴藏着过程原理、摄入原理、创造性原理、主体性原理、相关性原理、本体论原理与合生原理共七大基本原理。在终极动力因——创造力的强劲推动下，宇宙遵循着"多生成一、并由一而长"的根本规律，持续不断地由低级向高级、从简单到复杂进行创造性的演进。这无疑向我们揭示，世界本身就是一个动态的过程，"自然界永远不会完成"。也正因如此，西方学术界将怀特海创立的这一哲学理论体系命名为大写的过程哲学（Process Philosophy），堪称恰如其分、名副其实，即便他本人将自己的哲学称作"有机哲学"或"机体哲学"（the philosophy of organism）。倘若把古今中外那些散落在各处的过程哲学思想视作广义的过程哲学范畴，那么，怀特海的哲学思想无疑属于严格意义上、狭义的过程哲学。

从怀特海个人的哲学思想发展脉络来看，无论是其早期在剑桥时期与伦敦时期出版的自然哲学和科学哲学著作，还是哈佛时期推出的思辨哲学著作，过程哲学思想如同一根红线，贯穿始终。纵观其一生，经过数十年殚精竭虑的创造性思考与精心著述，怀特海为我们奉献了一套全面而系统的过程哲学思想体系。这一学说在西方哲学界引发了一场波澜壮阔的革命，其影响力堪与康德的"哥白尼式的革命"相媲美。这场革命促使西方哲学的主导地位，从实体哲学悄然转向过程哲学或机体哲学。诚如我国现代西方哲学研究领域的专家刘放桐教授所言，怀特海的过程哲学引领西方哲学发展实现了意义重大的"过程转向"。直至今日，这一转向仍在持续推进的进程之中。大卫·格里芬甚至大胆预言，21世纪的哲学或将迎来"过程哲学的世纪"。

我们都知道，马克思和恩格斯创立的崭新哲学被他们命名为"历史唯物主义"或"实践唯物主义"。虽说这一哲学依旧保留着"唯物主义"的名号，但其内涵早已超脱17

世纪以来以牛顿力学为基础的机械唯物主义范畴，也与费尔巴哈所代表的形而上学唯物主义大不相同。

之所以如此断言，原因主要有两点。其一，马克思和恩格斯深刻洞察到，"唯物主义在后续的发展进程中逐渐走向片面化""变得对人充满敌意"。在这种唯物主义观念里，"抽象的物质""抽象的实体"摇身一变，成为一切变化的主体，构成了"万物的本性和存在的动力因"，而这显然是马克思和恩格斯无法认同的。在他们看来，旧唯物主义与唯心主义存在一个共同的致命缺陷，即二者均未能正确理解人类实践活动及其蕴含的重大意义。马克思和恩格斯毅然将自己创立的新哲学命名为"实践的唯物主义"。这一命名绝非随意为之，而是具有全局性、根本性的定义，实践的唯物主义乃是马克思主义哲学的本质特征得以彰显。基于此观点审视，"整个所谓世界历史，归根结底是人通过自身劳动得以诞生的过程，也是自然界向人类生成的过程"。

其二，恩格斯在《路德维希·费尔巴哈和德国古典哲学的终结》一书中明确指出，在马克思主义所秉持的唯物辩证法视野下，不存在任何永恒不变、绝对正确、神圣不可侵犯的事物；它揭示了世间万物的暂时性；在它面前，唯有生成与灭亡的持续过程，以及从低级向高级永无止境的上升运动，其他一切皆不存在。唯物辩证法本身，正是这一过程在人类思维头脑中的反映。反观18世纪的唯物主义主要表现为机械唯物主义，在其观念里，"人是机器"。仅仅运用力学尺度去衡量化学性质和有机性质的过程（在这些过程中，力学定律虽有作用，但被其他更为高阶的定律排挤至次要位置），这是法国古典唯物主义的一个显著却在当时难以避免的局限性。这种唯物主义的另一大特有局限在于：它无法将世界视作一个过程，无法理解世界是处于持续历史发展进程中的物质。而在黑格尔学派解体过程中诞生的诸多派别里，唯一真正结出累累硕果的派别，主要与马克思的名字紧密相连。恩格斯认为："一个伟大的基本思想，即世界并非既成事物的简单集合体，而是过程的集合体。在这个集合体中，看似稳定的事物以及它们在我们头脑中形成的思想映象——概念，都处于生成与灭亡的持续变化之中。在这一变化过程里，尽管存在诸多表面上的偶然性，尽管会出现暂时的倒退，但前进发展的趋势终究会得以实现——这个伟大的基本思想，尤其是自黑格尔时代以来，已逐渐成为大众的普遍意识，以至于在这种一般性表述形式下，它大概率不会遭遇反对之声。"

恩格斯于1886年刊载在《新时代》杂志上的这段论述表明，怀特海的过程哲学思想并非在20世纪毫无征兆地横空出世。恰恰相反，它既是自古希腊以来过程思想历经漫长岁月积淀、持续发展的结晶，比如古希腊哲学家提出的"无人能两次跨过同一条河流""太阳每天都是新的"等经典过程思想，也是近代西方哲学家们的过程思想或有机体思想不断演进的成果；其中亦包含着对马克思和恩格斯过程思想，尤其是对恩格斯过程思想的继承与发扬。英国科学史家李约瑟在其著作中，通过深入的历史考察后指出：

"当新科学时代来临之际，人们惊觉一长串的哲学思想家早已为之铺垫好了前行道路——从怀特海回溯至恩格斯与黑格尔，再从黑格尔追溯到莱布尼茨——那时的思想灵感或许全然不再局限于欧洲本土。"

虽然恩格斯在《反杜林论》中盛赞"黑格尔首次——这无疑是他的卓越功绩——将整个自然的、历史的和精神的世界描绘成一个过程，即把它刻画为处于持续的运动、变化、转变和发展之中，并竭力揭示这种运动和发展的内在联系"。然而，黑格尔的哲学属于客观唯心主义哲学范畴，其辩证运动的真正主体并非客观的外部世界，而是"绝对精神"，他所提及的自然界和历史，不过是绝对精神的外化或异化形态。这与怀特海以进化论、电磁论、相对论和量子力学为依托所阐述的过程哲学截然不同，在怀特海的认知里，世界乃是客观存在的宇宙整体。因此，对于怀特海过程哲学或机体哲学的总体评价，我们不妨引用马克思的一句话："哲学不是游离于世界之外的空想""任何真正的哲学都是自己时代精神的精华""哲学都要与自己所处时代的现实世界相互接触、相互作用，它是文明鲜活的灵魂"。这恰恰精准地诠释了哲学的功用与价值所在。而怀特海的过程哲学或机体哲学，无疑正是我们这个时代精神精华的重要构成部分，也是文明鲜活灵魂的有机组成部分。

四、怀特海过程哲学的基本特征

怀特海所构建的过程哲学体系，犹如一座精心雕琢的宏伟建筑，严密且完整，其内涵之丰富，令人叹为观止。体系中创新的思想与观点如璀璨星辰，交相辉映，那些格言般的名言警句，宛如智慧的火种，常常在读者心中点燃灵感的火焰，令人拍案叫绝；思绪随之飘飞，联翩不断。然而，在其代表作《过程与实在》等著作及论文里，部分表述犹如隐藏在迷雾之中，晦涩难懂；他所创造的一些新概念、新范畴，更是如同神秘的密码，让人捉摸不透，不知所云。即便是以英语为母语的英美读者，在研读英文版《过程与实在》时，也时常眉头紧锁，倍感头痛。有人评价这部著作的阅读难度，丝毫不亚于康德那部声名远扬的《纯粹理性批判》，甚至调侃说，若真想读懂它，非得耗尽心力，如同折断脊梁骨一般。

不过，我们不妨先着眼于过程哲学的三个基本特征，以此作为切入点，从宏观视角把握过程哲学的大致轮廓，洞悉它与其他西方哲学流派究竟存在哪些本质差异。

（一）过程哲学是一种不同于传统西方哲学诸流派的新哲学

首先，怀特海的过程哲学与传统西方哲学中的机械唯物主义或形而上学唯物主义有着天壤之别。回顾历史，尽管不同的唯物主义者在具体观点上存在分歧，但在"世界由物质实体构成"这一根本立场上，他们如出一辙。怀特海常将其称为"科学的唯物主义"，意指以牛顿经典力学为科学根基的唯物主义。在他看来，这种唯物主义的症结在于，将世界的基本构成要素简单归结为"物质"或"质料"，并认定这种物质或质料是一种无须依赖任何其他事物，便能独立存在的实体。而且，作为恒定不变的主体，无论其属性如何千变万化，实体本身始终保持同一。自亚里士多德时代起，直至笛卡尔哲学，这种实体物质观一直占据主导地位；然而，怀特海对其发起了猛烈批判，将这种理论概括的错误斥为"误置具体性之谬误"的典型范例。这就好比将生机勃勃、充满活力的客观实在，硬生生地抽象成了惰性十足、孤立无援的物质实体或质料，恰似"错把地图当风景"，本末倒置。而在现实世界中，万事万物皆处于永不停歇的运动、变化与发展进程之中，自然界在本质上是一个有机的整体。因此，以牛顿经典物理学为依托的"科学唯物主义"，根本无法为我们勾勒出一幅真实、准确的世界图景。与之形成鲜明对比的是，怀特海的过程哲学系且深入地阐述了"世界是一个过程"这一核心主张，并对世界的过程原理进行了全面概括与阐释。

其次，怀特海的过程哲学也与传统西方哲学中的各类唯心主义哲学大相径庭。无论是柏拉图、黑格尔所代表的客观唯心主义，还是贝克莱主张的主观唯心主义，本质上都属于实体实在论的范畴。它们坚持认为精神实体是第一性的，而与之相对的物质实体则是第二性的。怀特海却犀利地指出，以理念、观念或思想作为世界的本体或本原，以此来解释我们所处的世界，这种观点过于片面。此类学说既无法合理说明物质自然界的产生与进化历程，也难以从科学角度阐释物质与精神之间的相互作用机制。叔本华曾一针见血地指出，无论是唯物主义者还是唯心主义者，都难以合理地解释物质与精神这两种性质截然不同的事物如何相互作用，他将此视为他们哲学中难以解开的"世界之死结"，这一论断切中要害。而怀特海的过程哲学另辟蹊径，以任何现实事物都兼具物质极与精神极为基石，凭借彻底的过程一元论，成功解开了物质与精神相互作用这一难题，因而受到格里芬的高度赞誉，称其真正解开了传统唯物主义和唯心主义都望而却步的"世界之死结"。

再次，怀特海的过程哲学与以笛卡尔为代表的二元论哲学亦有着显著差异。被誉为西方现代哲学之父的笛卡尔，创立了二元论哲学，将物质与精神视为两个相互独立、互不关联的实体。在当时的历史背景下，这种观点发挥了积极作用，实现了"恺撒的归恺撒，上帝的归上帝"，使得哲学、科学与宗教神学得以各自独立发展，尤其是推动了科学和哲学对物质的研究取得长足进步。然而，物质与精神这两种实体的二元对立，不仅引发了物质与精神如何相互作用的"世界之死结"，还衍生出一系列二元对立，诸如自然与社会、科学与人文、主体与客体、感性与理性、现象与本质、可能与现实、抽象与具体、有限与无限等。这些对立使得哲学与科学研究逐渐偏离现实，难以揭示统一宇宙的全貌。怀特海的过程哲学则坚定地认为，任何现实事物都包含物质极与精神极两个层面，它们实则是同一客观实在的不同侧面。这一观点从根本上解答了物质与精神何以能够相互作用的问题。

最后，怀特海的过程哲学既敏锐地批判了现代西方哲学中各派分析哲学的片面性，也深刻地剖析了现象学的局限性，力求构建一种综合性的哲学体系，用以阐释整个世界的各类经验。在怀特海眼中，强调对语言、经验、逻辑、精神等方面进行分析，无疑具有重大意义且至关重要；倘若忽视了语言、经验、逻辑、精神等与实在之间的内在联系，那么这种分析就会陷入片面的泥沼。脱离了与世界实在性的关联，单纯地探讨语言、经验、逻辑和精神等现象，犹如无本之木，缺乏本体论根基，不仅片面，而且难以自圆其说。

现象学运动仅仅聚焦于现象，将世界的实在性等其他一切因素都"悬置"起来。从认识论和方法论的角度来看，这固然具有一定的合理性。然而，若否定现象与实在之间的本质联系，就不仅难以合理解释现象产生的根源，更无法清晰阐释自然的进化、社会的进步乃至整个宇宙的演化过程。从认识论层面而言，也难以说明人类如何从已知领域迈向未知领域。因为倘若我们仅仅局限于经验的直接给予和纯粹现象，那么诸如磁场、引力场、微观粒子的内部结构等问题，以及他人的存在和历史发展等现象，都将难以得到合理的解释。怀特海在《观念的探险》中明确指出，我们秉持一种基本信念而生存，即显现或现象与实在之间存在着真实的连续性。这是我们正常生存所依赖的"硬内核常识"（格里芬语）。一旦违背这些硬内核常识，我们便难以在社会中正常立足。自然科学与人类经验反复向我们证明，现象与本质或实在之间存在着内在联系，倘若我们把现象等同于本质，那么所有的科学研究都将变得毫无必要。

（二）过程哲学是一种建立在最新科学基础之上的思辨哲学

与那些坚决拒斥传统形而上学的现代西方哲学流派，尤其是实证主义流派不同，怀特海旗帜鲜明且自觉地致力于构建一种以最新科学成果为基石的形而上学思辨体系。在当代西方哲学家中，能有如此理念与行动者，实属凤毛麟角。他对形而上学的理解，在某种程度上与康德所倡导的科学的形而上学不谋而合。

首先，过程哲学的目标便是构建一种思辨形而上学体系。在怀特海看来，形而上学是一种孕育知识的重要方法。在人类的所有思想活动中，都或多或少地蕴含着思辨的成分。科学发现的过程，实则是一个不断进行猜想与反驳的试错过程，其中思辨不可或缺。任何试图彻底摆脱思辨的思想家，最终都难以取得成功。即便是对形而上学批判最为激烈的实证主义学说，倘若缺失了思辨，也无法建立起来。颇具讽刺意味的是，在自然科学研究领域，人们运用思辨方法似乎并未遭到太多反对，因为思辨的成果最终能够通过经验加以证实。然而，在社会科学和哲学研究中，由于证明过程的复杂性以及历史的长期性，思辨的结果往往往难以得到充分的实证，这就导致人们对社会科学和哲学思辨的成果常常持怀疑甚至否定的态度。在现代西方思想界，"思辨"一词因此声名不佳。怀特海认为，我们应当正视思辨本身存在的缺陷，小心翼翼地对形而上学思辨加以约束，使其建立在具体科学研究成果的坚实基础之上；但绝不能因噎废食，否定形而上学思辨的价值与作用。因为倘若没有真正的思辨，科学和哲学等理论就无法实现对普遍性的概括。对此，恩格斯也曾明确批评牛顿对形而上学的全盘否定。在评价牛顿那句"物理学要当心——形而上学!"的名言时，恩格斯指出："这是对的，但是在另一种意义上。"也就是说，如果将形而上学理解为与辩证法相对立的世界观和方法论，即那种"孤立、静止、片面地看问题的世界观和方法论"，物理学家对这种形而上学思维方式确实应当保持警惕。但如果从思辨的角度出发，超越具体事物和现象进行抽象思考与概括，即透过现象洞察本质，通过特殊把握普遍，通过个别领悟一般，通过有限认知无限，那么这种形而上学思辨不仅是必要的，而且是所有科学、哲学、艺术、宗教等人类认识世界的不同方式中普遍存在的思维方式。这种意义上的形而上学，才是科学的形而上学。怀特海所坚守的，正是这样一种形而上学。他的形而上学旨在对宇宙的一般特征和普遍规律进行概括，以便能够解释人类的所有经验。用他自己的话来说："思辨哲学的目的是要致力于建构一种内在一致、合乎逻辑且具有必然性的一般观念体系，根据这一体系，我们经验中的每个要素都能得到解释。"

其次，过程哲学是一种扎根于数学、逻辑学和现代科学基础之上，由一系列概念、范畴和原理构建而成的思辨形而上学体系。怀特海身为应用数学家，其研究自然哲学的初衷便是运用数学方法探索物质世界。他在晚年回忆时提到，自己最早一篇令他得意且满意的哲学论文便是"论物质世界的数学概念"，该论文重点探究了数学如何能够以及怎样表达关于物质世界的基本概念，以及闵可夫斯基的非欧几里得几何学对阐述新的时空观具有何种重要意义等问题。在阐述自身自然哲学研究成果时，包括其阐述过程形而上学的代表作《过程与实在》，他运用了严谨的数学和逻辑方法。先是对基本概念和范畴进行明确界定，然后在此基础上逐步展开，阐释过程哲学的基本原理和一系列核心观点，最后详细说明过程哲学基本概念、范畴和原理的各种实际应用。而他对过程形而上学的概念、范畴和原理的定义与阐述，是以达尔文进化论、麦克斯韦电磁学、爱因斯坦相对论和普朗克量子力学等重大科学成果为科学依据的。倘若没有数学领域的非欧几何学以及科学上的这几项重大突破，怀特海根本无法提出他的过程哲学或有机体哲学。

最后，在怀特海学派的哲学家眼中，形而上学可分为三种类型。一种是朴素的形而上学，即古代的各种形而上学学说。由于当时现代意义上的科学尚未诞生，这些学说既缺乏科学工具的辅助，也没有科学基础的支撑。二是精确的形而上学，它建立在严格的逻辑论证之上，坚信通过严密的逻辑推导便能得出精确的结论；然而，它同样没有以科学作为工具和基础。三是科学的形而上学，这种形而上学充分考虑现代科学的成果，并将其作为自身的科学根基。也就是说，它并非纯粹的思辨，而是在现代科学成果的基础上进一步进行推论与思辨。怀特海所信奉与坚守的，正是这种科学的形而上学。它是对实在的性质、构成和结构展开的哲学探索，所描述的不过是可应用于所有实践细节的普遍性或普遍规律。

科学的形而上学所探讨的问题，既在现实世界中有所显现，又难以凭借自然科学进行恰当的解释与说明，因此需要借助形而上学的思考或思辨来深入探究。例如，宇宙的基本秩序性；进化过程中展现出的新颖性与向上的发展趋势；非实在的理想物，诸如数学和逻辑中的理想物（如 0，1，-1，点，圆等）的客观性问题；人对世界的审美体验、等等。诸如此类的问题，都需要通过科学的形而上学来寻求答案。

那么，科学的形而上学的目的究竟何在？其一，它旨在提供一种比各门具体科学涵盖范围更为广泛的思辨体系。其二，这种思辨体系能够以一种内在一致的方式表达以下内容：（1）具体的知觉经验，各门科学正是从这些经验中抽象而来；（2）具体体现在实践活动、艺术品和宗教体验中的道德、美学和宗教直觉；（3）过程哲学必须持续不断地进行创造性发展、创造性应用，并对自身进行创造性的修正与完善。它不应被视为一成不变的教条，而应被看作是引导人们迈向更高层次分析与综合的指南，或许将其称为"整合的哲学和形而上学"更为恰当。

从某种意义上讲，我们可以说怀特海完成了康德当年提出的建构科学的形而上学这一历史使命；然而，他所构建的形而上学思辨体系，却是对康德哲学的一种颠覆。倘若说康德的哲学是对古代西方哲学的"哥白尼式的革命"，实现了从古代西方哲学侧重于从本体论角度对客体的研究，向近代西方哲学侧重于从认识论角度对主体的研究的转变，那么，怀特海的过程哲学则将康德的"主体性原则"进一步深化与拓展，不仅认为人是主体，而且所有的现实事物皆为主体。这便是怀特海经过修正后的"主体性原理"。

五、学习和研究怀特海过程哲学的现实意义

现代西方哲学宛如一座繁茂的丛林，学派众多，观点如繁星般纷繁复杂。分析哲学与现象学在欧美大学的哲学讲坛上占据着主导地位，诸如尼采、叔本华、罗素、杜威、海德格尔、胡塞尔、哈贝马斯、维特根斯坦等哲学大师，他们的名字好似洪钟巨响，许多国人对他们的思想也颇为熟悉。然而，在21世纪的当下，作为当代中国人，我们为何还要涉足怀特海过程哲学或机体哲学的学习与研究领域呢?

（一）生态文明建设视角：坚实的哲学基石

从生态文明建设的视角深入审视，纵观现当代西方哲学的诸多流派以及我国的哲学理论研究，除去马克思主义哲学，怀特海过程哲学或机体哲学宛如一座闪耀的灯塔，为生态文明建设提供着最为坚实的哲学论证。

习近平总书记将生态文明视作继原始文明、农业文明和工业文明之后的全新文明形态。在我们全力投身社会主义生态文明建设与开启中国式现代化征程的当下，学习与研究怀特海过程哲学或有机体哲学，便具有极为重要的现实意义与理论价值。工业文明向生态文明的跨越，是一场全方位、系统性的深刻变革，宛如一场宏大的交响乐，需要一种与之匹配的系统性哲学理论作为指挥棒。怀特海过程哲学恰恰就是这样一部精心谱写的生态哲学华章，其系统性的理念与生态文明建设的需求完美契合。

（二）新科学革命驱动：适应时代的哲学探索

新的科学革命宛如汹涌浪潮，正重塑我们对世界的认知，也迫切要求我们学习与之适配的哲学思想。恩格斯曾深刻指出："甚至随着自然科学领域中每一个划时代的发现，唯物主义也必然要改变自己的形式。" 19 世纪末 20 世纪初，自然科学领域爆发了一场石破天惊的革命。爱因斯坦相对论与普朗克量子论的诞生，如同璀璨星辰照亮了科学的天空，使得牛顿经典物理学所描绘的世界图景，仅局限于宏观低速领域。在宇观高速的浩瀚宇宙太空，以及微观高速的亚原子神秘世界里，相对论和量子论才是开启真理之门的钥匙。这场科学革命，不仅颠覆了牛顿力学的绝对时空观，让时间与空间不再是刻板的绝对存在，也对传统中惰性且孤立的物质实体学说发起了强有力的挑战。

在这样的科学革命浪潮之下，进化论所揭示的生物进化历程，以及电磁理论展现的磁力自主吸引与排斥现象，都在急切呼唤人们从哲学层面重新勾勒世界图景，树立全新的世界观、宇宙观，其中涵盖了时空观与物质观的重塑。怀特海过程哲学或机体哲学恰似应运而生的时代骄子，它不仅试图构建与进化论、电磁论、相对论和量子论相适应的哲学学说，更怀揣重构"过程—关系—有机"的宇宙进化图景的宏大愿景。尽管过程哲学或许只是对这些科学革命的初步回应，但其探索的大方向无疑如同一座明亮的航标，引领我们前进。在这一基础上持续深化研究，是顺应科学发展潮流的明智之举。反观建立在牛顿力学基础上的现代实体哲学、主体性哲学，包括康德的主体性哲学，各派分析哲学与现象学哲学，以及以福柯、德里达等人提出的解构性后现代主义等，都已难以跟上科学革命的步伐，如同老旧的船只在汹涌浪潮中摇摇欲坠。放眼现代西方哲学的诸多流派，至今仍未有其他哲学学说，能像怀特海过程哲学这般，系统地回应和阐释相对论与量子论引发的科学革命在哲学层面的深刻变革。

（三）哲学转向引领：紧跟时代的思想步伐

哲学的转向宛如一场思想的风暴，正重塑哲学的版图。正如前文所述，怀特海过程哲学推动西方哲学实现了意义深远的"过程转向"。用恩格斯的话来说，过程思维自 19 世纪以来，已逐渐融入人们的日常认知，成为一种普遍的常识。那么，与这一转向紧密契合的过程哲学，自然应当成为我们学习与研究的重点对象。怀特海凭借其卓越的才华与深邃的智慧，宛如一位敏锐的思想探险家，率先洞察到这场科学革命背后蕴藏的深远哲学意义。经过长达几十年的深思熟虑、热烈讨论与深入交流，并以"重新发现从笛卡尔开始到休谟为止这个阶段的哲学思想为基础"，为我们精心搭建起名为"有机体哲学"的崭新体系。学习和研究这一学说，如同搭乘一艘快速前行的思想之船，能助力我们紧紧跟上 20 世纪以来科学与哲学发展的时代节奏，精准把握这个时代所蕴含的精神精华，不至于在思想的浪潮中迷失方向。

（四）现实危机倒逼：探寻新思维的曙光

自工业革命拉开帷幕，科学发展与技术进步如同两匹奔腾的骏马，极大地推动了社会生产力的飞速发展，社会财富如泉水般源源不断地涌现。马克思曾感慨，资产阶级在不到一百年的短暂时间里所创造的生产力，超越了人类过往生产力的总和。这一巨大成就，使得世界上相当比例的人口成功摆脱了饥饿与贫困，迈入相对富足的中产生活；然而，这一发展进程并非一路坦途，随之而来的是诸多严峻的现实危机。惨绝人寰的两次世界大战，宛如人间炼狱，给人类带来了巨大的伤痛；接连不断的经济危机，如同风暴般冲击着社会经济的稳定；西方社会的信仰危机日益严重，尼采甚至发出了"上帝死了"的绝望呼喊。更为可怕的是，日益加剧的环境灾难与生态危机，如同一把高悬在人类头顶的"达摩克利斯之剑"，核武器与核污染的威胁，随时可能将整个人类文明推向毁灭的深渊。

在如此严峻的形势下，如何挣脱信仰危机、环境与生态危机，乃至整个人类文明危机的枷锁，成为摆在我们面前的紧迫课题。这迫切需要一种与时俱进的思维方式，宛如在黑暗中寻找光明的灯塔。而怀特海过程哲学所倡导的"过程—关系—有机"思维方式，恰似一道穿透阴霾的曙光，在一定程度上能够满足这一急切需求。美国人文与艺术科学院院士小约翰·柯布指出，在20世纪学派林立、纷繁复杂的现代西方哲学学说中，人们之所以唯独对怀特海过程哲学青睐有加，正是因为它作为一种综合性的哲学体系，宛如一把万能钥匙，能够弥补和克服现代西方哲学诸流派将世界二元化和碎片化的缺陷。它让我们得以从整体视角思考人类文明发展的方向与道路，为人类生态文明建设筑牢坚实的宇宙论根基，引领我们在危机四伏的时代中找到前行的方向。

（五）丰富马克思主义哲学：博采众长的理论发展

结合我国社会发展的实际情况，为丰富和发展马克思主义哲学，了解和掌握怀特海过程哲学具有不可或缺的重要性。我们党和国家始终坚定不移地以马克思列宁主义作为指导思想，这是不容置疑的根本。然而，学术界若要推动马克思主义的丰富与发展，广泛学习、借鉴和吸收全人类的优秀文明成果就显得尤为必要。显然，我们不能仅仅局限于研究马克思主义一家的思想与学说来实现这一目标。当年，马克思和恩格斯正是通过辩证地研究和汲取非马克思主义学说的精华，才发展出了具有划时代意义的马克思主义学说。可以说，马克思主义的源头活水，正是来自非马克思主义学说的滋养。因此，我们绝不能故步自封，画地为牢，仅仅将自己的思想禁锢在马克思主义理论研究的天地里。我们应秉持开放包容的心态，在马克思主义学说的科学指导下，辩证地吸收全人类的优秀思想成果，让马克思主义哲学在与多元思想的碰撞与交融中，不断焕发出新的生机与活力。

（六）推进中国式现代化：助力发展的哲学智慧

推进中国式现代化建设，加快我国社会主义生态文明建设的步伐，构建人类命运共同体，这些宏伟目标的实现，内在地要求我们深入了解和掌握怀特海过程哲学。中国式现代化这一重大命题，是中国共产党人依据马克思主义普遍原理，紧密结合中国社会发展实际，创造性地提出的重要理念。生态文明更是被我们党和国家提升至中华民族永续发展的根本大计的高度，也被视为人类命运共同体永续发展的根本大计。在以马克思主义作为指导思想和哲学基础的前提下，与马克思主义过程哲学思想高度契合的怀特海过程哲学，宛如一座蕴藏丰富的思想宝库，能够为我们在新时代坚持和发展马克思主义，提供充足的思想养分与理论素材。

回顾历史，第二国际修正主义对马克思主义的机械解读，导致西方社会对马克思主义产生了严重的误解与曲解；而怀特海过程哲学思想及其引发的建设性后现代主义思潮，高度认同马克思主义哲学的世界物质统一性原理，认为在现代哲学派别中，唯有马克思主义哲学旗帜鲜明地坚持世界的客观实在性，坚决反对对现实世界进行唯心主义和机械论的错误解释。因此，学习和研究怀特海过程哲学或机体哲学，对于我们进一步推进中国式现代化建设与生态文明建设实践，以及深化相关理论研究，具有不可估量的促进作用，能够为我们的伟大事业注入强大的思想动力。

怀特海过程哲学的当代意义与价值

小约翰·柯布[*]

两千五百年前，古印度思想家乔达摩洞见到实体形而上学对本土思想发展的桎梏，他质疑当时盛行的精神修行目标——通过冥想实现"阿特曼"（实体化自我）与"婆罗门"（终极实体实在）的合一，认为这种追求本质上是方向性谬误。佛陀主张：既不存在恒常的"阿特曼"，也不存在作为绝对实体的"婆罗门"，世界本非由固定实体构成。他开创的过程形而上学在印度本土基本上未获重视，却在中国、韩国和日本等国构成的东亚文明圈焕发生机。这背后

* 这篇序言是美国科学与人文科学院院士柯布先生（John B. Cobb, Jr. 1925. 2. 9—2024. 12. 26）在年近百岁高龄之际，应《怀特海全集》中文版主编之一杨富斌教授诚邀，专门为中文世界读者撰写的学术寄语。令人痛惜的是，先生未及亲见这部思想巨典的问世便溘然长逝，这不仅是国际哲学界的重大损失，更是中西思想对话史上永恒的遗憾。我们坚信，这部凝聚着怀特海哲学精髓的著作全集，在中国学者们的精心编译下完成出版，恰似将过程哲学的智慧火种播撒在当代中国现代化发展与生态文明建设的沃土之上。当这部承载着文明对话使命的译著面世之时，柯布先生若在天有知，必会为他毕生致力的有机哲学能深度参与东方文明的创造性转化而欣慰——这不仅是思想跨越山海的和鸣，更是人类追求永续发展的时代强音。

的历史机缘究竟何在？

　　与之形成跨时空呼应的是英国数学家、科学家和哲学家怀特海的哲学思想。基于科学实践与哲学反思，他同样挣脱实体形而上学的束缚，建立起系统的过程哲学体系。耐人寻味的是，这种思想在西方哲学谱系中长期处于边缘，却在汉语语境中展现出更强的解释张力。这种文化适配性的深层机制又当如何解读？

　　近几十年来的研究使我深刻认识到语言对哲学思维的形塑作用。印欧语系以主谓结构为根基，其语法预设了稳定主语承载多重述谓的可能性。这种语言惯性将语法主语悄然转化为形而上学实体，为实体思维提供了无意识的认知框架。而汉语的动词优先特性则截然不同——动作与事件始终占据表达核心，这种语法特质天然契合过程形而上学的动态世界观。

　　更深层的困境在于，实体思维的先天缺陷导致西方哲学史陷入自我消解的怪圈。"哲学"本应通向智慧之境，但当代西方哲学认可的"智慧"恰是对智慧本质的否定，这种悖论宣告着传统哲学范式的终结，意味着西方哲学正在"自我毁灭"。更严峻的是，当多数人（包括学者）宣称摒弃形而上学时，实则将潜藏的实体预设于免于批判的特权地位。在印欧语言编织的认知图景中，实体化存在被视为不言自明的思维基础。

　　这种隐性支配正在瓦解科学认知的整全性。当代科学虽在各领域取得技术突破，却丧失了知识统一性的追求。

量子场论与经典物理的深层矛盾、数学公式的可操作性与其可理解性的割裂，无不昭示着实体思维框架的失效。当科学沦为工具理性的附庸，对智慧的追寻便从学术殿堂悄然退场。

这种认知危机直接冲击着大学的精神根基。当前高等教育将职业适配性作为唯一准绳，这实质上消解了大学培育智慧的核心使命——若仅止于技能培训，专业院校显然更具效率。但倘若我们重拾以人的全面发展为导向的"全人教育"理想，怀特海的思想体系将提供丰厚的思想资源。未来文明史的书写者或许会发现：当现代哲学步入黄昏之际，少数智者正在建构使科学重获意义、为文明奠基的新形而上学。这些曾被学术建制排斥的思想，终将被确认为维系地球生态与人类社会的精神基石。

在文明转型的十字路口，当西方挣扎于突破语言桎梏时，汉语世界或能更自如地接续怀特海的思想火种。这种融合中国佛教智慧与过程哲学的新科学范式，要求我们不是抽离而是更深地浸入历史长河。或许在这里，将孕育出既能解释量子纠缠，又能安顿心灵的时代智慧。

我的印象是，尽管中国有着自身独特的文化、语言与传统，但中国的一些现代大学如今却在沿用一种正在把真正的教育拖入泥沼的碎片化思维模式，摒弃了智慧。不可否认，这些大学在推动技术进步方面确实能发挥作用，技术进步的重要性也不言而喻；然而，孔子所代表的那类智慧，却正逐渐消逝。

　　我始终怀有这样的教育理想：中国高等教育体系或可设立专项研究机构，借鉴美国"批判性智慧"范式对根本性命题进行追问。这种构想的紧迫性在于，当前一些将大学引向虚无主义的预设，本质上与中国文化基因及当代社会发展需求存在深刻断裂。在保持现有职业培训体系服务特定领域的同时，我们完全有能力创设新型教育空间——既为中国青年提供安身立命的人生智慧，又为文明存续培育精神根基。

　　必须强调一点，中国无须一切从零开始。在主流学界之外，早有先行者开辟出多元思想路径；我们当中那些被美国现代大学体系拒之门外的人，一直以来都在进行着卓有成效的思考。除了在大学里教授且主导着政府决策以及国际政策的传统经济学之外，我们还有生态经济学、甜甜圈经济学、共同体经济学等其他经济学理论，并形成了完整的知识谱系；在农业领域，突破单一工业化模式的有机种植实践已悄然生长；城市规划方面，保罗·索莱里等先锋建筑师的生态营造理念正在重塑空间逻辑；在教育系统，以学生为本位的创新项目正在持续挑战实体思维主导的认知框架。这些探索与中国当前引领的生态文明建设形成深层共振——当全球仍困囿于技术至上主义与增长迷思时，东方智慧已展现出超越性视野。

　　怀特海过程哲学在中美文化创造性转化中的思想效能日益显著。需要警惕的是，若缺乏整体性价值坐标，所有创新尝试终将沦为分散的探索。而以怀特海有机哲学为基石的生态文明范式，恰能为人类提供兼具可持续性与人文关怀的文明选择。在这关乎物种存续的转型征程中，中国完全有能力为人类文明转型树立典范：让大学不仅是职业训练场，更是滋养生命意义、培育文明自觉的精神家园。

当代哲学、文化形态、教育体系及科学范式的深层危机，皆可追溯至现代科学范式中那个被绝对化的预设——对亚里士多德目的因的系统性驱逐。中世纪自然哲学过度依赖目的论解释虽确曾阻碍实证研究发展（如满足于器官功能的表象认知），但 17 世纪科学革命在否定目的因的同时，也将人类置于自然界的对立面。虽然这种基于动力因的机械论范式在特定历史阶段释放出巨大认知潜能，却埋下了主客二分的隐患。

达尔文进化论带来的范式革新本应开启新的可能性：将人类重新纳入自然谱系，促使学界反思生命行为的意向性特征。从动物行为学研究到生态学观察，大量证据表明目的性活动绝非人类独有。然而科学共同体仍固守发轫于 17 世纪的形而上学教条，这种认知惯性已演变为阻碍真理探索的桎梏。更具讽刺意味的是，科学家在否定自然目的论的同时，其研究行为本身却无时无刻不在践行目的导向——这种知行断裂暴露出机械论范式的根本缺陷。

怀特海的过程哲学为此提供了突破路径。他创造性重构目的因概念，主张每个现实存在都包含着对多种动力因进行综合的原初目的。这种目的论预设并非拟人化投射，而是解释宇宙复杂性的必要范畴。从单细胞生物的趋光性到人类的价值抉择，目的性呈现为连续性的存在样态。可悲的是，主流科学界对此的拒斥恰恰印证了自身向机械教条的退化——当学科分野取代整体性认知时，科学已异化为其反对者的模样。

怀特海承认，所有事件都有目的，至少目的在很大程度上是对构成事件的动力因的综合。当然，关于如何做到这一点的决定在人类身上要比在单细胞生物身上复杂得多。西方现代科学家们拒绝考虑怀特海的解决方案，这表明了真正的科学似乎已不复存在这一事实。它已被多种学科所取代，没有一种学科对许多科学家所认定的荒谬的科学立场负有责任。

对于作为宗教哲学家的我来说，宇宙目的论问题始终具有终极意义。尽管经典科学尝试将生命现象归约为动力因链条（如将眼睛简化为光学仪器），但当代宇宙学发现的"人择原理"指向新的可能：宇宙常数惊人的微调精度，暗示着某种引导生命涌现的深层秩序。很长一段时间以来，科学的进步似乎表明，在自然界中许多看起来有目的的东西都可以用动力因来解释。然而，近年来，科学家们发现，宇宙经过精心调整，允许生命的出现。这似乎意味着，在宇宙层面上，有一个鼓励生命的目的。这表明世界上有一种有目的的精神在起作用。在过去一个世纪左右的时间里，权威科学家强烈地反对任何形式的有神论。因此，他们坚持认为，我们宇宙的这种显著特征是一种偶然现象。为逃避目的论回归，某些科学家甚至诉诸缺乏实证的多元宇宙假说——这本质上是以无限增殖的实体性假设来维持机械论范式的合法性，其逻辑脆弱性已日益显现。

这些科学家们意识到，若单一宇宙的特定参数稍有偏差，生命便无法存在。将这种精密调适归因于"偶然"显然难以服众。于是他们提出：我们的宇宙只是多元宇宙中的沧海一粟。这种理论宁愿假定存在无数未经证实的实体，也不愿接受可被概念化的宇宙精神。尽管尚未形成完整体系，多元宇宙论已被许多人视为科学范式。

然而该理论存在根本困境："多元宇宙"概念本身就包含矛盾。若各宇宙遵循相同物理法则，生命出现概率并未因此改变；若各宇宙参数随机分布，如何解释我们恰好身处宜居宇宙？更关键的是，这种假设本质上仍是机械论思维的延伸——试图用无限可能性消解目的论，却陷入新的形而上学独断。

科学的本质在于基于证据的探索，而非预设立场的否定。怀特海的宇宙论揭示：宇宙秩序不仅是生命存在的前提，更是促进其演化发展的动力。将一切归因于偶然，实为对机械论形而上学的盲目捍卫，违背了科学精神。

怀特海提出的"原初目的"概念，为理解宇宙演化提供了新维度。每个事件都包含着趋向更高价值的内在冲动，这种目的性与海德格尔在人类存在的现象学分析中揭示的"向死而生"的存在论结构形成有趣呼应。这提示我们：生命进程可能与某种宇宙精神存在深层共鸣，这种精神正通过我们的创造性活动，引导文明远离自我毁灭的歧途。

在科学探索中，我们应当保持开放态度。当现有理论陷入解释困境时，或许需要重新审视目的论的合法性——这并非对科学理性的背离，而是对宇宙本质更深刻的追问。

像当代科学家一样，海德格尔是一位无神论者。他曾指出，我们并不是被他人呼唤而来，而是自我召唤而来的。因此，他的观点能够被学术界所接受。然而，如果我们关注自身的经验，便会发现一种似乎来自外部的拉力、诱惑或召唤。怀特海允许我们通过感受来理解经验，而不是将其强行纳入一个不相容的信仰体系。

将科学与先天地否定这种观点及其相关经验等同起来，使得科学与某些精神之间的和谐变得不可能。怀特海对这种可能性的开放态度并未使他偏离科学家的身份。作为科学家，我们不应让自己的思想封闭、固守教条或忽视证据。

科学在广义相对论和量子理论方面的崩溃，长期以来一直表现出这种情况。这两项成就是科学家们引以为傲的截然不同的成就。然而，在科学的早期阶段，往往存在一种冲动，试图以一致的方式表述它们。可悲的是，由于这些理论在大学中被划分到不同的学科进行研究和讲授，探究它们的不兼容性并不是任何人的责任或焦点。怀特海的理论能够同时涵盖这两方面，但由于真正的"科学"似乎已经不复存在，西方的大学中已没有人真正关心它。

我想补充一个理由，说明实体主义科学已分裂成互不连贯、导致严重错误的部分。科学共同体已说服全世界，声称宇宙正在膨胀，科学家们可以追溯到大爆炸的起源。

虽然这一猜测可能最终被证明是合理的，但目前尚未得到证实，反对现有理论形式的大量证据仍未得到解释。在这种情况下，宣称一个理论有希望是可以接受的。然而，将其作为对特定现象的科学解释呈现给世界，则是不可接受的。

简单来说，光线红移的发现需要一个合理的解释。一种解释是宇宙在膨胀，而研究和发展这一可能性是良好的科学。然而，红移现象也可以用光线在远距离上变慢来解释，这一可能性却被忽视，甚至遭到嘲笑。这并不是正确的科学态度。

或许，优先考虑膨胀的最大理由在于它能够解释宇宙背景噪声。我猜测，大多数替代理论并没有提供这种解释。到目前为止，一切似乎都很顺利。

然而，事实证明，科学家对膨胀的预测导致了不可接受的结果。如果宇宙中的质量和能量比以前计算的要大得多，这些问题就可以避免。这些质量和能量无法被发现，却被假定存在。它之所以被称为"暗的（暗物质或暗能量）"，是因为没有人期望能找到它。这一说法拯救了这个理论。然而，仅仅为了使理论成立而假定没有证据的事物是实在的，这并不符合经验科学的标准，通常也不会被认可。

用于这一目的的数学被用于确定大爆炸的日期。与此同时，望远镜被放置在适当的位置，以便向我们展示更接近宇宙大爆炸的日期，期望能看到一个更小、更年轻的宇宙；但事实并非如此。望远镜向我们展示的宇宙与我们自己的宇宙非常相似，并不支持这种宇宙膨胀模型。

一些科学家已经形成了这种消极的判断。然而，主流科学界希望找到能够使理论与事实相一致的解释；也许他们会成功。

作为一个局外人，我知道支持或反对这些理论的判断是基于我无法理解的东西；但我认为，主流科学界忽视了等离子体。爱因斯坦认为大部分空间是真空，并假设在真空中光速是恒定的。一个理论家怎敢反对这位大师呢？

现在我们知道真空并不存在。爱因斯坦也知道，当光线穿过水或玻璃时，它的速度会受到影响。光线是否会受到穿过等离子体的影响应该是一个经验问题，而不是由爱因斯坦认为空间可以完全空无一物的说法所决定的。

我坚信，没有最好的理论。科学的碎片化导致主流科学界忽视了一个重要的领域，即对等离子体的研究。如果一个理论预先承诺忽视等离子体，那么它就不再是科学。

除了强调碎片化对科学的破坏之外，我还想指出，对物质与能量的三种（非等离子体）状态的偏爱导致了与事实相反的观点。许多科学家仍然认为能量是物质的函数，但我们早已知道，**没有物质的地方也有能量，光子就是最著名的例子。**另一方面，能量无处不在，从常识上讲，能量比物质更为基本。

尽管如此，许多科学家仍然主张物质至上。我们仍然被教导：能量是质量乘以光速的平方。这错误地暗示，没有质量的地方就没有能量。**从形而上的物质至上转向形而上的能量至上，将是根本性的变化，它将会支持从实体到过程的形而上转变。**在这方面，阻力依然巨大。

可悲的是，当科学不再以科学的方式运作时，它却成功地消除了其他形式的探究。我特别想到历史。严格来说，科学是用来理解世界上可重复的元素的，而独一无二的事件不是科学讨论的对象。当然，不可重复事件的各个侧面是可重复的，因此科学可以对此给出解释；但在日常生活和法律事务中，判断的基本方法是找到最可信的故事。

假设你那处于青春期的儿子告诉你，他整个下午都在家，而邻居说他在邻居的财产上搞了一些恶作剧。邻居可能是在向你索要修理他声称是你儿子损坏的东西的钱。你如何判断谁说的是真话？你可能需要关于这两个故事更详细的信息。你与儿子和邻居的过往经验都是与此相关的，而如果向科学家求助，则不太可能有帮助。最终，你将根据其他故事的可信性和讲述者的可信度做出决定。对父母来说，**做出正确判断所需的智慧是极其重要的。**

这种智慧在法庭上、在对时事的判断和历史研究中同样重要，它与实验室测试或其他科学技术有很大不同，但广泛利用了科学所掌握的事实。另一方面，我对近期科学的批判表明我对科学历史判断的使用。科学方法与历史方法实际上可以最佳结合。**人类所需的智慧应建立在科学认识与历史认识相结合的基础上。**

在美国的大学中，历史思维正在遭到贬低，甚至被消除。即使是关于发生事情的决定，唯一被允许的证据也仅限于可重复的元素。对过去的研究现在被视为社会科学的延伸，而不是真正的历史。在大学里，越来越多的人认为科学是获取事实的唯一途径，他们不尊重我所描述的必要判断。

在专业学校，尤其是西方的法学院和管理学院，仍然有关于如何形成历史判断的教学；但在其他地方，历史研究几乎荡然无存。过去，大多数科学家对科学史略知一二；而现在，大多数科学家从未以这种方式研究过科学。

那么这一切与《怀特海全集》有什么关系呢？我想指出，使怀特海的思想能够被人们阅读和运用具有特殊的重要性。非科学的科学主义在美国大学中赢得了胜利，这无意识地信奉误导性的形而上学，造成了可怕的后果。它对学生的心理伤害和未能为社会服务，正在迫使人们重新思考。如果这不能带来根本性的改变，我们都将面临巨大的损失。

可悲的是，我们在佛教的例子中看到了语言在决定形而上学方面的强大力量。乔达摩自己国家的人民未能真正欣赏他的思想；而我希望，实体思维所导致的日益混乱，能够为怀特海的思想在美国的科学、文化和教育领域打开大门。然而，也许这只会导致更糟糕的局面，或许说英语的人注定要接受一种破坏性的形而上学。

而中国则有机会。中文不会促使说这种语言的人生成"实体思维"，它的文化更倾向于优先考虑过程。中国可以带头批评从美国传来的"舶来品"，并重建中国大学的教育体系。他们可以打开各种证据的大门，主要关注学生和社会的需求，寻求思想的连贯性和真正的智慧。如果中国的大学过于盲从美国的大学而无法做到这一点，也许可以发展其他机构来为学生和社会服务，努力实现连贯的思想，考虑所有证据，纳入所有必要的判断形式，并保存智慧。

怀特海不仅仅是众多有趣哲学家中的一员，他还为那些寻求智慧的人提供了新的开端。怀特海对现状的突破如同探索中世纪哲学思想的笛卡尔一般激烈；但笛卡尔的形而上学使我们陷入一种"病症"，深深地伤害了我们；怀特海的形而上学则可能会治愈我们。如果这套著作的出版能推进这种可能性，它将具有真正的历史重要性。

杨富斌　译

2025 年 3 月 5 日

自然哲学三百年（1600—1900年）批判：具体性的误置与归位

郭海鹏

清末著名启蒙思想家和翻译家严复（1854—1921年）在其译著《天演论》的"译例言"中系统性地提出了"译事三难：信、达、雅"的翻译理论。他引用儒家经典阐释道："《易》曰：修辞立诚。子曰：辞达而已。又曰：言之无文，行之不远。"并强调"三者乃文章正规，亦即为译事楷模"。在严复看来，理想的译文不仅要忠于原文（信）、表达流畅（达），更需追求语言的典雅优美（雅），如此才能实现"行远"的效果。这一标准奠定了中国现代翻译理论的基础，影响深远。

然而，在翻译实践中，同时达到"信、达、雅"的境界实属不易。这一挑战在英国数学家、哲学家阿尔弗雷德·诺思·怀特海（1861—1947年）著作的翻译中尤为突出。怀特海作为过程哲学的创始人，其思想体系以深邃复杂著称；同时，他的著作兼具非凡的文学品质，文风典雅而深邃。这种思想深度与文学品质的独特结合，使其作品被学界公认为"西方经典中被引用最多但阅读最少的哲学著作",为译者设置了近乎难以逾越的"信、达、雅"三重障碍。

笔者认为,理想的译作应当成为读者通往原著思想世界的桥梁。对于怀特海这类思想深邃的哲学家的著作,译者不仅需要透彻理解原著的思想精髓,并在"信、达、雅"的翻译标准下进行精准转换,更应为读者搭建必要的理解支架。这种辅助可以通过翔实的译注、创作与出版过程的简介、思想背景和内容的阐释,以及关键术语的解析来实现,帮助读者跨越语言、文化与思想的多重障碍。

基于这一理念,本序言试图从以下四个方面为读者提供帮助:一是介绍原著的创作与出版背景;二是阐释其在怀特海思想发展过程中的地位;三是逐章概括原著的主要内容和思想,以资导读;四是解析译本处理关键术语的思考。希望能够为读者深入理解原著提供有益的参考。

一、原著创作与出版背景

《科学与现代世界》首次由纽约麦克米兰公司于1925年出版,其主要章节内容源自怀特海于1925年2月进行的八场洛厄尔讲座。洛厄尔讲座是由洛厄尔学院赞助的波士顿地区免费公共讲座。洛厄尔学院成立于1836年,由波士顿商人小约翰·洛厄尔构想并资助。他去世后将大部分遗产留给一个慈善信托基金,旨在"维护和支持公共讲座,以促进波士顿市公民的道德、智力和体育指导或教育"。时任哈佛大学校长的劳伦斯·洛厄尔（1856—1943）是洛厄尔家族财产的托管人，同时也是洛厄尔学院的负责人。

1924 年 2 月，洛厄尔校长致信怀特海，邀请他加盟哈佛大学哲学系任教。面临退休的怀特海欣然接受了这一邀请。随后，洛厄尔校长在 3 月邀请怀特海在洛厄尔学院进行他所喜爱的主题的八场讲座。怀特海于 4 月 1 日接受了邀请，选择的演讲题目为"自然哲学的三个世纪"①，并解释说他"将勾勒现代科学发展的宏大轮廓，尤其侧重科学对现代思维方式的塑造，以及技术对社会结构的影响，并将这种影响与公元前一千年文字普及催生文学崛起的变革效应相比较。"

按照惯例，洛厄尔讲座的讲者通常会将讲稿整理成一本书，怀特海也不例外。在离开美国前往伦敦之前，他已将用于演讲的材料寄给了洛厄尔学院的负责人威廉·劳伦

---

① 译者注：怀特海这里所说的"自然哲学"主要是指对自然界及其规律的哲学思考和探讨。这一概念可以追溯到古希腊时期，通常涵盖了自然科学、形而上学和认识论等方面。怀特海在讲座中分析了科学的发展及其对哲学的影响，探讨了科学与传统哲学之间的关系，特别是如何理解自然界的本质和结构。在怀特海看来，现代科学不仅仅是对自然现象的描述，更是我们理解世界的一种哲学基础。他强调，科学的发展改变了我们对世界的看法，促使我们重新思考自然的本质以及人与自然之间的关系。因此，"自然哲学"在这里不仅是对自然现象的研究，也指向了更深层次的哲学思考，涉及存在、变化、因果关系等根本性问题。总体而言，怀特海的"自然哲学"是一个融合了科学与哲学的概念，旨在探讨自然界的本质以及人类在其中的位置。

斯教授[1]，并建议将题目改为"科学与现代世界"，这一提议很可能是受到怀特海夫人的启发。讲座安排在 1925 年 2 月进行，每周一和周四的下午五点（2 月 23 日除外），于 3 月 2 日结束，地点位于博伊尔斯顿街 491 号的 MIT 罗杰斯大楼（该楼于 1939 年被拆除）的亨廷顿大厅。这是怀特海作为哲学家的首次公众演讲，讲稿的内容在 1924 年 12 月至 1925 年 2 月间陆续完成。怀特海在给他的儿子诺思的信中提到："我从未提前超过一周。"[2]

为了将演讲内容编纂成书并出版，怀特海对这些讲座进行了适当的拓展，并把其中一个讲座——"相对论与量子力学"拆分成了两章。除此之外，他还增补了四章全新内容，旨在填补原讲座中未涉及的重要思想空白。这些新增内容具体包括：第二章"作为思想史要素的数学"，源自 1925 年 4 月 14 日怀特海在罗德岛州普罗维登斯的布朗大学数学学会讲座上的演讲；第十二章"宗教与科学"，则是基于他 1925 年 4 月 5 日在哈佛大学的演讲，并于同年 8 月在《大西洋月刊》上发表的文章；而第十章"抽象"与第十一章"上帝"，则是首次亮相的全新内容。总体来看，这些补充材料占据了全书约 30% 的篇幅，其主题与洛厄尔讲座的核心内容紧密相连，但即便读者在初次阅读时选择跳过这

---

① 译者注：洛厄尔讲座的公告称，讲座将在文学和科学的讨论中加入对托尔斯泰、易卜生和萧伯纳的评论，但这些名字并没有出现在《科学与现代世界》中。

② Lowe, Victor. *Alfred North Whitehead: The Man and His Work, Volume II: 1910 – 1947*, pp. 160, Johns Hopkins University Press, 2020.

四章补充材料，也不会妨碍他们对本书核心观点的理解与把握。1925 年 7 月，怀特海将手稿寄往纽约，同年 10 月，麦克米兰公司正式出版了这部著作。数月之后，剑桥大学出版社也推出了英国版。

二、本书在怀特海思想发展历程中的地位

怀特海的学术生涯展现出一条明晰且呈三阶段递进的发展轨迹。若以地域为标识进行划分，可将其学术历程分为剑桥时期（1880—1910 年）、伦敦时期（1910—1924 年）以及哈佛时期（1924—1937 年）；若以思想发展进程为线索来划分，则可归结为数学阶段（1880—1914 年）、科学哲学阶段（1915—1923 年）和形而上学阶段（1924—1937 年）。真可谓学识历经三次重大转变，终成大器。

在专注于数学研究的阶段，怀特海共有七部著作问世，内容广泛涉及代数、几何以及逻辑等多个数学领域。其中，他与罗素携手合著的三卷本《数学原理》（1910—1913 年）（"数理三卷"），更是成为了现代数理逻辑发展历程中的一座里程碑式著作。1915 年，怀特海加入位于伦敦的亚里士多德学会，这一事件成为他学术方向转变的关键节点。此后，他先后在该学会宣读了七篇极具开创性的科学哲学论文（"亚会七文"），并相继推出了《自然知识原理探究》（1919 年）、《自然的概念》（1920 年）以及《相对性原理》（1922 年）这三部自然哲学领域的力作（"伦敦三书"）。这

此著作不仅确立了他在科学哲学领域的权威地位，更赢得了柏格森给予他的"英语世界最佳哲学家"这一崇高赞誉。

1924年，怀特海赴哈佛大学任职后，其思想愈发深邃广博、渐臻佳境。在哈佛任教期间，他著述颇丰，十部著作构建起一个以创造性、有机体和过程为核心范畴的宏大精深的思辨形而上学体系。其中，《科学与现代世界》（1925年）对"科学唯物主义"的哲学根基展开批判，并初步提出过程哲学的诸多核心概念；《过程与实在》（1929年）系统阐释了其基于有机体的思辨形而上学与宇宙论；《观念的探险》（1933年）则进一步深化与拓展其哲学视野，涵盖社会、宇宙论、哲学和文明等诸多重要观念，展现出一片更为广阔的知识天地。这三部著作——"哈佛三部曲"相互呼应、相辅相成，共同勾勒出20世纪过程哲学最具原创性的理论画卷。

怀特海在《科学与现代世界》中对科学唯物主义所进行的反思与批判，其渊源可追溯至1890年。自那时起，他便投身于一项宏大的研究计划之中，该计划的核心在于对数学符号与数学思想展开逻辑层面的审视。此项研究起始于对电磁学数学理论的探讨，而其自始至终的终极追求，乃是深入探究物质与空间关系的本质内涵。

1905年，怀特海发表了论文《论物质世界的数学概念》。在这篇论文里，他论述了物质与空间的关系，并基于莱布尼茨的关系空间论以及奥卡姆剃刀原则，对科学唯物主义的时空观和物质观进行了批判，此可谓其在《科学与现代世界》中对机械的科学唯物主义展开批判的先声。此外，这篇论文还首次运用了"广延抽象法"，这标志着怀特海所规划的宏大研究计划已正式起步且初显雏形。

1911 年，怀特海在致罗素的信中提及自己获得了一种顿悟，他认识到时间的瞬间也能够如同空间的点一样，借助一种关系理论来进行阐释。1914 年，在巴黎举办的第一届数学哲学大会上，怀特海宣读了论文《空间的关系理论》，该论文延续了 1905 年论文的思路，将空间定义在物体的关系之上，把几何看作是对物理世界的抽象，并且后期形而上学中的核心概念，如事件和客体等，也在此首次亮相。

1915 年，怀特海加入亚里士多德学会。在爱因斯坦相对论以及闵可夫斯基四维时空观念的激发下，他开始深入探究时间、空间、物质、测量等科学哲学领域的基础性问题。随后，他接连发表了三篇论文：《空间、时间和相对性》（1915）、《思想的组织》（1916）以及《对某些科学概念的剖析》（1917），这标志着其学术生涯进入了第二阶段，即科学哲学时期。1919 年至 1922 年间，"伦敦三书"的出版发行，则代表着其科学哲学时期的发展趋于成熟并圆满完成。

1924 年之后，处于哈佛时期的怀特海明确地拓展了自己的研究范畴，将形而上学纳入其中，而在此之前，形而上学一直被严格地排除在他的研究之外。

《科学与现代世界》堪称怀特海在哈佛时期的首部力作，在其思想演进的历程中占据着承上启下的重要位置，象征着怀特海的思想完成了从对科学展开哲学批判到构建创造性的形而上学的重大转变。此著作不仅全面梳理了他在科学哲学阶段对科学唯物主义世界观的批判性审视，更开创性地为其后续形而上学体系的理论架构奠定了基石。

在书中，怀特海凭借敏锐且深刻的哲学洞察力，对科学唯物主义的预设前提进行了鞭辟入里的剖析，揭露了其"误置具体性"的根本性错误。与此同时，他引入了"机体""过程""事件""摄入"等一系列核心概念，初步搭建起一个动态且具有关系性的形而上学框架，为日后成熟的宇宙论体系铺平了道路。

怀特海在《教育的目的》（1929）中所提出的教育三阶段韵律节奏理论——"浪漫""精确"与"综合"，恰如其分地映射出其哲学思想的发展脉络。具体而言，"剑桥时期"可视为其哲学思想发展的"浪漫阶段"，以1905年的《论物质世界的数学概念》一文为代表，该作品主要从逻辑层面（而非物理或哲学层面）首次对"科学唯物主义"展开批判，其哲学批判的思路初露端倪；"伦敦时期"则进入了"精确阶段"，通过"伦敦三书"构建起可与爱因斯坦相对论体系相抗衡的理论架构，此阶段著作中充斥着大量数学公式与推导；而到了"哈佛时期"，其思想达到了"综合阶段"，"哈佛三部曲"成为这一阶段的集大成之作，数学公式基本消失，哲学思辨的深度与广度得到了极大的拓展。值得一提的是，"哈佛三部曲"自身也呈现出三阶段的韵律特点：《科学与现代世界》彰显出哈佛时期思辨哲学的"浪漫"特质，《过程与实在》体现出"精确"特征，而《观念的探险》则实现了更高层次的"综合"。从这个角度看，《科学与现代世界》无疑是《过程与实在》的浪漫先声，是怀特海思想在迈向大综合与高潮阶段的浪漫序曲。

三、主要内容和思想

在《科学与现代世界》一书中，怀特海运用了多元的论述路径：其一，他回溯了现代科学的起源，并对现代科学在 17 世纪至 19 世纪这三百年的发展脉络进行了系统梳理，揭示了现代科学对西方哲学、文学、宗教以及社会所产生的深刻塑造作用；其二，他对现代科学宇宙观中那些尚未经过反思的直觉预设进行了深刻的批判；其三，基于这种批判性考量，他描绘了一个具有革命性的理论框架——用"有机体"概念取代现代科学所推崇的"科学唯物主义"概念，从而开创了一种全新的机体哲学范式与宇宙论体系。以下将对各章的核心内容与理论创新点进行概述。

（一）现代科学的起源及作为思想史要素的数学

第一章"科学的起源"作为系列讲座的开篇之讲，怀特海在本章中率先提出，文明的进步并非呈稳步向前的态势，而是伴随着突变实现飞跃式发展。16 世纪无疑是一个重要的转折点，在这一时期，宗教改革与现代科学同时兴起：马丁·路德（1483—1546 年）于 1517 年撰写了《九十五条论纲》，反对罗马教廷出售赎罪券，主张将信仰建立在个人内心的宗教体验之上，从而揭开了宗教改革的序幕；1543 年，病重的哥白尼（1473—1543 年）在病榻上收到了出版商寄来的《天体运行论》样书，随后与世长辞，他凭借科学的观察否定了天主教会那毫无依据却影响深远的旧有知识以及地心说宇宙观。这两场运动形成了鲜明的对比：宗教改革是一场具有暴力性质的大众运动，而科学则是在知识精英群体中悄然兴起并发展；科学在全球范围内传播扩散，而宗教改革的影响范围则主要局限于欧洲。

怀特海提出，16 世纪的欧洲人身上萌生出一种全新的心态，这种心态体现为对一般原则与复杂且难以简化的事实之间关系的浓厚兴趣与热忱追求，最终铸就了现代科学的思维特质，即实证观察与抽象概括的有机融合。在这一全新心态的背后，隐匿着一个本能的信念，即坚信存在着一种"自然秩序"，且能从纷繁复杂的每个具体现象中探寻到其踪迹。这种本能的信念非常强烈，以至于面对休谟等否定科学理性的哲学批判时，人们仍能够泰然处之、不为所动。

那么，这种坚信自然秩序蕴含于每一个细微事件之中的本能信仰究竟源自何处呢？怀特海溯本求源，从西方文明的源头古希腊起始，依次梳理了古希腊、古罗马以及中世纪欧洲对现代科学兴起的贡献。古希腊的哲学家们对自然理论满怀热忱，他们沉醉于数学研究，思维清晰且富有逻辑，然而却欠缺现代科学所必需的那种细致入微的观察耐心。古希腊的自然观极具戏剧性，将自然视作一场宏大的戏剧，世间万物皆在其中扮演着各自的角色。古希腊悲剧文学中的命运观念，推动着悲剧事件朝着不可避免的结局演进，而这种命运观念最终演变成了现代思想中的自然秩序。罗马法所彰显的普遍秩序感，深深镌刻在帝国子民的种族记忆深处。同时，受亚里士多德思想的影响，中世纪经院哲学将明确且精确的思维习惯植入欧洲人的心智之中。中世纪对神的理性的强调，使得对自然的探索成为一种为理性信仰辩护的神圣活动。然而，科学并非仅仅是本能信念的产物，它还需要对生活中简单事件本身怀有积极的兴趣。中世纪修道院里修士们与自然事实的接触，以及中世纪晚期兴起的自然主义艺术，都标志着科学兴起所需的最后一种要素进入了欧洲人的思维，即人们对自然物体和自然现象本身兴趣的开始兴起。到了 16 世纪，欧洲的心灵已然做好准备，迎接一场新的思想探险——科学革命。值得一提的是，怀特海将现代科学运动称为一场以一种天真信仰为基础的"彻头彻尾的反理性运动"，原因在于它从未致力于证明自身信仰的合理性或阐释其意义，并且对休谟的反驳持冷淡的无动于衷态度。

在第一章的结尾部分，怀特海指出，到了 20 世纪初，科学的发展已然抵达一个关键转折点。在相对论和量子力学的强烈冲击下，物理学原本看似坚不可摧的基础已然分崩离析。倘若科学不愿沦为一堆杂乱无章且毫无头绪的临时假设，就必须朝着哲学化的方向转变，对自身的基础展开彻底的批判。尤为关键的是，怀特海将批判的矛头直指现代科学背后的宇宙观——"科学唯物主义"。这种宇宙观预设了一个所谓的终极事实：宇宙由不可还原的粗糙物质或质料构成，这些质料自身不具备感觉、价值和目的，均匀地分布在不断变化的空间之中，仅仅遵循与其本质毫无关联的外部关系所强加的固定程序而随波逐流。那么，如何才能克服现代科学的非理性呢？怀特海呼吁我们，要将理性贯彻到底，对由各种类型经验所确立的不同抽象体系进行全方位的比较，这些体系涵盖科学、艺术、道德和宗教等领域，以此克服智力对抽象的过度偏执使用。

第二章"作为思想史要素的数学"是怀特海于1925年4月在布朗大学数学学会发表的演讲，后经修改收入本书，用以阐明数学与科学之间的关系。怀特海指出，数学是人类最具原创性的智力创造之一，唯有音乐能够与之相媲美。数学的独特之处在于，它能够通过抽象推理揭示事物之间隐藏的联系，这种联系远远超出了感官知觉的范畴。现代科学之所以能够取得巨大成功，在很大程度上得益于对数学的应用。数学在完全抽象的环境中运作，独立于具体实例。与经验科学不同，数学的真理具有普适性——它不仅适用于鱼或石头，而且适用于任何符合其逻辑条件的事物。这种普遍性确保了数学的确定性，但当将其应用于物理世界（例如用几何来描述空间）时，必须格外谨慎，因为观察结果可能与抽象模型并不完全相符。数学通过对具体经验背后的抽象条件进行分离和分析，精炼了我们的思维方式。它加深了我们对秩序、关系和模式的理解，对哲学和科学产生了深远的影响。

关于数学在思想史上对科学的影响，怀特海梳理了从古希腊到 20 世纪各个时期的基本状况。在古代（从毕达哥拉斯到柏拉图），数学成为探索普遍真理的工具，对早期哲学产生了重要影响。在中世纪，亚里士多德的逻辑学侧重于分类，在一定程度上掩盖了数学推理，延缓了科学的发展进程。自 17 世纪以来，代数、微积分和解析几何蓬勃兴起，为物理学定律（如牛顿力学）的发现提供了有力支撑，笛卡尔、莱布尼茨等哲学家将数学融入形而上学，推动了现代科学的进步。19 世纪，尽管生物学和浪漫主义占据主导地位，但数学依然在默默发展，为物理学和工程学奠定了坚实基础。到了 20 世纪，量子理论重新浮现出毕达哥拉斯的主题，暗示了物质的振动性和非连续性，对科学唯物主义的统治地位构成了挑战。特别值得一提的是，量子理论充分体现了数学在重塑现实基础方面的重要作用。电子的不连续运动暗示了一种振动的、非物质的存在，这与毕达哥拉斯对周期性的关注相呼应，可能引领我们走向一种新的机体哲学，以取代机械唯物主义。

（二）自然哲学三百年与浪漫主义的抗争

第三章、第四章以及第六章分别对现代科学在第 17、18 和 19 世纪的发展展开了探讨，而第五章则聚焦于浪漫主义运动对冷峻的科学理性的反抗。怀特海在阐述每个世纪科学进展的过程中，对一些重要的预设前提予以批判，指出其存在的谬误，并在此基础上提出崭新的哲学概念，用以描绘一个以有机体为基本构成要素、不断变化、普遍联系且具有内在价值的自然。

17世纪被怀特海誉为"天才的世纪"，这一时期的西方世界在科学、哲学和思想领域均取得了迅猛的发展。17世纪的科学发展建立在16世纪历史性反叛的基础之上，摒弃了中世纪单纯依赖形而上演绎推理的理性主义，转而推崇具体的经验观察与归纳推理。17世纪那些天才们的成就奠定了现代科学的基石，涵盖物理学（如伽利略、牛顿、笛卡尔、惠更斯）的运动定律、万有引力以及自然的机械论观点；数学（如牛顿、莱布尼茨、费马、帕斯卡）的微积分与解析几何的发展；生物学（如哈维）中血液循环的发现等。在本世纪，确立了物质在固定法则下运动的牛顿世界观，这种世界观主导了此后几个世纪的科学发展。

怀特海以分析归纳法之父弗朗西斯·培根的引文为切入点，开启了对17世纪科学进展的讨论。培根关注"不可简化和顽固的事实"，倡导通过归纳法推导出普遍法则，这使他成为构建现代思想的重要人物之一。然而，培根的归纳方法一方面遭到了休谟的批判，另一方面也未能把握17世纪科学成功背后的关键基调，即科学是定量的研究，而培根的思考是定性的，他更侧重于"分类"而非"测量"。基于测量方法，从伽利略到牛顿，17世纪的科学为我们构建了一个物质宇宙的机械愿景，在这个愿景中，我们能够计算特定事件的最微小细节。鉴于这一成就，科学家们将最终原则建立在唯物主义基础之上，从此不再担忧哲学的批判。

怀特海对 17 世纪科学发展背后的假设和思维前提提出了批判与质疑，其中之一便是具有"简单位置"特性的"物质"或"质料"概念。简单位置的概念给归纳法带来了极大的困难，因为如果一段时间内物质配置的位置没有内在地指向任何其他时刻，无论是过去还是未来，那么得出的结论便是，任何时期内的自然现象都不指向其他时期的自然现象。换言之，自然秩序不能仅通过对自然的观察来证明，因为在当前的事实中没有任何内在的指向过去或未来的联系。另一个与简单位置理论并列的思维前提是实体和性质这两个范畴。怀特海认为，这两个概念都是高度抽象的复杂逻辑建构，却被当作具体真实的存在，这就犯了"误置具体性之谬误"。

18 世纪是启蒙的世纪，与中世纪形成了鲜明的对比。18 世纪专注于以科学的原则使社会生活和自然事实理性化，是"基于对自然秩序信仰的理性时代"；而中世纪则试图以逻辑论证上帝的存在，是"基于理性的信仰时代"。在 18 世纪，科学在动力学、物理学和化学（如牛顿、拉格朗日、拉瓦锡）等领域取得了巨大的进展。在这一过程中，对自然的机械解释逐渐成为教条，数学物理学进一步强化了这一观点。如果说牛顿的《自然哲学的数学原理》（1687 年）

代表了 17 世纪科学发展的最高成就，那么拉格朗日（1736—1813 年）于 1787 年出版的《分析力学》则代表了 18 世纪科学发展的新高峰。1873 年麦克斯韦《电与磁》的出版标志着自然的机械解释运动达到了最高峰，同时也预示着其衰落的开始。这一框架过于狭隘，忽略了生物学、心理学以及现实的整体关联性。在实践领域，18 世纪的启蒙运动取得了巨大的成功，涌现出许多伟大的启蒙政治家，他们推动了政治改革，同时也诞生了像蒸汽机这样的伟大发明。总体而言，这是一个理性的时代，但在形而上学层面却缺乏深度。

在对 18 世纪科学体系的批判中，怀特海摒弃了对唯心主义的探讨，主张应基于"机体"这一概念对科学体系进行重新构建。怀特海首先剖析了时间和空间的三个特性：分离性、摄入性和模式性。分离性指的是事物在时空中的可分割性；摄入性指的是事物在时空中的关联性；模式性指的是事物在时空中的某种明确的限定。倘若仅单独考量模式性特性，便会引出简单位置的概念，所以必须将模式性与分离性、摄入性相结合，才能全面把握时空特性。受到贝克莱对"简单位置"概念发起挑战的启发，怀特海创造性地提出了"摄入"这一重要概念，用以描述宇宙最为具体的事实。"摄入"是一种非认知性的现实把握方式，强调事件之间的相互关联。时空并非固定的容器，而是事件相互摄入的关系性结构，每个事件都通过相互"摄入"映射到其他事件之中。实在是事件通过"摄入"展开的过程，而非由静态的、具有简单位置的客体所构成。怀特海勾勒出一种有机的自然观，其中自然被视为一个不断演化的过程，而非相互孤立的物质实体，最具体的实在是过程，对其做基本分析得到的是摄入性事件，空间和时间则是这些摄入的相互关系的体现。这些摄入性事件构成了时空的统一体，涵盖过去、现在和未来。从我们自身躯体事件的经验出发，能够立刻获得一个关于自然的有机观念。

在 17、18 世纪，受科学唯物主义和神学决定论（如加尔文主义、詹森主义）的影响，形成了机械的自然观。这与人类对"自我决定的生命体"的直觉信念相冲突，导致了现代思想的根本矛盾。"浪漫主义运动"是一场于 18 世纪末至 19 世纪中叶在思想、文学、艺术和文化领域兴起的运动，最初起源于欧洲，后来影响了世界多个地区。它是对当时启蒙运动理性主义以及工业革命带来的社会变革的一种回应与反思。

华兹华斯、雪莱等浪漫主义诗人反对科学将自然抽象为无生命的机械系统。华兹华斯强调自然的永恒性与整体性，认为"剖析即谋杀"。雪莱虽热爱科学，却将自然视为动态且充满美的存在，拒绝将其简化为盲目的机制。文学是时代思想的映射，从弥尔顿的《失乐园》、蒲柏的《人论》，到华兹华斯的《漫游》和丁尼生的《悼念》，浪漫主义时期的诗歌反映了人们对自然、科学与信仰态度的演变。例如，丁尼生的作品体现了 19 世纪的困惑：如何调和科学决定论（"星辰盲目运行"）与道德责任和信仰。

科学唯物主义将自然还原为无生命的粒子，消解了自由意志与价值。怀特海认同浪漫主义诗人对唯物主义的批判，并进一步提出一种有机自然观：即便电子在生命体内外的行为也存在差异，也会受到整体性的影响。实在是变化、持久性、价值、永恒客体与有机统一体的综合，这些被机械论科学所忽视。而哲学的使命在于调和科学的抽象概念与诗歌所展现的具体经验。自然的持久实体（如山川、生物）通过部分与整体的和谐达成"美学成就"。进化是更高层次价值的展开，而非盲目的机械过程。浪漫主义运动如同贝克莱的唯心主义抗议一样，反对科学的机械自然观对美、目的与整体性的排斥。浪漫主义时期的自然诗歌代表了有机自然观，向科学的机械唯物主义自然观发出了抗议之声，这也是代表价值发出的抗议，为科学基础的重构埋下了伏笔，旨在迈向一种机械性与有机性并存的自然哲学。

19世纪是工业革命和技术的世纪，其思想发展有三大源泉：浪漫主义运动、科学进步和技术革命（如蒸汽机、铁路等）。与过去缓慢的发明（如文字）不同，19世纪的技术变革具有快速、自觉且可预期的特点，其中最伟大的发明当属"发明的方法"，即系统化、有组织的创新方式。科学成为思想的"矿藏"，通过创造性设计将理论转化为实践。知识的专业化是19世纪的新发展，德国率先将科学研究系统化，推动了科学和技术从业余探索向职业化发展。研究型大学和理工学院使知识的进步制度化，减少了对偶然天才的依赖。

19 世纪的四项革命性科学思想包括场论、原子论、能量守恒定律和进化论，它们两两相对。第一对科学思想体现了实在中连续性和离散性的对立。一方面，物理学中的场论强调空间的连续性，麦克斯韦的电磁场和以太概念取代了牛顿的微粒说；另一方面，在化学中，道尔顿的原子理论提出了物质的离散单位，生物学领域也引入了细胞理论和"有机体"的概念。另一对与实在中的变化和永恒相关。能量守恒定律量化了变化中的恒定性，将人们的关注焦点从物质转向能量。生物学凸显了演化的过程，达尔文进化论中新生物体的涌现挑战了静态的唯物主义。麦克斯韦的《电与磁》代表了继牛顿之后物理学的又一次伟大综合，其后的二十年科学进展似乎出现了停顿，仿佛在酝酿着新的变革。

总体而言，19 世纪科学的进展使得物质逐渐丧失其基础性地位，能量成为更为基础的概念，而能量仅仅是事件的结构在量化层面的名称，它取决于有机体运作的概念，因此我们可以考虑用有机体取代简单位置的物质。如此一来，科学转变为对机体的研究，生物学研究较大的机体，物理学研究较小的机体。现实被重新定义为具有内外关联、价值内在的事件，彼此相互摄入，不断变化。机体进化的哲学与机械唯物主义不相容，因为对于后者而言，物质不存在进化，只有不停的运动和分合。在机体理论中，持久结构（如分子）是进化适应的结果。有机体也能够塑造环境，促进共同生存。19 世纪末流行的社会达尔文主义忽视了机体之间的合作与环境的可塑性，仅强调固定环境下的"生存竞争"，这将带来毁灭性的后果。科学的未来在于一种整合物理学与生物学的有机理论，未来需要承认自然的创造性与目的性，将自然理解为动态、互依的有机体，而非盲目不变的惰性物质。

（三）现代科学的崩塌与自然哲学的重构

第七章和第八章着重描述了从经典牛顿物理学到现代相对论和量子力学的转变，重点阐述了物理学等领域的科学进步如何对传统时空观与物质观发起挑战，以及以过程为本的有机自然观如何能够提供与相对论和量子力学相契合的形而上学解释。

几个世纪以来，机械唯物主义在科学界占据主导地位，该理论认为惰性的物质是根本的实在。然而，19 世纪末，生物学、进化论、能量学和分子理论的发现开始动摇这一观点。迈克尔逊—莫雷实验的结果更是进一步表明，经典理论中关于空间、时间和"以太"的假设无法成立，空间和时间不再是绝对的，而是相互依存，并会随着观测者的运动状态不同而变化。面对这一挑战，怀特海提出了有机自然观，他认为事件是关系的统一模式，而非孤立的实体。持久存在的物体（如生物）通过模式体现时空分化，暗示可能存在多重时空体系。同时，时间并非连续流动，而是离散的"时段式"序列。现实是一个动态关联的系统，时空与物质在本质上是关系性的。这就要求哲学重新审视自然，超越唯物主义，转向以过程、事件和关系为核心的形而上学框架。

20 世纪初，另一个颠覆经典物理学基础的发现是量子力学。经典物理学假设变化是连续的，而量子理论则认为能量变化以离散的"跳跃"（量子）形式发生，类似于支付整分的货币而非零钱。例如在光电效应中，受激分子释放的光辐射具有特定频率（颜色），且能量以固定的最小单位发射。在量子力学中，光既表现为波（电磁振动），也表现为粒子（能量量子）。经典唯物主义用粒子（如电子、质子）的连续运动和能量的连续变化来解释现象。而量子理论则颠覆了这一观点，要求能量处于固定的"轨道"（量子态）而非连续运动，这引发了类似哥白尼革命前的天文学危机。针对量子力学的挑战，怀特海提出自然的有机理论，其中机体有两种振动类型：位移性振动和有机变形振动，前者相当于物质的移动，而后者则是模式的改变。现实由不可分割的基本有机体（原初体）构成，其振动决定了能量与稳定性。由于现实是具有一定周期的振动性存在，通过一系列原子性的持续时段来实现自我，从而表现出离散的量子特性。总而言之，面对量子理论的挑战，怀特海要求彻底重构物理概念，主张用有机的、振动的自然模型取代经典唯物主义。通过将能量与时间视为离散量，它既符合实验观测，又提供了哲学上自洽的新范式。

（四）哲学、宗教、抽象与上帝

第九章"科学与哲学"是系列讲座的第七讲，着重探讨了现代时期科学与哲学之间的交互作用，重点剖析了科学发展对哲学思想的影响。

现代哲学发轫于笛卡尔，其思想实现了从古代客观视角向主观视角的转变，强调个体经验，诸如"我如何获得知识？"笛卡尔将现实划分为两种实体：物质（占据空间）和心灵（思维实体）。这种二元论为后续哲学发展奠定了基调——科学负责探究物质自然，而哲学则聚焦于心灵领域。笛卡尔的框架引发了认识论问题：倘若心灵仅局限于自身感知，它又如何认识外部世界？洛克、贝克莱、休谟和康德围绕这一问题展开争论，催生了唯心主义、经验主义以及关于知识限度的不同流派。至 20 世纪初，威廉·詹姆士对传统观点发起挑战，他反对将意识视为独立的"实体"，而认为意识是一种功能——是认知的过程而非某种"质料"。他的实用主义标志着对 17 世纪唯物主义和笛卡尔二元论的突破，转向更为有机、过程导向的实在观。

怀特海提出了一种替代机械唯物主义的方案：实在由事件构成，这些事件动态互联、而非孤立的实体。身体与心灵并非分离，而是相互整合，生理学和心理学反映了这种统一性。现代物理学（如电磁学、相对论）也支持这一观点、强调活动的模式而非静态的物质。莱布尼茨的哲学可被视为有机哲学的雏形，其提出的单子论（封闭、自足的实体）隐含了有机世界观，但因其坚持实体形而上学而受到限制。怀特海的哲学进一步发展了这一思想，将实在视为关联过程的网络，而非独立存在的实体。科学（机械论）与哲学（唯心论）的分裂是有害的，需要一种新的综合来进行调解，基于一种有机的、关联的自然观，将科学的客观性与审美、伦理经验相结合，以弥合科学与人类经验之间的鸿沟。

第十章"论抽象"和第十一章"论上帝"是在八篇洛厄尔演讲之外独立撰写的，这两章内容构成了怀特海首次对他所理解的形而上学的系统探索，为其后续著作《宗教的形成》（1926 年）和《过程与实在》（1929 年）中关于"永恒客体"和"上帝"等内容的思考奠定了前期基础。第十二章"宗教与科学"是 1925 年 4 月 5 日在哈佛大学发表的演讲。这三章初次阅读时可以跳过，留待日后深入研读。

在第十章中，怀特海将形而上学定义为"在对事物细节进行任何特殊研究之前，对事物本质进行的冷静思考"。在关于"抽象"的章节中，怀特海分析了永恒客体彼此之间如何共存，这与它们参与事件的程度截然不同。他断言，永恒客体既具有个体本质，也具有关系本质。个体本质就是那种实现的可能性本身，它抽象出了它与所有其他可能性的关系。关系本质是所有永恒客体彼此之间必然存在的相互联系。由于每个永恒客体都具有关系本质，每个包含永恒客体的现实存在也与所有其他永恒客体相关。但就其个体本质而言，只有一部分永恒客体能够进入每个现实存在。总之，在本章中，怀特海勾勒出一种过程形而上学，实在源于永恒客体与现实存在选择性实现之间的互动。这一框架连接了科学、哲学与经验，通过有机的、关系的综合为现实奠基，提供了科学唯物主义之外的另一种选择。

第十一章探讨了为何现实世界是有限的（为何存在这个特定宇宙）以及上帝在形而上学体系中的作用。亚里士多德在他的形而上学体系中引入了"第一推动者（上帝）"的概念，然而这一概念却受到其所处时代错误的物理学和宇宙论的限制，例如认为天体运动需外力维持。怀特海认为，尽管亚里士多德的物理学已被推翻，但其形而上学的核心问题依然存在，我们需要一个解释现实具体化的原则。现代形而上学需用"上帝作为具体性原则"取代亚里士多德的"第一推动者"。上帝的功能是为现实发生提供限制与价值标准，使得可能性能够凝结为具体的现实发生。每个现实发生都是对无限可能性的一种限制，通过这种限制产生特定的价值。现实发生并非孤立存在，而是通过相互内在关系构成一个整体网络（"共在性"）。上帝作为限制的根源，为解释现实世界的有限性、秩序性与价值提供了一个"限制性原则"，这一原则无法通过抽象理性来推导，而是形而上学的终极前提。上帝是理性的基础，但其自身存在是"终极非理性"（无法被进一步解释）。在对传统神学观进行批判时，中世纪哲学家将上帝视为"形而上学的终极根据"，但若如此，上帝必须同时为善与恶负责，这便导致逻辑矛盾。怀特海认为，上帝应被理解为价值与限制的源头，而非人格化的全能主宰。怀特海通过形而上学论证，将上帝重新定义为宇宙具体化与价值限制的必然原则，既避免了传统神学的矛盾，又为现实世界的秩序与多样性提供了解释。这一观点调和了理性与经验，强调上帝是过程宇宙中动态平衡的根基。

第十二章探讨了宗教与科学之间的复杂关系，认为它们的表面冲突并非不可调和的矛盾，而是通向更深层次理解的契机。历史上，科学发现（如日心说、进化论）屡次与宗教教义发生碰撞，但两者都在演进：宗教通过重新诠释适应新认知（如接受地质时间尺度），科学则通过修正理论完善真理（如牛顿力学发展为相对论）。宗教和科学皆通过自我更新而进步，矛盾揭示的是未完善的真相。科学与宗教研究领域不同，知识视角互补。科学研究自然规律，宗教关注道德与灵性价值，完整的世界观需两者结合。宗教需像科学一样拥抱变革，宗教的衰落源于固守旧框架——科学以进步为荣，而宗教常抗拒修正。此外，宗教应剥离过时的具象表达（如中世纪的天堂地狱观），回归核心灵性真理。宗教绝非道德教条或心灵安慰，而是对超越性和谐的追寻，其力量来自崇拜与精神探险，而非恐惧或社会控制。宗教与科学的张力不是对抗，而是一种创造性力量，学说的冲突不是灾难，而是机遇，推动双方逼近更清晰的真理。宗教必须如科学般无畏地进化，在变迁中表达其永恒内核。

（五）社会进步的必要条件

第十三章"社会进步的必要条件"深入探讨了科学思想对社会进步产生的深远影响，指出现代文明所面临的挑战，其根源在于哲学观念的失衡、专业化的局限，以及唯物主义对价值的漠视，并提出了通过教育革新与美学觉醒来重塑社会发展方向与路径的构想。

自 17 世纪以来，笛卡尔所倡导的心物分离的二元论，致使物质被剥离了价值属性，沦为机械实体，而精神则被简化为封闭的个体经验。这种割裂催生了工业时代的道德冷漠与环境破坏，例如工人被单纯视为"劳动力"，而非一个完整的人，城市美学也未得到应有的重视。现代社会正日益陷入专业化的陷阱之中。现代知识的分工虽加速了技术进步，但也造成了思维的狭隘化——专业人士深陷于"抽象沟壑"之中，丧失了对整体现实的感知能力。民主社会尤为危险，因为局部的高效与全局的失序并存，协调者缺乏广阔的视野和把握正确方向的能力。当前的教育过度侧重于公式化的知识和抽象分析，却缺乏对具体价值的直觉培养。为解决这一问题，专业训练需辅以美学教育，借助艺术激发对多样价值的敏感度，实现智力与灵性发展的平衡。艺术并非仅仅是消遣，而是灵魂从"静态价值"中获得解放的必需途径——通过瞬间的美，丰富永恒的自我实现。现实世界中的科学唯物主义贬低了美学价值，与政治经济学合流，助长了工业革命时期的人性异化。19 世纪的"生存竞争"学说被扭曲为仇恨哲学，然而自然真正的法则是协作共生（如森林生态或跨物种互助）。文明的进步依赖于多样性和探险精神，而非武力或均质化。未来的危险在于科学与技术迫使人类持续进行"精神迁徙"，但我们也不必过度忧虑，因为不稳定是伟大时代的常态。中产阶级对"安稳"的迷恋阻碍了社会与智力改革，而真正的文明需要拥抱风险（如文艺复兴时期的动荡）。最后，社会的进步需要实现三位一体的觉醒——在哲学上摒弃心物对立，回归有机整体观；在教育上融合专业深度与美学广度；在实践上以协作替代竞争，以创造来回应危险。

四、核心术语翻译说明

（一）Modern World

关于本书的汉译情况，经译者查考，目前主要有三个译本：何钦译本（1959 年，商务印书馆）[①]、黄振威译本（2017 年，北京师范大学出版社）[②] 以及傅佩荣译本（2019 年，上海人民出版社）[③]。其中，黄振威译本于 2020 年经俞

[①] ［英］阿尔弗雷德·诺思·怀特海：《科学与近代世界》，何钦译，北京：商务印书馆 1959 年版。

[②] ［英］阿尔弗雷德·诺思·怀特海：《科学与近代世界》，黄振威译，北京：北京师范大学出版社 2017 年版。

[③] ［英］阿尔弗雷德·诺思·怀特海：《科学与现代世界》，傅佩荣译，上海：上海人民出版社 2019 年版。

懿嫻校译后，在台北五南图书推出了繁体字版本。[1] 对于书名 "Science and the Modern World" 的翻译，现有两种主要译法：何钦和黄振威均采用"科学与近代世界"的译法，傅佩荣和俞懿嫻则译为"科学与现代世界"。本译本采用后一种译法，主要基于以下两点考量：首先，从历史分期来看，怀特海在书中着重探讨的是 17 至 19 世纪这三百年间科学的发展及其社会影响。其演讲发表于 1924 年，这一时期在历史学界普遍被界定为"现代"，而"近代"通常特指地理大发现之后的早期现代阶段，因此采用"现代世界"的译法更符合历史分期的准确性。其次，就思想内涵而言，怀特海所批判的科学唯物主义，实际上是"现代性（modernity）"与"现代化（modernization）"进程中所产生的哲学和宇宙论基础。"现代世界"这一译法能够更准确地传达作者对现代文明特质的反思，突显其思想批判的当代意义。

（二）Fallacy of Misplaced Concreteness

在第三章"天才的世纪"中，怀特海对 17 世纪物理学所确立的机械论自然观进行了深刻批判。他指出，这种自然观的根本谬误在于将抽象概念误认为具体实在，并将这一认识论错误命名为"误置具体性之谬误"。怀特海特别通过两个典型实例揭示了这一谬误的实质：其一是关于物质的"简单位置"观念，即认为物质可以脱离时空关系而独

---

① ［英］阿尔弗雷德·诺思·怀特海：《科学与现代世界》，黄振威译、俞懿嫻校译，台北：台北五南出版社 2017 年版。

立存在；其二是"实体与性质"这一传统哲学范畴，即将事物割裂为不变的实体与依附其上的属性。在怀特海看来，这两种预设构成了 17 世纪现代自然哲学无意识的基本前提，却恰恰反映了机械论世界观将抽象概念实体化的根本缺陷。

（三）Prehension

"Prehension"（摄入）是怀特海过程哲学的核心概念，也是其独创的一个概念，特指主体，或更准确地说——超体，对经验进行"非认知性把握"的基本活动。在现有译介中，该术语曾被译为"摄受""涵摄""动在"等不同表述，本译本统一采用"摄入"这一译法，既符合汉语表达习惯，又能确保术语翻译的一致性。从哲学内涵来看，"摄入"标示着统一的动态过程。怀特海认为，自然的实在性恰恰体现为自然内部持续发生的摄入活动——这些活动构成了自然中生生不息的事件流。通过"摄入"概念，怀特海突破了传统实体哲学的局限，将实在理解为由诸多相互关联、彼此摄入的创造性事件构成的有机整体。

（四）"Actual Occasion"与"Eternal Objects"

"Actual Occasion"与"Eternal Objects"构成怀特海过程哲学体系中最基本的一对存在论范畴：前者表征具体的、现实的特殊存在，后者代表抽象的、潜在的普遍形式。怀特海在《过程与实在》（1929 年）中又引入了"actual entity"

这一¹与"actual occasion"同义的概念，但该术语并未出现在《科学与现代世界》中。

在汉语译介史上，"Actual Entity"与"Actual Occasion"存在多种译法：贺麟（1902—1992年）将其分别译为"实有"与"实缘"①；陈奎德采用"现实实有"与"现实事态"②；李步楼译为"现实实有"和"现实机缘"③；周邦宪主张"实际实有"与"实际事态"④；杨富斌则译为"现实存在"与"现实发生"⑤。本人倾向于采用"现实实有"与"现实事态"的译法，但为了与本全集其他著作中的术语相统一，一律译为"现实存在"与"现实发生"。至于"eternal objects"，学界主流译为"永恒客体"，亦有"永恒对象""永恒所对"等译法，本译本沿用接受度较高的"永恒客体"这一译名。这种译法选择既考虑到了中文哲学术语的传统表达习惯，又能准确传达怀特海对"现实性"与"潜在性"这对基本哲学范畴的独特理解。

---

① 贺麟：《贺麟选集》，长春：吉林人民出版社2005年版，第290—307页。

② 陈奎德：《怀特海哲学演化概论》，上海：上海人民出版社1988年版。

③ ［英］阿尔弗雷德·诺思·怀特海：《过程与实在》，李步楼译，北京：商务出版社2012年版。

④ ［英］阿尔弗雷德·诺思·怀特海：《过程与实在》，周邦宪译，北京：北京联合出版社2014年版。

⑤ ［英］阿尔弗雷德·诺思·怀特海：《过程与实在》（修订版），杨富斌译，北京：中国人民大学出版社2013年版。

（五）Epochal Duration

在第七章"相对论"中，怀特海认为时间是原子式的，是"epochal duration"（时段绵延）的接续交替。"Epochal"通常译为"划时代的""纪元的"，但在这里怀特海想表达的意思是时间是"原子式的"（atomic）、离散的，因此将其译为"时段的"。"Duration"也有"时间段"的意思，源自伯格森（1859—1941）的《创造进化论》（1927 年），中文一般译为"绵延"。

（六）Organism and Primate

怀特海并没有将自己的学说称为"过程哲学"，而是称之为"有机体哲学（philosophy of organism）"，简称"机体哲学"，旨在用活的"机体"取代死的"物质"和"机械"，作为自然与宇宙的基石。在第八章"量子论"中，怀特海指出，唯物主义的概念只适用于非常抽象的实体，具体的持久实体是有机体，其整体的规划会影响进入其中的各种从属有机体的性质。生物学研究较大的机体，物理学研究较小的机体，如分子、电子。如此不断细分，最终会达到一个"primary genus"（原初类属），其中包含不同种的"primate"（原初体）。这里怀特海是在借用生物学中的概念来表达与宇宙论和物理学相关的实在。在生物学中，"genus"可译为"属"，是介于科和种之间的一个分类层级。"primate"通常译为"灵长类动物"，但在这里指的是原初类属中的机体，因此可以译为"原初体"。这个词可以说是怀特海的创造，在其机体哲学中，原初体被设想为是一定频率的能量振动，其实现以周期的方式离散式呈现，可以解释量子力学中的离散现象。

（七）"Entity"与"Substance"

"Entity"和"Substance"虽然都可译为"实体"，但在怀特海哲学体系中需加以区分。一般把"entity"译为"实有"或"存在"或"存在物"；"substance"则通常译为"实体"，出自笛卡尔："我们所能想象的实体不过是这样一种存在，它的存在不需要任何超越自身的东西。"这种实体性思维正是怀特海所反对的。怀特海曾明确地指出，"Entity"也就是"thing"，既可表示抽象的实体，也可表示具体的事物。所以译之为"存在"或"存在物"似乎较为恰当。

最后需要特别说明的是，在怀特海卷帙浩繁的著作中，《科学与现代世界》始终是译者最为钟爱的一部。近年来，译者不揣浅陋，在北师香港浸会大学（BNBU）开设了该书的专题研讨课程，以期在教学中深化理解。值此《怀特海全集》出版之际，得以重新校译此书，既感荣幸又觉惶恐：若能为前译补苴罅漏，为后学启迪新知，则不胜欣慰。然译者学力有限，译文中难免存在疏漏讹误之处，诚祈方家不吝斧正为盼。

前　言

　　本书涵盖了对过去三个世纪里①，西方文化受科学发展影响的某些方面所展开的研究。此项研究是建立在这样一种信念基础之上的：一个时代的思维方式，取决于在该时代受教育群体的头脑中实际占据主导地位的世界观。文化包含多个领域，与之相应的观念体系同样有多个。人类有着诸多兴趣，像科学、艺术、伦理以及宗教等，它们既能催生出各种各样的宇宙论，反过来又会受到这些宇宙论的影响。在每一个时代，上述的每一个主题都彰显一种世界观。只要同一群体受到了所有或者一种以上兴趣的影响，那么他们所持有的有效观点就会是这些影响来源相互融合的产物。不过，每个时代都存在其主流思想。就我们所探讨的这三个世纪来讲，源自科学的宇宙论一直在不断巩固自身的地位，而这是以牺牲源于其他思想的旧观点作为代价的。人们往往会受到时代以及地域方面的局限性影响。我们或许可以问问自己，近期出现的现代世界的科学思维

---

　　①　译者注：指17—19世纪。

方式，是否算得上是这种狭隘局限性的一个成功案例呢？

　　哲学的诸多功能之一，便是对各类宇宙论进行批判。它的职责在于协调、重塑并论证关于事物本质的不同直觉的合理性。它必须始终坚持对终极观念的审查，并且要坚持保留那些塑造我们宇宙观体系的全部证据。它的任务是将那些未经理性检验以及无意识进行的过程明晰化，并且让其尽可能地发挥作用。

　　基于这一点，我刻意避免引入科学进展方面诸多晦涩难懂的细节内容。大家所需要的以及我所努力追求的目标，就是全身心地去探究那些主要观念的内在情况。倘若我对于哲学功能的看法是正确的，那么哲学便是所有智力探索中最具成效的。哲学的殿堂在工人尚未搬来一块石头之前，就已经建造好了，而在自然因素还没来得及侵蚀那些拱门之时，就已经把它们全部摧毁了。它既是精神大厦的设计者，也是它们的分解者：物质还未出现，精神就已然先行。哲学的作用是缓慢的。思想有可能会潜伏好几个世纪，而后，几乎是在不经意间，人类便会发现这些思想已然体现在各种各样的制度之中了。

　　本书主要是由1925年2月所发表的八篇洛厄尔演讲[1]内容构成。此次出版的版本对这些演讲进行了适度的扩充，

────────

① 译者注：洛厄尔演讲（Lowell Lecture）是由波士顿洛厄尔学院（Lowell Institute）组织的免费向公众开放的公益性系列演讲。1924年4月1日怀特海接受了洛厄尔学院的邀请，确定以"自然哲学的三个世纪"为题做八场讲座。讲座安排于1925年2月的周一与周四（除了2月23日）的下午五点钟，地点是博伊尔斯顿大街491号罗杰斯大楼亨廷顿礼堂。

而且其中的一篇被拆分成了第七章和第八章（分别涉及相对论和量子力学）。除此之外，还增添了一些内容，目的是为了能够以讲座课程无法涵盖的内容，来完善本书所蕴含的思想。

在这些新增内容里，第二章——"论作为思想史要素的数学"，原本是在罗德岛州普罗维登斯市的布朗大学数学学会的演讲稿①；第十二章——"宗教与科学"，则是在哈佛大学菲利普斯·布鲁克斯厅所作的一篇演讲②，并且即将发表在 1925 年《大西洋月刊》的八月号上；第十章和第十一章——"论抽象"以及"论上帝"，是首次补充进来的内容。不过，这本书展现的是一个完整的思想体系，至于其部分内容以前是怎样被使用的，仅仅属于一个次要问题罢了。

本书参考了劳埃德·摩根③的《突现进化论》以及亚历山大④的《空间、时间与神性》，只是没机会在正文当中详细注明出处。读者能够明显察觉到这些著作给了我极大的启发，我尤其要对亚历山大那部伟大的著作表达深深的谢意。鉴于本书涉及的范围颇为广泛，要详尽地罗列各种信

---

① 译者注：1925 年 4 月 14 日怀特海在布朗大学数学学会做的演讲。

② 译者注：1925 年 4 月 5 日怀特海为哈佛大学菲利普斯·布鲁克斯系列讲座做的演讲。

③ 译者注：劳埃德·摩根（1852—1936 年），英国著名动物行为学家、心理学家，"突现进化"论的创始人。

④ 译者注：塞缪尔·亚历山大（1859—1938 年），英国哲学家，著有《时间、空间和神》（1920）等。

息来源或者观念来源是不现实的。本书是我多年来思考与阅读的成果，并非为了当下预先设定的出版目的而创作的。所以，即便我有心去引用详细的来源，如今也已经没办法做到了。好在实际上这样做也并无必要，因为我所依据的事实都是较为简单且广为人知的。在哲学方面，关于认识论的讨论被完全排除在外了，因为探讨这个主题会打破整本书的平衡。本书的关键之处在于阐明当下流行的哲学具有压倒一切的重要性。

在此，要特别感谢我的同事拉斐尔·迪莫斯先生[①]，他帮忙校读了书稿，并且在文字表达方面提出了许多宝贵的改进意见。

阿尔弗雷德·诺思·怀特海

1925 年 6 月 29 日于哈佛大学

---

① 译者注：拉斐尔·迪莫斯（1892—1968 年）是当时怀特海在哈佛大学的助理。

目 录
CONTENTS

第一章
现代科学的起源

文明的演进并非全然是朝着更优方向的匀速推进。倘若我们将审视的尺度拓展得足够宽泛，或许会呈现出这般特征。然而，如此宏观的视域会使细节变得模糊不清，而我们恰恰需要凭借这些细节才能透彻地理解整个过程。若是考虑到整个历史长达数千年之久，那么新时代的降临则相对突然：原本与世隔绝的种族会忽然在历史主流中崭露头角；技术的突破变革了人类生活的模式；一种原始的艺术形式会迅速地蓬勃发展，直至充分地满足某种审美诉求。

我们所处时代的 16 世纪见证了西方基督教的动荡变革①以及现代科学的兴起。那是一个纷扰不安的年代。一切皆未定型，尽管诸多事物已然展开——崭新的世界与全新

---

① 译者注：指16世纪开始发生在欧洲的基督教新教革命。

的观念不断涌现。在科学界，哥白尼[1]与维萨留斯[2]或许可被视作代表性人物：他们分别代表了全新的宇宙观以及对科学直接观察的重视。乔尔丹诺·布鲁诺[3]堪称烈士，尽管致使他受难的缘由并非科学本身，而是源于自由想象式的玄思冥想。他于1600年的殉难在最为确切的意义上开启了现代科学的首个世纪。在对他的处决之中蕴含着一种无意识的象征意味，因为此后科学思想的基调充斥着对他那种普遍思辨的质疑与不信任。尽管宗教改革[4]意义非凡，但可将其视为欧洲各民族的内部事务。甚至连东方的基督教[5]对此亦表现出淡漠的态度。并且，这般的动荡在基督教或其他宗教的历史进程中亦非新鲜之事。当我们将这场伟大的革命置于基督教教会的整个历史长河之中加以审视时，便

---

① 译者注：哥白尼（1473—1543年），波兰天文学家、数学家和神学家，著有《天体运行论》，提出与中世纪教会观点相悖的"日心说"，是科学革命的首席代表人物。

② 译者注：维萨里（1514—1564年），比利时医生和解剖学家，人体解剖学的创始人。其著作《人体构造》一书与哥白尼的《天体运行论》同年出版（1543年），他与哥白尼一起被认为是科学革命的两大代表人物。

③ 译者注：乔尔丹诺·布鲁诺（1548—1600年），意大利思想家，由于宣传哥白尼的"日心说"被宗教裁判所判为"异端"，并被烧死在罗马鲜花广场。通常认为他是为科学殉难的烈士，实际上他的宇宙论观点不是基于科学观测而是自由玄想的产物，因此，怀特海说他的牺牲具有一种开启现代科学时代的"无意识的象征性"。

④ 译者注：指16世纪由德国由马丁·路德发起，后来发展到整个欧洲的反对罗马天主教庭的宗教改革运动。该运动摇动了天主教会在欧洲的统治，推动了基督教新教以及欧洲各民族国家的诞生。

⑤ 译者注：指东正教。

能发觉它并未为人类生活引入全新的准则。不论优劣，这都是宗教领域的一场意义深远的变革，但并非宗教的产生。它自身亦未曾如此宣称。宗教改革家们坚定地认为，他们仅仅是在重拾那些被遗忘的事物。

现代科学的兴起则大相径庭。它在诸多方面均与同时代的宗教运动形成了极为鲜明的对照。宗教改革乃是一场民众性的抗争活动，致使欧洲陷入了长达一个半世纪的血腥战乱之中。而科学运动的起始仅局限于少数的知识精英群体。在历经三十年战争①以及阿尔瓦统治荷兰②的那一代人的岁月里，对于科学人士而言，所遭遇的最为糟糕之事不过是伽利略③被光荣地拘押，受到温和的斥责，最终安然地逝于卧榻之上。人们以这样的方式缅怀伽利略所遭受的迫害，是对人类迄今为止所经历的观念上最深刻的变革的悄然开始的赞颂。自一名婴儿于马槽中诞生以来，④ 是否曾有如此伟大之事在这般轻微的波澜中发生，实在令人存疑。

这些讲座所要阐述的核心论点在于，科学领域的这种

① 译者注：三十年战争（1618—1648 年）是指爆发在欧洲天主教和新教国家之间的一场"宗教战争"，战争以哈布斯堡王朝战败并签订《威斯特伐利亚和约》而告结束。这场战争推动了欧洲民族国家的形成，是欧洲近代史的开始。

② 译者注：阿尔瓦（1507—1582 年）公爵是西班牙贵族，军人和政治家。1567 年他受命镇压荷兰新教资产阶级革命，在荷兰实行恐怖政策，他的血腥统治最后反而加剧了荷兰人的反抗。

③ 译者注：伽利略（1564—1642 年），意大利数学家、物理学家、天文学家，科学革命的先驱。1633 年以"反对教皇、宣扬邪学"为罪名被罗马宗教裁判所判处终身监禁，并被迫忏悔。

④ 译者注：指耶稣降生于马槽。

悄然发展实际上已然为我们的思维方式重新染色，以至于那些往昔被视作非主流的思维方式，如今在受过教育的群体当中已得到了广泛的传播。这种思维方式的崭新色调在欧洲民众之中历经数个世纪逐渐孕育而成。最终，它不仅催生了科学的飞速发展，而且借助其最为显著的应用得以强化。这种全新的思维方式甚至比新科学与新技术本身更为重要。它改变了我们心灵深处的形而上学预设以及想象内容，使得往昔的刺激如今能够激发全然不同的崭新反应。或许我运用"新色彩"这一比喻略显浓烈，我真正想要表达的是，即便是最为细微的色调变化，亦能够产生截然不同的结果。备受尊敬的天才威廉·詹姆士①在一封公开信中的一句话恰好能够印证这一点。在完成《心理学原理》之后，他致信其兄弟亨利·詹姆士时说道："我必须在那些不可化约的顽固事实面前，锤炼我的每一句话。"

现代思想的这种崭新色调体现为对不可化约的顽固事实与普遍原则之间关系所保持的强烈且热切的关注。无论处于何时何地，总有注重实际之人全身心地聚焦于"不可化约的顽固事实"；同样，无论在何时何地，亦总有具备哲学气质之人，全神贯注于普遍原则的构建编织。正是这种对具体事实的热烈关切与对抽象普遍原则的同等热忱的交

---

① 译者注：威廉·詹姆士（1842—1910 年），美国心理学家和哲学家、机能主义心理学派创始人之一，他的思想对怀特海的有机体哲学产生了重要启发和影响。"詹姆士"的英文名字"James"现在通常译为"詹姆斯"；但是，因为以往学术界一直把他的名字译为"詹姆士"，故依从惯例，本书亦译为"詹姆士"。

融整合，铸就了我们当今社会的独特新颖之处。往昔，这种融合似乎只是零散且偶然地现身。如今，这种心灵层面的平衡态势已然成为对文化思想传统产生深刻影响的关键部分。它是美好生活不可或缺的精妙调味剂。大学的核心使命便是将这一传统当作世代相继的丰厚遗产予以传承递接。

另一个令科学在 16 世纪与 17 世纪欧洲的运动中崭露头角的显著差异在于其普适性。现代科学诞生于欧洲，然而其家园是整个世界。在过去的两个世纪里，西方模式对亚洲文明施加了持续且错综复杂的影响。东方的智者始终深陷困惑之中，并且至今仍在思索探究，究竟有何种生命调节的奥秘能够从西方传递至东方，同时又不会肆意损毁他们自身珍视的传统。愈发清晰明了的是，西方最易于给予东方的便是其科学与科学视域。此类知识能够在任何拥有理性社会的国家与种族之间进行转移传播。

在这一系列讲座当中，我将不会深入探讨科学发现的具体细节。我的主题聚焦于现代世界中某种特定精神状态的激发历程、其广泛的概括总结以及对其他精神力量所产生的影响。历史存在两种解读方式：向前追溯与向后回顾。在思想史的范畴内，这两种方式均不可或缺。借用 17 世纪一位作者恰如其分的表述，要想理解一种舆论氛围，便需考量其前因后果。因此，在本次讲座中，我将考虑我们研究自然的现代方法的部分原因。

首先，除非普遍存在一种对事物秩序，尤其是自然秩

4　序的本能信念，否则鲜活的科学便无从谈起。我审慎地选用"本能"一词。人们的言语表述无关紧要，只要他们的活动受到既定本能的掌控约束。言语或许最终会摧毁本能，然而在这一情形发生之前，言语并不具备关键意义。这一观察在科学思想史上意义非凡，因为我们将会发现，自休谟以来，盛行的科学哲学对科学理性予以否定。这一结论在休谟的哲学思想中显而易见。例如，以下是他在《人类理解研究》第四部分中的一段论述：

> 总之，每一个结果均是与其原因截然不同的事件。因此，结果无法在原因中被发现；而对它的首次发明或构想，先验地，必定是全然任意的。

倘若原因自身并未透露有关结果的丝毫信息，以至于对其的首次发明必须是完全随意任性的，那么科学在某种意义上便成为不可能之事，除非是构建完全任意的联系，而这些联系并未从原因或结果特性的任何内在要素那里获取保障。休谟哲学的某些变体一直在科学家群体当中广泛流传。然而，科学的信仰适时兴起，悄然无声地移除了哲学上的障碍。

鉴于科学思想中这一奇特的矛盾状况，我们首要考察的便是这种对理性的一贯要求如此漠视的信仰其渊源在哪里。因此，我们必须回溯探究那种认定自然秩序存在于每一个具体事件细节之中的本能信仰究竟是如何兴起的。

诚然，我们都秉持着这一信仰，因而往往认为产生这种信仰的缘由在于我们对其真理性的领悟。然而，一个普遍概念的形成——诸如自然秩序的概念——以及对其重要性的领会，还有在各类情形中对其例证的察觉，无论如何都并非该概念真理性的必然产物。习以为常之事屡屡发生，人类却往往对此视而不见。对显而易见之事进行分析需要极为非凡的头脑。因此，我期望考察这一分析得以明晰化的历程，以及其最终在西欧知识阶层的思维中留下难以磨灭印记的各个阶段。

显然，生活里的主要重复现象即便是最缺乏理性之人亦无法全然忽视。甚至在理性曙光初现之前，它们便已深深烙印于动物的本能之中。毋庸置疑，某些自然的总体状态在大致轮廓上呈现出重复性，而我们的本性亦已适应这种重复。

但与此同时，还存在着同样确凿且显著的互补性事实：世间并无任何事物会精确无误地全然重现。太阳每天都是新的，亦不存在两个毫无差异的冬天。往昔已逝，永难复返。因此，人类的实用哲学乃是期望在宽泛意义上的重现，却将细节视作源于神秘莫测之物，超乎理性所能理解之范畴。人们期盼太阳从东方升起，而风却在肆意地吹拂。

自古希腊文明以降，的确有部分人士，确切而言是一些群体，已然超越了对终极非理性的接纳。这些人竭力将所有现象阐释为一种秩序的产物，此秩序延展至事物的每一个细微之处。诸如亚里士多德、阿基米德或罗杰·培根这般的天才，必定已然具备了完整的科学思维。他们本能地认定，事无巨细皆可被视作贯穿于整个自然秩序之中的普遍原则的具象体现。

但直至中世纪末期，普通的受教育群体尚未滋生出如此热切的信念以及对细节的兴致，以至于无法造就源源不断的有能力与机遇之人，以维系对探寻这些假定原则的协同探索。人们或对这些原则的存在心存疑虑，或对能否成功寻觅到它们持有怀疑态度，或对思考它们兴味索然，或即便在寻得它们之际亦对其实际重要性漠然视之。无论出于何种因由，若考量到高度文明所赋予的机遇以及所涉及漫长的时间，对它们的探索热忱无疑是消沉低落的。为何到了16世纪与17世纪，探索的步伐会骤然加速呢？在中世纪末期，一种崭新的精神状态崭露头角。发明激发了思考，思考推动了物理思辨，希腊手稿则揭示了古人所发现的知识。最终，尽管在1500年时，欧洲所知晓的知识尚不及公元前212年辞世的阿基米德，然而到了1700年，牛顿的《自然科学的数学原理》已经问世，世界亦稳步迈入现代时期。

在一些伟大的文明之中，科学所需的特殊的心灵平衡仅仅偶有闪现，并仅催生出微弱的成果。例如，我们对中国的艺术、文学以及人生哲学探究得越深入，便越会对这一文明所企及的高度由衷钦佩。数千年来，中国涌现出诸多专注于学术研究的敏锐博学之士。基于其悠久的历史与庞大的人口基数，中国构筑起了世界上最为丰厚的文明积累。就单个中国人而言，他们在追求科学方面的禀赋毋庸置疑。然而，中国的科学成就几近于无。[①] 亦无理由确信，若任其独立发展，中国会在科学领域取得任何实质性进展。印度的情形亦是这般。此外，倘若波斯人奴役了希腊人，亦无确凿依据可认定科学会在欧洲蓬勃兴盛。罗马人在这一方面并未展现出独特的原创性。即便希腊人为这场运动奠定了根基，亦未以现代欧洲人所彰显的高度集中的兴趣将其延续维系。我所指的并非是近几代大洋两岸的欧洲人，而是指宗教改革时期那个深陷战争与宗教纷争的范围相对狭小的欧洲。考量从阿基米德逝世（公元前 212 年）至鞑靼人入侵的大约 1400 年间，东地中海从西西里岛至西亚这一区域。在这段时期内，战争、革命与宗教的巨大变革此起彼伏，但没有任何情形比 16 世纪与 17 世纪整个欧洲的战乱更为糟糕。当时存在一个伟大且富庶的文明，涵盖异教徒、基督徒与穆斯林。在那段时期，科学亦有诸多发展。但总体而言，进展迟缓且波动不定。除数学之外，文艺复兴时期的人们实际上皆是从阿基米德所抵达之处起步。医学取得了些许进展，天文学亦有所斩获。但与 17 世纪的巨大成功相比，总体进步可谓微乎其微。例如，可将从 1560

7

---

① 译者注：这一观点反映了怀特海那时对中国古代科学技术发展状况的无知。后来英国科学史家李约瑟对中国古代科学技术发展史做了系统研究，从而弥补了西方知识界关于中国古代科学技术发展成就的空白。

年，即伽利略与开普勒诞生之前，至 1700 年，即牛顿声望如日中天之际的科学知识进展，与上述古代时期的进展予以对比，前者时间跨度恰好为后者的十倍。

然而，希腊乃欧洲文明之母。为探寻我们现代思想的源头，我们务必聚焦于希腊。众所周知，在东地中海沿岸，曾存在一个极为繁荣的爱奥尼亚哲学学派，他们对自然理论抱有浓厚兴趣。他们的思想，经柏拉图与亚里士多德的卓越天赋而得以丰富充实，传承至今。然而，除了亚里士多德这一至关重要的例外，该思想学派并未达到完整的科学思维方式。从某些方面来说，它表现得更为卓越。希腊的天才人物颇具哲学素养，思维清晰且富有逻辑。这一群体的成员主要致力于探究哲学问题。自然的根基究竟是什么？是火、土、水，抑或是其中两者或三者的融合？又或者它仅仅是一种无法归结为任何静态物质的流变？他们对数学痴迷不已。他们发明了数学的普遍性，分析了其前提条件，并通过严格遵循演绎推理的方法发现了众多重要定理。他们的思维充盈着热切的普遍性。他们追求清晰、果敢的理念，并以此为基点展开严谨的推理。所有这些皆极为出色，堪称天才之举，是理想的前期筹备工作。但这并非我们现今所理解的科学。细致入微的观察耐心在其中并不显著。他们的天赋不太契合于在成功归纳概括之前的那种想象性的混沌悬疑状态。他们是清醒的思考者与大胆的推理者。

当然亦存在例外情形，且皆为极为卓越的范例，比如亚里士多德与阿基米德。此外，就耐心观察而言，天文学家们亦有所建树。他们对恒星秉持一种数学层面的清晰认知，对那些为数不多的流浪行星亦满怀热忱。

每一种哲学都浸染着某种隐秘的想象背景色调，而这种背景从未明晰地现身于其推理过程之中。希腊人的自然观，至少是自他们传承至后世的宇宙观，本质上是富有戏剧性的。这并非是错误的，但着实过于戏剧化了。因此，他们将自然设想为仿若戏剧艺术作品那般予以呈现，以彰显汇聚于某一目标的普遍理念。自然被精细地区分界定，旨在为每一事物皆提供适宜的目的。宇宙的中心乃是重物运动的归趋之处，而天体则是那些本性向上运动之物体的归宿所在。天体是那些无感知、不可繁衍生殖之物的栖息之所，较低的区域则是为那些有感知、可繁衍生殖之物提供的容身之地。自然仿若一场戏剧，万事万物于其中皆扮演着各自的角色。

我并非意指亚里士多德会毫无保留地认同上述观点，事实上他的保留意见与我们的相差无几。但这恰恰是后来的希腊思想自亚里士多德那里萃取并传承至中世纪的观念。就其影响而论，这种对自然的想象性设定对历史精神形成了抑制。因为既然看似关键的是结局，那么又何必去关切开端呢？宗教改革与科学运动乃是后文艺复兴时期占据主导地位的历史性变革的两个方面。对基督教起源的追溯探寻，以及弗朗西斯·培根回归动力因①并反对目的因的诉求，乃是同一思想运动的两个方面。亦正因如此，伽利略与其论争对手之间存在着难以调和的误解，这在他的《关于两大世界体系的对话》（1632年）中清晰可辨。

伽利略始终着重强调事物发生的方式，而他的对手则持有关于事物为何发生的完备理论。令人遗憾的是，这两种理论的结果并不契合。伽利略坚守"不可化约且顽固的事实"，而他的对手辛普利休斯则提出了一套至少他自身而言全然令人满意的缘由。倘若我们将这场历史性的反抗视作对理性的诉求，那就大错特错了。相反，这是一场彻头彻尾的反智主义运动。这是对沉思原始事实的回归，其源于对中世纪僵化理性的摒弃。我这般表述仅仅是对当时旧制度拥护者们自身主张的归纳总结。例如，在保罗·萨皮②神父的《特里腾宗教会议史》第四章中，能够看到1551年主持会议的教皇使节曾颁布如下指令："神职人员的意见应当与圣经、使徒的传统、神圣且被认可的会议，以及圣父的宪章与权威保持一致；应尽量言辞简洁，规避多余无益的问题与乖僻之论……此指令使意大利的神职人员颇为不满，他们视其为新奇之举，是对面对所有困境时始终运用理性的经院神学的谴责，并且（例如，依据此法令）

---

① 译者注：在亚里士多德的四因说中，任何事物都有其"形式因""质料因""动力因"和"目的因"，他相信自然界的每一件事物都有其目的。

② 译者注：保罗·萨皮（1552—1623年），意大利神甫、历史学家、科学家、律师。

不允许如托马斯·阿奎纳①与圣文德②及其他著名人物那般展开讨论。"

我们难免会对这些竭力坚守已然过时的无限制理性主义的意大利神学家们心生同情。他们深陷困境：新教徒全力反对他们，教皇亦未给予支持，宗教会议上的主教们甚至无法理解他们。在上述引文的数句话之后，我们还可读到："尽管诸多人士抱怨此法令，但其影响力甚微，因为总体而言，主教们依旧期望听闻人们以明晰易懂的语言表述，而非如在论及称义等问题时那般晦涩难解。"

这些可怜的、滞后的中世纪主义者呀！当他们运用理性时，甚至连当时的统治阶层都难以理解他们。需要历经数个世纪，顽固的事实方能借助理性得以化约，而与此同时，钟摆亦缓慢而沉重地摆向历史方法的极端。

在意大利神学家们撰写上述文书的四十三年后，理查德·胡克在其著名的《教会组织法》中对其清教徒对手发出了如出一辙的抱怨。胡克的思想较为均衡，这可从人们对他的称谓"公正的胡克"中得以体现。同时他用以表述思想的文风冗杂，极难精简概括。然而，在提及的部分中，他斥责其对手"蔑视理性"，并在为自身立场辩护时明确提及"学派神学家中最为伟大之人"这一称谓，我推测其所

---

①　译者注：托马斯·阿奎纳（约1225—1274年），中世纪经院哲学家、天主教神学家。他把理性引进神学，代表作有《神学大全》。

②　译者注：圣文德（1218—1274年），也被称为圣文都拉，中世纪著名意大利神学家、主教、圣师，方济会修士。

指应为圣托马斯·阿奎纳。

胡克的《教会组织法》在萨皮的《特里腾宗教会议史》问世前不久出版，因而，这两部著作全然相互独立。然而，1551 年的意大利神学家们与世纪末的胡克皆证实了那个时代所存在的反理性思潮，这亦使得他们所处的时代与经院哲学的时代形成鲜明对照。

这种反应无疑是对中世纪毫无节制的理性主义极为必要的矫正，不过反应往往易于走向极端。相应地，尽管这一反应的成果之一是现代科学的诞生，但我们必须铭记，科学亦因此承继了致使其产生的源头的思想偏见。

就其对中世纪思想的诸多间接影响而言，希腊悲剧文学的影响是多方面的。当今科学想象的先驱者乃是古雅典的伟大悲剧作家：埃斯库罗斯、索福克勒斯与欧里庇得斯。他们对命运那无情且冷峻的看法，推动着悲剧事件迈向不可避免的结局，而这恰恰是科学所秉持的愿景。希腊悲剧中的命运演变为现代思想里的自然秩序。作为对命运运作的例子与验证，对特殊英雄事迹的热衷在我们的时代再度呈现为对关键实验的高度聚焦。我有幸参与过在伦敦举行的皇家学会会议，当时一位英国皇家天文学家宣告，其在格林尼治天文台的同事所测量的日全食照片已然证实了爱因斯坦关于光线经过太阳附近发生弯曲的预言。整个紧张且充满兴趣的氛围恰似希腊戏剧的气息；我们仿若评论命运法令的合唱团，齐声颂扬一个重大事件发展进程中所揭示的命运的铁律。当时的场景本身极具戏剧性：传统的仪式以及背景悬挂的牛顿画像都在提醒着我们，历经两个多世纪，最为伟大的科学结论如今将接受首次修正。个人的兴趣亦未缺失：一场思想领域的伟大探险终于安然抵达彼岸。

在此我需要提醒诸位，悲剧的本质并非不幸，它存在于事物无情运转的庄严之中。命运的这种不可避免性唯有借助涉及不幸的人生事件方能得以阐释。因为唯有通过这些事件，方能在戏剧中彰显逃避的徒劳。这种冷峻的必然性弥漫于科学思想之中。物理定律即为命运的法令。

希腊戏剧里道德秩序的概念无疑并非剧作家的首创。它必定是从当时普遍的严肃观点中融入文学传统的。但在寻得这般宏伟的表达方式之后，它反过来又深化了自身所源出的思想脉络。道德秩序的壮观景象深深地烙印于古典文明的想象之内。

那个伟大社会走向衰落的时刻终于来到，欧洲步入了中世纪。希腊文学的直接影响渐趋消逝。然而道德秩序与自然秩序的概念已铭刻于斯多葛①哲学之中。例如，莱基②在《欧洲道德思想史》中指出："塞内卡③认为神依据无情

11

---

① 译者注：斯多葛派哲学是希腊化时代（前334—前30年）一个影响极大的思想派别，由芝诺（前490—前425年）创立，强调责任宿命、恬淡寡欲和过与自然一致的生活。

② 译者注：莱基（1838—1903年）是爱尔兰历史学家、作家和政治理论家，代表作有《欧洲道德思想史》《启蒙时代的英国历史》等。

③ 译者注：塞涅卡（约公元前4—65年），古罗马政治家、斯多葛派哲学家、悲剧作家、雄辩家。

的命运法则决定了万事万物，此亦是他所颁布的，且他自身亦遵循这一法则。"不过斯多葛派对中世纪精神状态影响最为深远的方式，乃是借助罗马法所彰显的那种普遍秩序感。再次引用莱基的话，"罗马法从两个层面而言皆是哲学的产物。其一，它是在哲学模型基础之上构建而成，并非单纯的经验体系以调适社会的既有需求，其制定了抽象的正义原则，并竭力使其协调一致；其二，这些原则直接借鉴于斯多葛主义哲学。"尽管在罗马帝国崩塌之后，欧洲大部分地区实际上陷入无政府状态，但法律秩序感始终萦绕于帝国人民的种族记忆之中。与此同时，西方教会始终作为帝国统治传统的鲜活体现而存续。

需要着重注意的是，这种法律影响在中世纪文明里并非以某些渗透于行为的智慧格言之形式呈现，而是以明晰、系统化的概念存在，它界定了社会有机体的详细结构及其运作方式的合法性。毫无含糊之处。这并非关乎令人钦佩的格言之事，而是关乎修正事物并维系秩序的具体程序。中世纪为西欧的智力在秩序感方面提供了漫长的训练时期。尽管在实践层面或许存在些许不足，但这种理念从未有片刻松弛。这是一个思想井然有序、彻头彻尾理性主义的时代。甚至这种无政府状态亦激发了人们对连贯体系的感知；正如现代欧洲的无政府状态催生了对国际联盟[1]的思想愿景

12

一般。

但就科学而言，除了对事物秩序的一般感知之外，尚需更多要素。仅需一句话便能指明，经院逻辑与经院神学的长期统治是如何将明确且精确思维的习惯深植于欧洲人的心智之中的。即便在这种哲学被否定之后，此无价的习惯依旧留存，此习惯即寻觅一个精确的点，并在寻得之后予以坚守。伽利略从亚里士多德处获益良多，远超其著作《关于两大世界体系的对话》表面所呈现的：其清晰的头脑与分析性的思维皆得益于亚里士多德。

然而，我并不认为自己已然充分阐述了中世纪主义对科学运动形成的最大贡献。我所指的是那种坚定不移的信念，即每一个具体事件皆可与其前因以全然明确的方式相互关联，进而彰显出一般原则。倘若缺失这种信念，科学家们的巨大努力将毫无希望。正是这种生动呈现在想象力面前的本能信念成为研究的动力源泉：世界上存在一个秘密，且是一个能被揭示的秘密。这种信念是如何鲜活地植入欧洲人心中的呢？

当我们将欧洲的这种思维方式与其他文明在自我发展时的态度相比较时，似乎唯有一个源头可解释其起源。即它必定源于中世纪对神的理性的强调，这个神被视作拥有耶和华的个人能量与希腊哲学家的理性。每个细节皆受到监督与安排：对自然的探索仅能导向对理性信仰的捍卫。需要牢记，我并非在谈论少数个体的明确信仰。我所指的是源于数个世纪以来无可置疑的信念对欧洲心智的深刻影响。我所言及的是本能的思维倾向，而不仅仅是字面的信条。

在亚洲，关于神的观念要么过于专断，要么过于非人格化，以至于这些观念难以对思想的本能习惯产生重大影响。任何特定事件或许是由一个非理性的专制者的意志所造就，又或许源于某种难以捉摸的事物起源。相较于个人存在的理性可理解性，这种信心并不存在。我并非在争辩欧洲对自然的可理解性①的信任即便在其自身神学中亦是合乎逻辑的。我唯一的目的在于理解其产生的方式。我的解释是，对科学可能性的信仰是在现代科学理论发展之前产生的，实际上是中世纪神学的无意识的衍生物。

然而，科学并不仅仅是本能信念的产物，它还需要对生活里的简单事件自身怀有积极的兴趣。

这个"为了自身"的限定颇为关键。中世纪的初始阶段乃是象征主义的时代。那是一个思想丰盈但技术粗陋的时代。人们与自然的互动颇为有限，仅能从中艰难谋求生存。但当时仍存有一些尚未开拓的哲学与神学思想领域。原始艺术能够象征那些充盈于思想者脑海的观念。中世纪艺术的首个阶段蕴含着无可比拟的迷人魅力：其想要传达的信息乃是自然背后事物的象征意义，超越了艺术自身对审美成就的自我证成，这一事实强化了其内在品质。在这一象征主义阶段，中世纪艺术从自然中汲取活力作为其媒

---

① 译者注：自然的可理解性是指自然界能够被审查、开放或能够被理解的状态。

介，却指向另一个世界。

为了理解中世纪早期与科学心态所需氛围之间的差异，我们理应将意大利的 6 世纪与 16 世纪加以对比。在这两个世纪里，意大利的天才们皆在为一个崭新的时代奠定根基。尽管基督教的兴起给未来带来了希望之光，但 6 世纪之前的三个世纪的历史弥漫着文明衰败的气息。在每一代，都有某些事物在消逝。阅读历史记载时，我们总会被即将降临的野蛮阴影所萦绕。当时亦不乏一些伟大人物，他们于行动或思想层面皆取得了辉煌功绩，但其总体成效亦仅能短暂地遏制整体的衰退之势。在 6 世纪，意大利正处于历史曲线的最低谷。但那个世纪的每一项举措皆为新欧洲文明的蓬勃兴起筑牢了根基。在此背景之下，查士丁尼①统治下的拜占庭②帝国从三个方面决定了西欧中世纪早期的特质。

14

其一，其军队在贝里萨留斯与那瑟斯的率领下将统治意大利的西哥特人驱逐出境。如此一来，古代意大利的天才们便获得了施展才华的舞台，得以创设诸多日后成为文化活动理念守护者的组织。我们难免会对哥特人萌生同情

① 译者注：查士丁尼（约483年5月11日—565年11月14日），东罗马帝国（拜占庭）皇帝，史称查士丁尼大帝。在他统治期间消灭了许多日耳曼蛮族在西罗马废墟上建立的王国，结束了这些王国对于罗马的和平长期以来的威胁。他还下令编纂《查士丁尼法典》，这部法典对后世的法律影响很大，被称为"最后一位伟大的罗马皇帝"。

② 译者注：拜占庭帝国（395—1453年），即东罗马帝国，首都为君士坦丁堡（今伊斯坦布尔）。395年，罗马帝国分裂为东、西两部分，其中的东罗马帝国延续了近千年之久，1453年奥斯曼帝国灭亡。

之心，然而毋庸置疑，对于欧洲而言，千年的教皇制度的价值远远超越了从一个稳定的意大利哥特王国所能获取的任何影响。

其二，罗马法的编纂确立了合法性的理想，这一理想主导了随后数个世纪欧洲的社会学思想。法律既是政府的工具，也是制约政府的条件。教会的教规与国家的民法皆受益于查士丁尼的法学家们对欧洲发展的影响。他们在西方思想中树立了这样一种理想：权力机构应当既遵纪守法，又秉公执法，并且自身理应呈现为一个由理性调控的组织系统。6世纪的意大利首次彰显了这些观念是如何经由与拜占庭帝国的接触而获得推动的。

其三，在非政治的艺术与学术领域，君士坦丁堡展现了一个现实成就的标准。这种成就部分源于直接模仿的冲动，部分得益于仅仅知晓其存在而产生的间接灵感，对西方文化产生了持续的鞭策与激励作用。在中世纪早期思维想象中的拜占庭的智慧，与早期希腊人想象中的埃及人的智慧扮演了相似的角色。实际上，这两种智慧的具体知识，对各自的接收者而言，皆是适度的。他们所知晓的恰好足以了解可达成的标准，又不至于为静态和传统的思维方式所束缚。因而，在这两种情形下，人们皆能独立前行，并取得更为卓越的成就。在任何有关欧洲科学思维崛起的记述中，皆无法忽视背景中的拜占庭文明的影响。在第六世纪，拜占庭与西方之间的关系历史上出现了一次危机。此危机可与16世纪和17世纪希腊文学对欧洲思想的影响

进行对比。在 6 世纪的意大利，有两位为未来奠定根基的杰 　　15
出人物，他们便是圣·本笃①与大格利高里②。透过他们二
人，我们即刻便能察觉，希腊人曾经企及的科学思维方式
是如何彻底地陷入衰败境地的。我们正处于科学温度的冰
点。然而格利高里与圣·本笃毕生的努力为欧洲的重建贡
献了力量，确保了在这一重建到来之际，蕴含了比古代世
界更为有效的科学思维方式。希腊人过于理论化，对他们
而言，科学乃是哲学的分支。格利高里与圣·本笃则是注
重实际之人，关切日常事务的重要性。他们将这种务实精
神与自身的宗教及文化活动相联结。尤其值得一提的是，
我们理应感激圣·本笃，是他使得修道院不仅成为圣徒、
艺术家与学者的栖息之所，亦是注重实际的农学家的聚居
地。科学与技术的结盟，使得学问亦因此与不可化约的顽
固事实维持接触，这在很大程度上应归功于早期本笃会教
徒们的实践倾向。现代科学既源起于希腊，也源起于罗马，
而罗马的这一源头解释了其在与事实世界紧密接触中所获
取的思想活力。

　　但是，这种修道院与自然事实之间的接触所产生的影
响率先在艺术领域中显露出来。中世纪晚期自然主义的兴
起，标志着科学兴起所需的最后一种要素融入了欧洲思维。

---

　　① 译者注：圣·本笃（480—547 年），又译圣本狄尼克，意大利天
主教教士、圣徒，本笃会的创建者，西方修道院制度的创立者。
　　② 译者注：大格利高里（540—604 年），又称格利高里一世，第 64
任罗马天主教教皇，中世纪教皇国的创立者。他极大地提高了罗马教皇的
地位，使之与皇帝相当。

这就是人们对自然物体与自然现象自身兴趣的崛起。一个地区的自然树叶开始被雕刻于后来建筑中不显眼的部位，仅仅是为了表达对这些熟悉物体的喜爱之情。每一种艺术的整体氛围皆展现出一种对我们周遭事物欣赏的直接愉悦之感。中世纪后期从事装饰雕塑的工匠们、乔托、乔叟、华兹华斯、惠特曼，以及现今的新英格兰诗人罗伯特·福斯特，在这方面皆颇为相似。简单直接的事实成为人们兴趣的焦点，它们以"不可化约的顽固事实"的形式重现于科学思想之中。

欧洲的心灵此刻已经准备好迎接一场全新的思想探险。无须赘言标志科学崛起的诸多事件：财富与闲暇的增长、大学的扩张、印刷术的发明、君士坦丁堡的沦陷、哥白尼、达伽马、哥伦布、望远镜的发明。土壤、气候与种子皆已完备，森林自会自然而然地生长繁茂。科学始终未曾摆脱其源起于晚期文艺复兴的历史反抗的印记。它始终以一种天真的信仰为基石，主要是一场反理性主义的运动。当需要推理时，它便从推崇演绎方法的希腊理性主义的残余中借取数学作为工具。科学排斥哲学。换言之，科学从未关注过去证明其信仰的合理性或阐释其意义，并且对休谟的反驳保持冷漠，无动于衷。

当然，这场历史性的反抗是完全合理的。它不仅是必要的，而且超越了必要性，它是健康进步的绝对前提。世界需要数个世纪来深刻反思那些不可化约的顽固事实。人们难以同时处理诸多事务，而在中世纪理性主义的狂欢之后，他们必须将注意力聚焦于此类事务之上。这是一种合理的反应，但它并非不是为了理性而发起的抗议。

然而，那些蓄意回避知识之路的人们，终究无法逃脱复仇女神的制裁。奥利弗·克伦威尔的呼声穿越世纪回荡："同胞们！我以上帝之名恳求你们，深思熟虑，或许你们可能是错误的。"

科学的进展如今已抵达一个关键的转折点。① 物理学的坚固基石已然动摇，生理学亦开始作为一门有效的知识体系崭露头角，摆脱了往昔零散无序的状态。科学思想的传统根基正变得日益难以捉摸。时间、空间、物质、材料、以太、电力、机制、机体、构型、结构、模式、功能——所有这些概念皆需要被重新界定与解读。倘若我们对机械学的本质一无所知，那么探讨机械解释的意义又有何价值呢？

真相是，科学乃是通过接管亚里士多德继承者的哲学中最为薄弱一面的思想开启其现代生涯的。从某些方面而言，这是个令人欣喜的抉择。它使得 17 世纪的物理与化学知识得以公式化，其完整性一直延续至今。但生物学与心理学的进展或许因不加批判地假定半真半假的真理而遭受阻碍。科学若不想沦落为一堆杂乱无章的临时假设，就必须走向哲学化，并对其自身的基础展开彻底的批判。

---

① 译者注：指的是在 20 世纪初，随着相对论和量子力学的新发现，经典牛顿理学的大厦动摇了。

在本课程后续的讲座里，我将回溯过去三个世纪中欧洲心智所构建的宇宙论特定观念的成败得失。舆论的一般氛围通常会延续两到三代人的时长，也就是六十至一百年。此外，还存在一些短期的思潮，它们在主流思潮运动的表层起伏波动。因而，我们将会目睹欧洲观点在接下来的数个世纪里缓慢地发生转变。然而，在整个这一时期内，始终存在一种固定的科学宇宙观，它预设了一个终极事实：不可还原的原初物质或材料，散布于其配置持续变化的空间之中。就其自身而言，这种材料是无感觉、无价值、无目的的。它只是遵循由与其本质毫无关联的外部关系所施加的固定程序而随波逐流。我将这一假设称为"科学唯物主义"。与此同时，我将对这一假设发起挑战，因为它全然不适用于我们当下所处的科学局面。若能得到恰当的理解，它亦不能被判定为错误。倘若我们将视野局限于特定类型的事实，把它们从其发生的完整环境中抽离出来，那么这种唯物主义假设便能精准地表述这些事实。但是，一旦我们超越这种抽象，无论是借助更为精妙的感官运用，还是通过对意义与思想连贯性提出诉求，这一体系便会即刻瓦解崩溃。该体系的狭隘有效性恰恰是其在方法论层面取得巨大成功的缘由，因为它只将注意力聚焦于在当时知识状态下亟待探究的那一组事实之上。

这一体系的成功对欧洲各类思想流派产生了极为深远的消极影响。这场历史性的反抗从本质上来说是反理性的，因为烦琐的经院哲学理性主义迫切需要通过与原始事实的直接接触来予以严格的修正。然而，由笛卡尔及其追随者所引领的哲学复兴，在其发展进程中完全受到了科学宇宙学表面价值的左右。他们的终极观念所取得的成功，致使科学家们有理由拒绝对其合理性展开审视，进而对其进行修正。似乎每一种哲学都必须以某种方式全盘接纳这种观念。同时，科学的典范亦对其他思维领域产生了影响。因此，这场历史性的反抗被过度夸大，以至于将哲学在协调各类方法论抽象中理应发挥的角色排除在外。思维是抽象的，而对抽象的偏执运用乃是智力的主要缺陷。这一缺陷并不能通过回归具体经验而得到彻底的纠正。毕竟，人们仅仅需要关注那些处于某个有限框架内的具体经验方面。净化思想的途径有两种。其一是运用感官进行不带情感色彩的观察，然而观察从本质上讲是一种选择。因此，想要突破一个成功且足够宽泛的抽象框架是颇具难度的；其二则是对基于我们的各种经验类型所确立的不同抽象体系加以比较。这种比较的形式能够满足保罗·萨比所提及的那些神学家们的诉求，他们倡导应当运用理性。对理性的信仰即是相信事物的各种终极性质能够摒弃单纯的任意性而和谐共存。这种信仰便是坚信在事物的最根本之处，我们不应仅仅发现单纯的任意之谜。促使科学得以蓬勃发展的对自然秩序的信仰即是这种更深层次信仰的特殊例证。这种信仰无法通过任何归纳概括来予以证实。它源自我们对自身当下经验中所揭示的事物性质的直接观察。人无法与自己的影子相分离。体验这种信仰便意味着领悟到在成为我们自身的过程中，我们超越了自我；领悟到我们的经验尽管朦胧且零碎，却触及了现实的最深层次；领悟到那些孤立的细节即便仅仅是为了自身的存续，亦要求它们必须将自身置于事物体系之中；领悟到这个体系既涵盖逻辑理性的和谐，也包含审美成就的和谐；更领悟到虽然逻辑的和谐是宇宙中如铁一般的必然性，但审美的和谐则作为鲜活的理想矗立其间，在其破碎的进程中塑造着向更为精妙、更为细腻成果的大化洪流。

第二章
论作为思想史要素的数学

数学这门科学，在其现代发展进程里有底气宣称自身
乃是人类精神最具原创性的伟大创造之一。音乐或许也有
实力角逐这一殊荣，然而，我们暂且将其他的竞争者搁置
一旁，先来考虑数学得以宣称这一地位的根基所在。数学
的原创性彰显于这样一个事实：倘若没有人类理性的深度
介入，那么在数学科学领域中所呈现出的各类事物之间的
内在联系，将会是极度隐晦不明的。因而，当代数学家现
今脑海中所萦绕的那些精妙概念，与通过直接的感官观察
所获取的概念相比，实在是大相径庭，除非这种感官上的
感知是在先前数学知识的激发与引领下产生的。这正是我
接下来要详尽阐述的核心论点。

让我们的思绪穿越时空，回溯至数千年以前，竭力去
感受那些早期社会中，即便是最为睿智的贤达们那质朴而
单纯的思维模式。那些对于我们而言清晰明了、显而易见
的抽象概念，在他们眼中，却仅仅只能达到朦胧模糊的认

知程度。就以数字问题来举例说明吧。我们如今将数字"五"看作能够应用于任何具有相应数量实体之集合的符号——无论是五条鱼、五个孩子、五个苹果，抑或是五天。所以，当我们思考数字"五"与数字"三"之间的关系时，实际上是在思索两组事物，其中一组包含五个成员，另一组则有三个成员。然而，在此过程中，我们已经将构成这两组成员的任何特定实体，乃至任何特定类型的实体，都完全地抽象掉了。我们仅仅专注于这两个群组之间的关系，而这种关系是完全独立于任何个体的本质属性的。这无疑是一次极其卓越非凡、令人惊叹的抽象思维的壮举；人类历经了漫长的岁月，才得以抵达这一思维的高度。在往昔漫长的历史时期里，人们往往只是对不同鱼群的具体数量，以及不同天数的多少进行比较。但是，当第一个人敏锐地察觉到七条鱼和七天之间所存在的相似性时，他便在人类思想的发展历程中迈出了具有显著意义的重要一步。他当之无愧地成为第一个萌生纯数学科学概念的先驱者。在那个关键的历史时刻，他一定无法预见到那些尚待后人去发掘的抽象数学观念将会具备何等错综复杂的特性和精妙入微的内涵，他同样也难以想象这些观念在未来的世世代代中将会产生多么广泛而深刻的吸引力。

有一种流传已久却存在谬误的传统观点，它将人们对数学的热爱描述成仅仅只是少数行为乖张、异于常人者的偏执喜好。但无论如何，在那个时代，人们根本无法预见到源于这种当时社会尚未存在的抽象思维所能够带来的独特乐趣。再者，数学知识对于人类生活、日常事务的处理方式、习惯性的思维模式，以及社会组织架构所产生的巨大而深远的未来影响，对于那些早期的思想者们而言，更是全然处于他们的想象和预见范围之外。即便是在当下这个时代，人们对于数学在思想史中所占据的真正地位的理解，依然是混沌不清、模糊不明的。我并不敢断言，编写一部未曾对各个时代的数学观念进行深入探究的思想史，就如同在以哈姆雷特命名的剧本中省略掉哈姆雷特这个关键角色那般严重。毕竟，这样的要求或许显得有些过于严苛和不近人情了。但是，这却恰似在剧本中删去了奥菲利亚这一角色。这个比喻是极为恰当且精准的，因为奥菲利亚对于整个剧本而言，无疑是绝对不可或缺的重要组成部分，她既充满了迷人的魅力，又带着那么一丝让人难以捉摸的疯狂特质。让我们坦然承认吧，对数学的执着追求，乃是人类精神世界中神圣而又略带疯狂的执着，它宛如能让我们暂时逃避现实世界中偶然事件的纷扰刺激以及紧迫压力的宁静避难所。

当我们想到数学时，我们脑海中浮现的是一门专注于数字、数量、几何的科学，在现时代还包括对更抽象的秩序概念以及类似的纯逻辑关系的探讨。数学的要点在于，我们总是摆脱了特定实例，甚至任何特定类型的实体。因此，例如，没有数学真理仅适用于鱼，或仅适用于石头，或仅适用于颜色。只要你处理的是纯数学，你就处于完全绝对的抽象领域。你所断言的只是，理性坚持承认，如果

21

任何实体具有满足某些纯粹抽象条件的关系，那么它们必然具有满足其他纯粹抽象条件的其他关系。

数学是思维运行于完全抽象的领域，远离它所讨论的任何特定实例。这个关于数学的观点远非显而易见，以至于我们可以轻松地确认，即使在现在，它也并未被普遍理解。例如，人们习惯性地认为，数学的确定性是我们对物理宇宙空间几何知识确定性的依据。这是一种错觉，曾使许多哲学思想受到损害，至今仍有一些哲学思想受到影响。几何问题是具有一定紧迫性的试验案例。关于不特定实体组之间的关系，存在某些可能的替代纯粹抽象条件的集合，我将其称为几何条件。我之所以这样命名，是因为它们与我们相信在直接感知自然时所观察到的事物的特定几何关系所应满足的条件在一般性上是相似的。就我们的观察而言，我们的准确性不足以确保我们在自然中遇到的事物所遵循的精确条件。但是，我们可以通过稍微延伸假设，将这些观察到的条件与某一组纯粹的抽象几何条件相等同。在这样做时，我们对作为抽象科学中的相关者的不特定实体组进行了特定的确定。在几何关系的纯数学中，我们说，如果任何实体组享有满足这组抽象几何条件的成员关系，那么在这种关系中也必须满足某些额外的抽象条件。但当谈到物理空间时，我们说某个明显观察到的物理实体组享有一些明显观察到的成员之间的关系，这些关系满足上述抽象几何条件。因此我们得出结论，在任何这样的情况中我们得出结论成立的额外关系，必然在这个特定案例中也成立。

数学的确定性依赖于其完全抽象的一般性。但我们无法先验地确定，我们相信在具体宇宙中观察到的实体构成了我们一般推理所涵盖的特定实例是正确的。举一个算术的例子。纯数学的一般抽象真理是，任何四十个实体的群体均可以被细分为两个包含二十个实体的组。因此，我们可以合理地得出结论，某个我们认为包含四十个成员的苹果组可以细分为两个各包含二十个成员的苹果组。但总是存在我们可能错误计数大组的可能性；因此，当我们实际进行细分时，我们会发现其中一个堆可能少了或多了一个苹果。

因此，在批评基于数学应用于特定事实的论证时，我们的思维中必须始终清晰地区分三个过程。首先，我们必须仔细审视纯数学推理，以确保其中没有简单的错误——没有由于思维失误而导致的偶然不合逻辑的地方。任何数学家从痛苦的经验中都会知道，在首次阐述推理链时，很容易犯下看似微不足道的小错，最终却会带来截然不同的结果。但是，当一项数学知识经过修改，并且已经在学术界存在一段时间后，出现偶然错误的可能性几乎可以忽略不计。接下来的过程是确定所有假定成立的抽象条件。这是对数学推理所依据的抽象前提的确定。这是相当困难的问题。过去曾发生过相当显著的疏漏，并被几代伟大的数学家所接受。主要危险是疏忽大意，即默认引入某种条件，这对我们来说是自然的预设，但实际上并不总是成立。还有相反的疏漏，它不会导致错误，但会导致缺乏简化。我们很容易认为需要更多的假定条件，而实际上并非如此。换句话说，我们可能认为某个抽象公设是必要的，而这个公设实际上可以从我们已知的其他公设中推导出来。这个多余的抽象公设的唯一影响是降低我们在数学推理中的美感，并在进入第三个批评过程时增加我们的麻烦。

第三个批评的过程是验证我们的抽象公设是否适用于所讨论的特定情况。所有的麻烦都是在这个特定情况的验证过程中产生的。在一些简单的情况下，例如对四十个苹果进行计数，我们只要稍加小心就可以得到实际的确定性。但一般来说，对于更复杂的情况，完全确定性是无法实现的。关于这个主题的著述可谓汗牛充栋，这是哲学家们相互竞技的战场。这里涉及两个不同的问题。对于观察到一些特定的确定事物，我们必须确保这些事物之间的关系确实服从某些确定的精确抽象条件。这里有很大的出错空间。科学的精确观察方法都是为了将这些错误结论限制于直接的事实而设计的。但另一个问题随之而来。直接观察到的事物几乎永远只是样本。我们想要得出的结论是，适用于样本的抽象条件也适用于所有其他实体，这些实体出于某种原因在我们看来与样本属于同类。这种从样本推理到整个种类的过程被称为归纳法。归纳法的理论让哲学家感到绝望——然而，我们的所有活动都建立在归纳法之上。无论如何，在批评有关特定事实的数学结论时，真正的困难在于找出所涉及的抽象假设，以及估计其适用于当前特定案例的证据。

因此，在批评一本应用数学的学术著作或论文时，往往全部麻烦都出现在第一章，甚至是第一页。因为正是在那里，作者很可能会潜在地引入他的假设。此外，问题不在于作者所说的内容，而在于他未曾提及的内容。同样，问题不在于他意识到自己所假设的内容，而在于他于无意识中所假设的内容。我们并不怀疑作者的诚实，我们批评的是他的洞察力。每代人都在批评其父辈所作的无意识假设。他们也可能会同意这些假设，但会将它们公开 *24* 明示。

语言发展的历史就说明了这一点。它是对观念逐步分析的历史。拉丁语和希腊语是屈折语①，这意味着它们通过单纯修改一个词来表达未经分析的复杂观念；而在英语中，我们使用介词和助动词来揭示所涉及的整个想法。对于某些文学艺术形式——尽管并非总是如此——将辅助观念紧凑地吸收到主词中可能是优势。但在英语这样的语言中，明确性带来了压倒性的收益。这种增强的明确性更完整地展示了句子含义这一复杂概念所涉及的各种抽象观念。

通过与语言的比较，我们现在可以看到纯数学在思维

---

① 译者注：屈折语（Fusional Language）是一种具有丰富词形变化的语言类型。其主要特点是：（1）词形变化表示语法功能；（2）屈折语的词缀往往同时表示多种语法意义；（3）词序相对灵活。例如，希腊语、德语、俄语等属于屈折语。

中所发挥的功能。它是一种坚决的尝试，旨在朝着完全分析的方向一直走完全程，以便将单纯的事实要素与它们所体现的纯粹抽象条件分离开来。

这种分析的习惯启迪了人类思维的每一个活动。它首先通过孤立某一方面，强调对经验内容的直接审美欣赏。这种直接欣赏意味着对这种经验本身及其特定本质的理解，包括其直接的具体价值。这是依赖于敏感细腻的直接经验问题。接着是对涉及的特定实体的抽象，从它们自身出发，视作与我们当时经验的具体发生无关。最后还有对那些在该经验中特定实体关系所满足的绝对一般条件的进一步理解。这些条件之所以具有普遍性是基于以下事实，即它们可以在不涉及特定经验发生中所发生的特定关系或特定相关性的情况下进行表达。这些条件可能适用于无限多样的其他发生，涉及其他实体及其之间的其他关系。因此，这些条件是完全一般的，因为它们不涉及任何特殊的发生场景，也不涉及任何特定实体（如绿色、蓝色或树木），也不涉及这些实体之间的特定关系。

然而，数学的普遍性存在一个限制；这是一种同样适用于所有一般陈述的限定条件。除了一个陈述外，无法对任何与"直接发生"[①] 没有关系的遥远发生场景做出任何陈述，从而构成该直接发生之本质的组成要素。这里所说的"直接发生"是指包含所讨论的个人判断行为作为其组成部

① 译者注："直接发生"（immediate occasion）是怀特海的特殊用语，他在这里给出了关于这一术语的说明。

分的发生场景。唯一被排除的陈述是——如果某个事物与此毫无关系，则我们对它完全无知。在这里，我所指的"无知"，是指一无所知；因此，无法提供任何关于如何在"实践"中预期或处理它的建议。我们要么通过对直接发生的认知了解关于遥远的发生场景的某些信息，要么对其一无所知。因此，为各种经验而揭示的整个宇宙，乃是每个细节都与直接发生建立适当关系的宇宙。数学的普遍性是与构成我们形而上学情境的诸发生之共同体相一致的最完全的普遍性。

还需注意的是，特殊实体需要这些一般条件才能进入任何发生之中；但同样的一般条件可能被许多类型的特定实体所要求。一般条件超越任何一组特定实体，这一事实是"变量"概念进入数学和数理逻辑的基础。正是通过使用这一概念，才能在不具体指明特定实体的情况下研究一般条件。这种对特定实体的无关性并没有被普遍理解；例如，各种形状的形，比如圆形、球形和立方形等，在实际经验中并不参与几何推理。

逻辑推理的运用始终关注这些绝对一般条件。从最广泛的意义上讲，数学的发现就是发现这些一般抽象条件的全体，它们同时适用于任何具体发生的实体之间的关系，它们自身就像一个带有解码密钥的模式那样相互连接。这种一般抽象条件之间的关系模式同样施加于外部现实和我们对这些外部现实的抽象表征上，因为一切事物都必须保持其自身的独特性，以其独特的方式与其他事物有所区别。

26

这无非是抽象逻辑的必然性，它是相互关联的存在这一事实的前提，正如在每个直接的经验发生中所揭示的那样。

模式的解码密钥意味着这一事实：从在任何相同发生中体现的特定一般条件集合，可以通过纯粹的抽象逻辑演绎出涉及无限多样的其他类似条件的模式，这些条件也在同一发生中得以体现。任何这样的特定条件集合称为公设或前提，推理可以从它开始展开。推理无非是展示从选定公设中得出的模式所涉及的所有一般条件的整体模式。

逻辑推理的和谐，揭示了公设中所涉及的完整模式，是由于在一个发生的统一中并立存在的简单事实而产生的最一般的审美属性。无论何时只要有发生的统一，就会在该发生中建立起与涉及的总体条件之间的审美关系。这种审美关系，正是理性运用中被领悟的奥秘。任何落在该关系之内的事物因此在该发生中得以体现；任何落在该关系之外的事物则被排除在该发生的体现之外。因此，这样得以体现的总体条件的完整模式由这些条件的多个特定集合中的任何一个所决定。这些解码密钥的集合是等效公设的集合。为了形成复杂发生的统一而所需的合理和谐，以及在该发生中对其逻辑和谐所涉及的所有内容的完整实现，是形而上学学说的主要内容。这意味着事物共同存在的前提是它们合理地共存。这意味着思想可以深入每一个事实的发生之中，因此通过理解其密钥条件，整个条件模式的复杂性就在其面前展开了。概括地说：只要我们对任何发生中的元素了解它们具有的完全一般的内容，我们就可以

27

了解无数其他同样普遍的概念，这些概念也必须在同一发
生中得以体现。统一的发生中所涉及的逻辑和谐既是排他
性的，也是包容性的。该发生必定会排除不和谐的内容，
同时必定会包括和谐的内容。

毕达哥拉斯是第一个真正理解这个一般原理的人。他
生活在公元前 6 世纪，关于他的知识是零碎的，但我们知道
他在思想史上的伟大之处。在推理中他坚持最大普遍性的
重要性，并意识到数字在构建自然秩序条件中的重要性。
他还研究几何，并发现了关于直角三角形的著名定理的普
遍证明。毕达哥拉斯兄弟会的形成以及与其仪式和影响相
关的神秘传闻，表明他模糊地意识到了数学在科学形成中
的潜在重要性。在哲学方面，他提出了至今仍在思考者中
引发争论的问题：数学实体（如数字）在事物领域中的地
位是什么？例如，数字"二"在某种意义上超越了时间的
流动和空间的位置的必要性，但它又与现实世界相关。同
样的考虑也适用于几何概念，例如圆形。据说毕达哥拉斯
曾教导说，数学实体，例如数字和形状，是构建我们感知
经验的真实实体的终极材料。虽然这一观点看似粗糙且有
些荒谬，但无疑他触及了一个重要的哲学概念，这一概念
历史悠久，深刻影响了人类思想，甚至进入了基督教神学。
阿塔那修斯信条①与毕达哥拉斯相隔大约一千年，毕达哥拉

---

① 译者注：阿塔那修斯信条（Athanasian Creed），又称得救经，是基
督教传统三大信经之一，含有三位一体教条。此信经最早曾在公元 5 世纪流
传于高卢南部的拉丁教会中，所以怀特海说与毕达哥拉斯相距大约一千年。

斯与黑格尔相隔大约两千四百年。然而，尽管时间跨度如此之大，但特定数字在神性构成中的重要性，以及将真实世界视为观念演变的概念，都可以追溯到毕达哥拉斯所引发的思想路线。

个体思想家的重要性在某种程度上取决于偶然性，因为这种重要性依赖于他的观念在后继者心中的命运。在这方面，毕达哥拉斯是幸运的。他的哲学思考通过柏拉图的思想传承给我们。柏拉图的理念世界是毕达哥拉斯学说的精炼和修订形式，该学说强调数字是现实世界的基础。由于希腊人通过点的图案表示数字，因此数字概念与几何形状的概念之间的界限不如我们所见的那样相互分离。此外，毕达哥拉斯思想中无疑还包括了形状的形，这是一个不纯粹的数学实体。因此，今天当爱因斯坦和他的追随者宣称万有引力等物理事实应当被解释为时空属性之局部特性的展示时，他们所遵循的乃是纯粹的毕达哥拉斯传统。从某种意义上说，柏拉图和毕达哥拉斯与现代物理科学的关系比亚里士多德更近。前两者都是数学家，而亚里士多德则是医生之子，尽管这并不意味着他对数学一无所知。我们可以从毕达哥拉斯那里获得的实际建议是，通过测量将质量以数量化的方式表达出来。然而，在他的时代以及直到我们这个时代，生物科学仍然以分类为主。因此，亚里士多德的逻辑将重点放在分类上。亚里士多德逻辑的流行在整个中世纪延缓了物理科学的发展。如果当时的学者们能够进行测量而不是分类，他们可能会得到很多东西！

　　分类是个体事物的直接具体性与数学概念的完全抽象性之间的中间阶段。物种考虑特定特征，属则关注一般特征。然而，在将数学概念与自然事实联系起来的过程中，例如通过计数、测量、几何关系和各种秩序类型，理性思考从涉及特定物种和属的不完全抽象上升到了数学的完全抽象。分类是必要的，但如果不能从分类进展到数学，你的推理就不会走得太远。

　　从毕达哥拉斯到柏拉图的时期与 17 世纪之间经过了近 29两千年。在这漫长的时间里，数学取得了巨大的进步。几何学获得了圆锥曲线和三角学的研究；穷举法几乎预示着微积分的出现；最重要的是，亚洲思想贡献了阿拉伯算术符号和代数。然而，这一进展主要是技术性的。在这漫长的时期里，数学作为哲学发展的形成元素，始终未能从亚里士多德的压制中恢复。虽然一些源于毕达哥拉斯—柏拉图时期的旧观念依然存在，并在影响基督教神学早期发展的柏拉图影响中可以找到踪迹，但哲学未能从数学科学的稳定进步中获得新的灵感。到了 17 世纪，亚里士多德的影响力降至最低，数学重新恢复了其早期的重要性。这个时代是伟大物理学家和哲学家的时代，而这些物理学家和哲学家无一例外都是数学家。约翰·洛克是个例外，尽管他深受皇家学会牛顿学派的影响。在伽利略、笛卡尔、斯宾诺莎、牛顿和莱布尼茨的时代，数学在哲学思想的形成中发挥了重要作用。然而，这一时期兴起的数学与早期的数学有着很大的不同。它在一般性上取得了进展，并开始了其几乎不可思议的现代发展历程，复杂性的每一次增长都带来了新的应用，无论是在自然科学还是哲学思想中。阿拉伯记数法使得数值操作的技术效率几乎达到了完美，摆脱了与算术细节的斗争，这为已在后期希腊数学中微弱预示的发展提供了空间。现在代数也登场了，它是对算术的概括。正如数字概念是对任何特定实体集的抽象一样，代数乃是对任何特定数字概念的抽象。正如数字"5"无差别地指代任何五个实体组一样，在代数中，字母也可无差别地指代任何数字，前提是每个字母在其使用的上下文中始终指代相同的数字。

这种用法首先应用于方程式，这是一种提出复杂算术问题的方法。在这种情况下，代表数字的字母被称为"未知数"。但方程很快引出一个新概念，即一个或多个一般符号的函数，这些符号是代表任何数字的字母。在这种用法中，代数字母被称为函数的"参数"，有时称为"变量"。例如，如果一个角度用代数字母表示，作为其数值度量的表示，三角学就融入了这种新的代数中。代数因此发展成了通用解析学，我们在其中考虑各种不确定参数的函数的性质。最终，像三角函数、对数函数和代数函数这样的特定函数被概括为"任何函数"的概念。过于大的概括会导致贫乏，而适度的广泛概括，结合令人愉快的特殊限制，才是富有成效的构想。例如，"任何连续函数"的概念引入了连续性的限制，这是富有成果的想法，导致了许多重要的应用。代数分析的兴起与笛卡尔发现解析几何以及牛顿和莱布尼茨发明微积分的过程相辅相成。确实，如果毕达哥拉斯能够预见到他所开启的思想路线的结果，他就会觉得在其神秘仪式兴奋中的兄弟情谊是完全正当的。

我现在想强调的一点是，函数性这一思想在抽象数学领域的主导地位在自然界中得到了反映，表现为用数学表达的自然法则。若没有数学的进步，17世纪的科学发展将是不可能的。数学为科学家观察自然所需的想象力提供了思维背景。伽利略创造公式，笛卡尔创造公式，惠更斯创造公式，牛顿也创造了公式。 *31*

作为抽象数学发展的具体例子，请考虑周期性的概念。事物具有普遍的重复性在我们的日常经验中是非常明显的。日子、月相、季节、旋转物体、心跳和呼吸等都在周而复始地重复不已，我们在各个方面都会遇到重复不已的现象。倘若没有重复，知识将无法存在，因为我们无法将其与过去的经验联系起来。此外，倘若没有某种规律的重复，测量也将不可能。在我们的经验中，随着我们对精确性的认识，重复变得至关重要。

在16世纪和17世纪，周期理论在科学中占据了根本地位。开普勒发现了将行星轨道的主轴与行星分别描述其轨道的周期联系起来的定律；伽利略观察到了摆的周期性振动；牛顿将声音解释为是由于空气中通过的周期性波动引起的；惠更斯将光解释为细微以太的横波振动；梅森则将小提琴弦的振动周期与其密度、张力和长度联系起来。现代物理的诞生依赖于将抽象的周期性概念应用于多种具体实例，但是这一切在数学家们尚未抽象出与周期性相关的各种概念之前是不可能实现的。三角学源于直角三角形角度与直边及斜边之间的比率关系。在新发现的函数分析数学科学的影响下，它扩展为对这些比率所体现的简单抽象周期函数的研究。因此，三角学变得完全抽象，而这种抽象使其变得有用。它照亮了完全不同的物理现象之间的潜在相似性，同时提供了分析和把这些现象的各种特征相互联系起来的工具。①

没有什么比这样的事实更令人印象深刻的了：随着数学越来越多地退回到抽象思维的更极端的上部区域，它又回到了现实世界，对具体事实分析的重要性也相应地增长了。17世纪科学的历史读起来就像是柏拉图或毕达哥拉斯的一些生动的梦境。就这一特征而言，17世纪只是其后继者的先驱。

现在，这个悖论已经完全成立：最极致的抽象实际上是控制我们对具体事实思考的真正武器。由于17世纪数学家的突出地位，18世纪在思想上更具数学性，特别是在法国影响占主导地位的地方。必须指出，源于洛克的英式经验主义是个例外。在法国以外，牛顿对哲学的直接影响最好地体现在康德而非休谟身上。

在19世纪，数学的总体影响力减弱了。文学中的浪漫主义运动和哲学中的唯心主义运动都不是数学头脑的产物。

---

① 要更详细地考虑纯数学的性质和功能，请参见我的《数学导论》，本土大学图书馆、威廉姆斯和诺盖特、伦敦。

此外，即使在科学领域，地质学、动物学以及一般生物科学的发展，在各种情况下也完全与数学无关。本世纪最令人兴奋的科学发现是达尔文进化论。因此，在那个时代的整体思想中，数学家处于背景之中。但这并不意味着数学被忽视，甚至并不意味着它没有影响力。在 19 世纪，纯数学几乎取得了与从毕达哥拉斯以来所有前几个世纪相当的进展。当然，这种进步比以前更容易了，因为技术得到了完善。但即使考虑到这一点，1800 年至 1900 年数学的变化也是非常显著的。如果将前一百年也算上，考虑到当前时间之前的两个世纪，人们几乎会倾向于把数学的基础日期定在 17 世纪最后四分之一。发现这些基本科学原理的时期从毕达哥拉斯一直延伸到笛卡尔、牛顿、莱布尼茨，而发达的科学则是在过去的两百五十年里所创造出来的。这并不是对现代世界卓越天才的夸耀，因为发现原理比发展科学更难。

在整个 19 世纪，科学的影响主要体现在动力学和物理学上，进而间接影响了工程学和化学。通过这些科学，数学对人类生活的间接影响是难以过高估计的。然而，数学对那个时代的整体思想并没有直接的影响。

在快速回顾数学在欧洲历史上影响的概述时，我们可以看到，它对一般思想的直接影响经历了两个伟大的时期，这两个时期都持续了大约两百年。第一个时期是从毕达哥拉斯到柏拉图，这时科学的可能性及其一般特征首次出现在希腊思想家面前。第二个时期包括我们现代时期的 17 世纪和18世纪。这两个时期有一些共同特征。在早期和晚期，许多领域的一般思想范畴都处于解体状态。在毕达哥拉斯时代，无意识的异教主义及其漂亮的仪式和魔法般仪式的传统正在两种影响下进入新阶段。一方面是进入存在的秘密深处寻求直接开悟的宗教热情，另一方面是深入探讨最终意义的冷静分析的批判性思维。在这两种影响中，尽管结果截然不同，却有着共同的元素——觉醒的好奇心和重建传统方式的运动。异教神秘主义可以与清教徒反应和天主教反应进行比较。尽管在实质上有微小但重要的差异，在这两个时代批判的科学兴趣是相似的。

在每个时代，早期阶段通常都处于日益繁荣和充满新机遇的时期。在这方面，它们与第二和第三世纪基督教逐渐征服罗马世界的过程中逐渐衰落的时期不同。只有在那既有机会摆脱当前环境压力，又有强烈好奇心的幸运时期，时代精神才能直接修订那些隐藏在更具体概念中的最终抽象，而这些具体概念是一个时代严肃思考的起点。在这些罕见的时期，当这个任务可以进行时，数学就变得与哲学相关，因为数学是人类思想能够达到的最完整的抽象的科学。

对两个时代之间的类比不应过于强调。现代世界比围绕地中海的古代文明，甚至比送哥伦布和清教徒越洋的欧洲更广大、更复杂。我们现在无法用一些先成为主导再沉寂千年的简单公式来解释我们的时代。因此，从卢梭时代起，数学思维的暂时沉寂似乎已经结束。我们正在进入宗教、科学和政治思想重建的时代。在这样的时代，如果要避免在极端之间无知地摆动，就必须在其终极深度中寻求真理。除了能够充分考虑这些终极抽象的哲学之外，无法想象这种真理的深度，而数学的任务正是探讨这些终极抽象之间的相互联系。

为了准确地解释数学在当今时代的重要性不断提升，我们可以从一个特定的科学困惑开始，考虑一些尝试解开其难题的概念。目前，物理学受到量子理论的困扰。现在我不需要向那些对此不熟悉的人解释这一理论①。但重点是，最有希望的解释之一是假设电子并不是在空间中连续移动的。另一种存在方式的替代概念是，它在空间中的一系列离散位置出现，并在每个位置上停留一定时间。这就好比一辆以每小时三十英里的平均速度沿着公路行驶的汽车，并不是连续地行驶，而是依次出现在每个里程碑处，在每个地方停留两分钟。

首先，需要运用纯粹的数学技术来确定这一概念是否 *35* 确实能解释量子理论的众多复杂特征。如果这一概念通过了检验，物理学无疑会采纳它。到目前为止，这个问题纯粹是数学和物理科学在数学计算和物理观察的基础上所要共同解决的问题。

然而，现在哲学家们遇到一个问题。这种赋予电子的不连续的空间存在的特性，与我们习惯上视为显而易见的

---

① 参见第八章。

物质实体的连续存在大不相同。电子似乎借用了某些人赋予西藏大宗师的特性。这些电子以及相应的质子现在被认为是构成日常经验中的物质实体的基本单元。因此，如果这一解释成立，那我们就必须重新审视对物质存在终极性质的所有观念。因为当我们深入探究到这些最终的实体时，这种惊人的空间存在的不连续性便显现了出来。

如果我们同意将当前用于解释声和光的原理应用到物质的表面上稳定而无差异的持续性上，那么解释这个悖论将不再有任何困难。一个持续的音符被解释为空气中的振动结果；一种稳定的颜色则是以太中的振动结果。如果我们用同样的原理解释物质的持续存在，那么我们可以将每一个原始元素都理解为潜在能量或活动的振动性潮起潮落。假设我们保留能量的物理概念，则每个原始元素都将成为有组织的能量振动流动系统。因此，每个元素都会有特定的周期；在这个周期内，流动系统将会从一个稳定的最大值振荡到另一个稳定的最大值，或者用海洋潮汐作比喻，这个系统将会从一次高潮振荡到另一次高潮。这个系统，作为原始元素的构成，在任一瞬间什么东西都不是；它需要整个周期来展现自身。类似地，一段音乐的音符在某一瞬间也不是任何东西，而是需要整个周期来表现其完整的存在。

36   因此，在询问原始元素的位置时，我们必须确定它在每个周期中心的平均位置。如果我们将时间划分为更小的单位，那么这个作为电子实体的振动系统就不复存在。这种振动实体在空间中的路径——其中实体由振动构成——必须通过一系列分离的空间位置来表示，类似于汽车只能在连续的里程碑位置上找到，而在两者之间的任何地方都找不到一样。

我们首先必须询问是否有任何证据可以将量子理论与振动联系起来。这个问题的答案是肯定的。整个理论围绕原子发出的辐射能量展开，并与辐射波系统的周期密切相关。因此，本质上振动性存在的假设似乎是解释不连续轨道悖论最有希望的方法。

其次，如果我们接受物质的基本元素本质上是振动性的这一假设，那么一个新问题就摆在了哲学家和物理学家面前。我的意思是，除了作为周期系统以外，这样的元素将没有其他存在形式。基于这一假设，我们必须询问，构成这个振动性有机体的成分是什么。我们已经摒弃了具有无差异持续性外观的物质。除非出于某种形而上学的必要，否则便没有理由再引入更加微妙的实质来替代刚刚被解释的物质。现在，科学的领域为引入某种新的有机体学说敞开了大门，这种学说可能取代自17世纪以来科学强加于哲学的唯物主义。必须记住，物理学中的"能量"显然是一种抽象概念。而作为具体事实的"有机体"必须完整地表达真实事件的特性。如果对科学唯物主义的这种取代真的会发生，那么它必将在思想的各个领域产生重要影响。

最后，我们的终极反思必定是，我们最终又回到了古老的毕达哥拉斯学说的一种版本。数学和数学物理学正是

由他开创的。他发现了处理抽象概念的重要性，尤其是将
37 注意力集中在数字上，因为数字是音乐音符的周期性特征。
因此，抽象的周期性概念在数学和欧洲哲学的最初阶段就
已显现出其重要性。

　　在 17 世纪，现代科学的诞生需要新的数学，以便能更
充分地分析振动存在的特征。而在 20 世纪的现在，我们发
现物理学家们主要致力于分析原子的周期性。确实，毕达
哥拉斯在创立欧洲的哲学和欧洲的数学时，赋予了它们最
幸运的猜测——抑或说，这是洞察事物内在本质的神圣天
才的灵光一闪？

第三章
天才的世纪

前两章着重对催生 17 世纪科学大爆发的先决条件予以
探讨。它们追溯了思想及直觉信仰的诸多要素，自其于古
典文明初始绽放之际起，历经中世纪的转变过程，直至 16
世纪那场具有历史意义的反叛。其中，有三大要素备受瞩
目——数学的蓬勃兴起、对自然秩序所秉持的直觉信仰，
以及中世纪晚期思想里的放任理性主义。此处所谓的"理
性主义"，是指这样一种理念，即通向真理的主要路径在于
针对事物本质展开形而上学的分析，进而判定事物的行为
与功能。而那场历史性的反叛则毅然决然地摒弃了这一方
式，转而去探究因果关联的经验性事实。于宗教领域而言，
这意味着向基督教起源的回溯；在科学范畴内，这代表着
诉诸实验与归纳推理的手段。

若要对欧洲各民族在随后长达两个多世纪的知识生活
予以简要且精准的描绘，那便是它们始终依存于 17 世纪的
天才们所积攒的思想资本。这个时期的人们承袭了伴随 16

世纪历史性反抗而生的思想激荡，并且留下了关乎人类生活各个层面的成形思想体系。这是一个在各个领域都持续涌现出充足智力才能把握其伟大契机的世纪。该世纪的繁荣盛景透过其文学年鉴中的诸多巧合得以彰显。在世纪之初，培根的《学问的进步》与塞万提斯的《堂吉诃德》于同一年（1605 年）问世，仿佛这个时代在瞻前顾后中自我推介。哈姆雷特的首个四开本于前一年现身，同年又有一个略有差异的版本推出。最终，莎士比亚与塞万提斯在同一天辞世，皆为 1616 年 4 月 23 日。同年春季，哈维据信首次在伦敦医学会讲授血液循环理论。牛顿诞生于伽利略逝世的那年（1642 年），距哥白尼的《天体运行论》出版恰好百年。前一年，笛卡尔出版了《第一哲学沉思》，两年之后又推出了《哲学原理》。显而易见，这个世纪全然无暇妥善地分隔其杰出人物的重大事件。

当下，我难以详尽地阐述这个时代知识进步的各个阶段的发展史。此话题太过宏大，不适宜在一场讲座之中展开，并且会掩盖我期望深入探究的思想。仅仅罗列出一份粗略的名录便已足够，这些人均在这一时期向世界推出了意义非凡的著作：弗朗西斯·培根、哈维、开普勒、伽利略、笛卡尔、帕斯卡、惠更斯、博伊尔、牛顿、洛克、斯宾诺莎、莱布尼茨。我将此名录限定于十二这个神圣的数字，而此数字实在太小，难以真切地代表这个时代。譬如，名录中仅有一位意大利人，而意大利本可凭借自身力量填满该名录。再者，哈维是唯一的生物学家，并且名录中的英国人数量偏多。这一缺陷部分源于主讲人本身是英国人，且他的听众与他一样，同属这个由英国主导的世纪。倘若演讲者是荷兰人，名录中便会有过多荷兰人；若演讲者是意大利人，就会有过多意大利人；若演讲者为法国人，则会有过多法国人。那场致使德国遭受重创的三十年战争固然不幸，但其他各国皆将这一世纪视作见证了其天才巅峰的时代。毋庸置疑，这是英国思想的辉煌时期；恰似后来伏尔泰对法国产生的深远影响那般。

　　除了哈维之外，生理学家的缺席同样需要做出解释。*41* 毋庸置疑，这个世纪在生物学领域取得了重大进展，而这些进展主要与意大利以及帕多瓦大学有着紧密关联。不过，我的意图在于追溯科学所衍生出的哲学视域，还有科学所预设的这一视域，并对其对各个时代整体氛围所产生的影响予以评估。当下，这个时代的科学哲学乃是以物理学为主导的，所以它成为最为显著的体现，如实反映了当时以及后续两个世纪的物理知识状况。但实际上，那些相关概念与生物学极为不相契合，并且给生物学带来了有关物质、生命以及有机体等方面无法解决的难题，而如今生物学家们仍在为攻克这些难题而不懈努力着。关于生物有机体的科学直至现在才开始发展到足以将自身观念烙印于哲学层面的程度。在过去的半个世纪里，尽管人们多次尝试把生物学概念融入 17 世纪的唯物主义当中，却始终未能如愿。无论这一成就如何被评价，可以肯定的是，17 世纪的根本思想源自伽利略、惠更斯和牛顿所属的学派，而非帕多瓦的生理学家们。至于从这个时期衍生出来的那些尚未解决的思维问题，可将其表述为：给定依照物理法则在空间中运动的物质配置，该如何对活的有机体做出解释呢？

我们对这一时期的探讨，以援引弗朗西斯·培根的一段话来切入最为恰当，这段引文位于他所撰写的《自然史》的第九节（亦称作"世纪"）开头部分，我所指的是他的《林木的森林》。据当时他的牧师罗利博士的回忆录记载，这部作品创作于培根生命的最后五年，因而应当是在1620年至1626年完成的。引文如下：

确凿无疑的是，世间一切物体，即便不具备感官机能，却也拥有感知能力[1]。缘由在于，当一物体与另一物体相互接触之际，会展现出选择性，会接纳那些契合自身的事物，同时排斥或驱离那些不适宜的事物；无论是施动者还是受动者，感知总是先于实际的作用过程发生；否则，所有物体都将呈现出彼此雷同的状态。有时，在某些特定类型的物体身上，这种感知能力相较于感官而言更为精妙敏锐，以至于与之相比，感官反倒显得粗陋而迟钝：譬如气压计能够精准探测出天气中极其微小的温度差异，而我们人类自身却难以察觉。此外，这种感知能力有时能够在远距离发挥

42

---

[1] 译者注：怀特海在这里区分了"感官（sense）"和"感知（perception）"，认为后者更为普遍。

效用，有时则需借助接触方可生效，就如同磁铁对铁的吸引现象，或者巴比伦的石油火焰在远处被点燃的情形那般。[①] 因此，对这些更为精细微妙的感知能力展开探究，乃是一项极为崇高且意义非凡的课题；它宛如开启自然奥秘的另一把关键钥匙，在某些情形下，其功效甚至超越了感官本身。此外，这亦是自然进行预示的主要途径，因为在这些感知过程中早先显现的事物，其产生的重大影响往往要在许久之后才会逐步呈现。

这段引文蕴含着诸多饶有趣味的观点，其中部分观点将在后续的讲座进程中彰显出至关重要的价值。首先，需注意培根是怎样审慎严谨地区分"感知"或"对事物的思索"与"感官"或"认知体验"这两个概念的。在这一点上，培根已然超越了那个最终在该世纪占据主导地位的物理思维方式。此后，人们倾向于将物质视作只能被动接受外力作用的存在。而我坚信，培根的思维路径相较于当时物理学所构建的唯物主义概念，更为趋近于根本性的真理。如今，我们已然对唯物主义的视野习以为常，这种视野经由 17 世纪伟大思想家们的著述深深地扎根于我们的学术文献之中，以至于我们极难领会另一种探究自然问题的方式所具有的可能性。

---

① 译者注：石油对火焰极为敏感，在火焰尚未触及它时，便会因火焰的光辉而被引燃。

在我刚刚引用的这段文字及其所处的背景中，实验方法可谓贯穿始末，即凭借对"不可化约且不可变更的事实"予以关注，并运用归纳法来推导出普遍法则。17 世纪遗留给我们的另一尚未解决的难题，便是这种归纳法在理性层面的正当性依据。将经院派的演绎理性主义与现代的归纳观察法之间的对立清晰地界定开来，此功绩主要应当归于培根；当然，这种对立在伽利略以及当时所有科学家的思维方式里，实则早已隐含地存在着。然而，培根乃是这一群体当中最早的一位，并且对这场知识革命所蕴含的广泛意义有着最为直观透彻的理解。或许最早预见到培根以及整个现代观点的人物乃是艺术家列奥纳多·达·芬奇，他所处的时代比培根早了近乎一个世纪。达·芬奇亦极为出色地阐释了我在上次讲座中所提出的理论，即自然主义艺术的兴起乃是塑造我们科学思维方式的关键要素之一。事实上，达·芬奇较之于培根更为淋漓尽致地展现出科学家的精神特质。自然主义艺术的实践过程与物理学、化学以及生物学的实践更为贴近，而非类似于法律的实践活动。我们都知晓培根的同时代人、血液循环发现者哈维曾有一言，他称培根"书写科学的风格仿若一位大法官"。但在现代时期的开端阶段，达·芬奇与培根共同展现出了构成现代世界的多元影响，也就是法律思维方式与自然主义艺术家那种耐心细致的观察习性的相互融合。

在我所引用的培根著作里，并未明确提及归纳推理的方法。我亦无须借助任何引用实例来向诸位证实，这种方法所具有的重要意义，以及借助该方法去探寻自然奥秘对人类福祉所产生的重要性，恰恰是培根在其著作当中所着重关注的核心主题之一。归纳过程业已被证实远比培根所预想的更为错综复杂。他曾认为，只要在实例收集环节足够审慎细致，普遍法则便会自然而然地呈现出来。如今我们已然知晓，或许哈维当时亦有所察觉，这乃是对科学概括过程极为不充分的描述。但无论怎样，当诸位完成所有必需的演绎推理步骤之后，培根依旧是构建现代思想体系的关键人物之一。

归纳法所引发的特殊困境，在 18 世纪因休谟的批判而得以彰显。培根作为历史性反叛运动的先驱者之一，摒弃了纯粹的理性主义路径，甚至走向极端，坚称所有具备价值的知识都应当构建于从过往的具体情形推导至未来的具体情形之上。我无意对在恰当保障条件下归纳法的有效性予以置疑。我的核心观点在于，若要论证归纳法的合理性，首先必须凭借理性去揭示在直接认知中所呈现出的即时情境的一般性特征，而这无疑是一项令人深感困惑的前置性任务；除非我们甘愿凭借模糊的直觉认定归纳法天然正确。 44
要么即时情境自身蕴含着有关过去与未来的特定知识，要么我们不得不对记忆与归纳法秉持彻底的怀疑主义态度。正确地领会知识的即时情境及其具体特性，乃是在科学研究以及日常生活里运用归纳法的关键所在。对于深入理解这些情境的具体特征而言，现代生理学与心理学的发展具有尤为关键的重要意义。我将在后续的讲座中就此展开阐释。当我们将这一具体情境替换为仅仅考量物体在时空之中的抽象流动状态时，便会深陷难以化解的困局之中。显然，如此这般的物体仅仅能够告知我们它们所处的位置信息。

因此，我们必须回溯至意大利中世纪学者在第一讲中所援引的经院哲学方法。我们务必仔细观察即时情境，并运用理性思维从中提炼出其本质性的一般性描述。归纳法实则以形而上学为根基，换言之，它依存于先前的理性主义。倘若你的形而上学无法确保历史的存在性，那么你便无法为诉诸历史的合理性提供正当依据。同样地，你对未来的推测亦依赖于某种知识基础，即认定未来已然受到特定决定因素的作用与影响。其难点在于如何透彻地理解这些概念，因为除非能够做到这一点，否则你的归纳推理将会丧失其实际意义。

诸位当会注意到，我并不认为归纳法的核心本质在于推导出一般规律。归纳法乃是从已知的特定过去之特性推测特定未来的某些特性。那种针对所有可认知情境均适用的一般性规律的更为宽泛的假定，似乎是极为不可靠的附加性设想。我们对于当前情境的诉求仅仅在于它能够确定一个特定的情境集合体，这些情境在某些层面由于同属一个集合而彼此相互影响。在物理科学的考量范畴内，所涉及的这个情境集合体是那些在我们所谓的共同时空之中相互契合的事件集合，借此我们得以追踪从一个事件至另一个事件的转变历程。因而，我们所指的乃是由我们直接的知识契机所指示的共同时空。归纳推理起始于特定情境，推演至特定的情境集合体，进而从该情境集合体推导出集合体内特定情境之间的关联。在我们对其他科学概念予以考量之前，无法将归纳法的探讨推进至更为深入的结论层面。

关于这段源自培根的引文，还存在第三个值得关注的要点，即其陈述所具有的纯粹定性特征。在这一方面，培根全然错失了17世纪科学取得成功背后的主导旋律。科学当时正在朝着定量的方向发展，并且直至如今依然主要以定量为主。我们需要在各类现象之中探寻可测量的要素，随后寻觅这些物理量之间的内在关系。培根忽略了这一科学准则。例如，在其所引用的内容里，他提及了"远程作用"；然而他所思索的仅仅是定性层面的，而非定量层面的。我们自然不能期望他能够预见比他年轻的同时代人伽利略，或者是年代更为久远的继承者牛顿；但他未曾暗示应当去探寻数量。或许他是受到了亚里士多德所传袭下来的当下逻辑学说的误导。因为这些学说实际上是在告知物理学家去"分类"，而本应表述的是"测量"。

至本世纪末，物理学已然构建于令人满意的测量基础之上。牛顿对其做出了最终的完备阐释。质量被视作表征所有物体的共同可测要素，其数量各有差异。那些在物质、形状以及大小方面看似相同的物体，其质量极为相近：同一性越是趋近，质量相等的概率便越高。作用于物体之上的力，无论是借助接触抑或远程作用，实际上被界定为物体的质量乘以物体速度的变化率，前提是此变化率系由该力所产生。通过这种途径，能够凭借其对物体运动的效应来识别力。当下的关键问题在于，这种对力之大小的理解是否能够探寻出简洁的定量法则，这些法则关乎借助物质的配置以及物理特性的情形来确定力。牛顿的概念在整个现代时期均成功地经受住了此项考验。其初次胜利乃是万有引力定律，而其累积性的辉煌胜利则体现于动力天文学、工程学以及物理学的整体演进历程之中。

46

三大运动定律与万有引力定律的形成过程值得予以批判性的审视。整个思维的演进恰好历时两代人。它发端于伽利略，终结于牛顿的《自然哲学的数学原理》；牛顿降生于伽利略辞世的那一年。此外，笛卡尔与惠更斯的生平亦处于这两位伟大人物所主导的时代范畴之内。这四位科学家协同努力所收获的成果，有充分的理由被视作人类所获取的最为卓越的单项智力建树之一。在评判其规模之际，我们务必考察其范畴的完整性。它为我们勾勒出物质宇宙的宏伟蓝图，使我们得以精准计算特定事件的细枝末节。伽利略率先迈出了正确思维路径的关键一步。他敏锐地洞察到，核心要点并非物体的运动本身，而在于运动的变化。伽利略的这一发现被牛顿在其第一运动定律中予以表述：

"每个物体都将维持其静止状态或者匀速直线运动状态，除非受到外力的作用而被迫改变此种状态。"

这一定律蕴含着对一种在过往两千年间阻滞物理学发展的观念的否定。它亦涉及一个对于科学理论而言至关重要的基本概念；我所指的乃是理想孤立系统的概念。这个概念彰显了事物的一项基本特质，倘若缺失它，科学乃至任何有限智慧所获取的知识都将无从谈起。"孤立"系统并非一种唯我论的体系，即并非除自身之外再无其他实体。它是在宇宙之内被孤立开来的。这意味着，对于该系统的某些真理，仅需借助统一且系统的关系网络参照其余事物即可。因此，孤立系统的概念并非与其余事物在实质上相独立的概念，而是摆脱对宇宙其余部分中琐碎事项的偶然依赖的概念。再者，这种摆脱偶然依赖的自由仅仅是在某些抽象特性层面有所要求，而非针对系统的完整具体性而言。

第一运动定律所探究的是关于一个动态的孤立系统的 47 整体运动，在忽略其方向与内部结构的情况下应如何予以描述。亚里士多德认为，人们必须设想这样的系统处于静止状态。伽利略则进一步补充指出，静止状态不过是一种特殊情形，更为普遍的表述应为"要么处于静止状态，要么以匀速直线运动"。因而，亚里士多德主义者会认为，源于外部物体作用的力能够依据它们所维持的速度进行定量测量，并且由该速度的方向直接确定；而伽利略则会聚焦于加速度的大小及其方向。这种差异可通过对比开普勒与牛顿得以清晰阐释，他们均对维持行星轨道的力量进行了推测。开普勒探寻推动行星前进的切向力，而牛顿则寻觅改变行星运动方向的径向力。

与其对亚里士多德所犯的错误耿耿于怀，不如着重考量倘若我们顾及自身经验中的显著事实，他犯这种错误背后的缘由。在我们的日常经验里，所有运动除非得到明显的外部支撑，否则都会停止。所以，显而易见，主张经验主义者必须将注意力聚焦于运动的维持问题。在此，我们触及了缺乏想象力的经验主义所潜藏的危险。17 世纪展现了另一个类似危险的实例；而且，令人意想不到的是，牛顿竟也深陷此陷阱之中。惠更斯提出了光的波动理论，然而该理论无法诠释我们日常经验中关于光的最为显著的事实，即遮挡物体所投射的阴影是由直线光束所界定的。因此，牛顿摒弃了这一理论，转而采纳了能够完整阐释阴影的光的粒子说。自那时起，两种理论均历经了各自的辉煌时期。当下，科学界正致力于探寻将二者融而为一的理论。这些实例充分彰显了因一个想法无法解释相关主题中某一极为明显的事实就予以拒绝所蕴含的危险。倘若你关注过自己一生之中思想的创新性，便会发觉几乎所有真正新颖的想法在初次提出时都带有某种看似愚笨的特征。

48　　现在我们回到运动定律，值得注意的是，17 世纪并未提出任何依据来支撑伽利略的观点与亚里士多德的观点之间的差异。这仅仅是既定的事实。当我们在这些讲座的推进过程中谈及现代时期时，将会发现相对论全面阐释了这一问题；但这唯有通过对我们关于空间与时间的整体观念进行重新梳理方可达成。

　　牛顿随后将关注点聚焦于物质实体所固有的物理量——

质量。质量在运动变化进程中始终维持恒定。然而，有关质量在化学变化中保持不变的证据直至一个世纪之后才由拉瓦锡予以提供。牛顿的下一项任务乃是依据物体的质量与加速度来推算外力的大小。在这一方面，他颇为幸运，因为从数学家的角度来看，最为简易的定律，即二者的乘积，被证实是行之有效的。现代的相对论再度修正了这种过度的简易性。但幸运的是，那个时代尚未知晓或开展现代物理学家所进行的精密实验。因此，世界拥有了两个世纪的时长来充分吸收牛顿的运动定律。

鉴于此项辉煌成就，科学家们将其终极原理构建于唯物主义基础之上，自此不再为哲学问题而烦忧，我们对此难道会感到诧异吗？倘若我们能够精准理解这一基础以及其最终所涉及的棘手难题，便能洞悉这一思维脉络的发展历程。当你评判一个时代的哲学思想时，切勿主要着眼于其倡导者们自认为有必要明确捍卫的思想立场。总会存在某些基础性的假设，是该时代不同体系的所有信奉者都会在无意识中预先设定的。这些假设显得如此理所当然，以至于人们甚至都未清晰地意识到自己正在进行假设，因为从未有过别样表述事物的方式。基于这些假设，仅存在有限的几种哲学体系类型是具备可能性的，而这些体系便构成了那个时代的哲学风貌。

这样的假设贯穿了整个现代时期的自然哲学。它在被视作表达自然界最为具体层面的概念中得以彰显。伊奥尼亚哲学家曾提出疑问，自然是由何种要素构成的？答案往 *49*

往借助"物品""物质"或"质料"之类的词汇予以表述——具体的名称并非关键所在——这种物质具备在空间与时间中简单位置的特性，或者依据更为现代的观念，在时空中的简单位置。我所提及的物质，抑或材料，是指拥有这种简单位置特性的任何事物。所谓简单位置，我所指的是一个同样适用于空间与时间的主要特征，以及其他因空间与时间的差异而有所不同的次要特征。

空间与时间所具有的共同特征为，能够确切地指明物质处于空间中的"此处"以及时间中的"此刻"，抑或在时空之中的"此处此刻"，并且这一表述无须凭借对时空其他区域的参照。颇为有趣的是，这种简单位置的特性，无论我们将时空区域视作绝对还是相对确定的，均能成立。因为倘若一个区域仅仅是指向与其他实体的特定关系集合的一种方式，那么我所命名为"简单位置"的特性，便是指物质仅通过与其他实体的位置关系来阐释其自身位置，而无须涉及与这些实体存在类似位置关系的其他区域。事实上，一旦确定了时空之中的某一具体位置（无论采用何种方式对其加以定义），仅需指出某一物体正处于该位置，便能充分描述其与时空的关系；就简单位置而言，此主题已无更多可深入探讨之处。

然而，仍有一些辅助性的阐释工作需要开展，以便说明我先前所提及的次要特性。首先，就时间维度而言，如果物质在某一时间段内存在，那么它亦会在该时间段的任意子部分内存在。换言之，对时间进行分割并不会使物质的存在被分割。其次，关于空间方面，对体积进行划分则会对物质造成分割。因此，倘若物质在整个体积内存在，那么在该体积的任意一半区域内所分布的物质量将会相应减少。正是基于这种属性，我们才推导出了空间点密度的概念。任何探讨密度的人，实际上并未如某些现代相对论学派中的激进人士那般，将时间与空间完全等同看待。因为时间的分割在物质层面所产生的效应，与空间分割所引发的效应有着天壤之别。

50

此外，物质对于时间分割呈现出无差别性这一事实，可推导出如下结论：时间的流逝对于物质而言不过是偶然因素，而非其本质属性。物质在短暂的任意时间的子区间内，依然能够保持完整且毫无变化。因此，时间的推移与物质的性质之间不存在必然联系。物质在某一时间瞬间同样维持其本质恒定不变。在此处，时间瞬间被视作自身不存在过渡，因为时间的过渡本质上乃是这些瞬间的依次更迭。

由此可见，17世纪针对伊奥尼亚哲学家所提出的古老问题——"世界由什么构成？"给出的答案是：世界乃是物质瞬时配置的连续系列——或者，倘若包括比普通物质更为精微的物质，例如以太。

我们不难领会科学缘何满足于将自然的基本要素视作物质的瞬时配置。自然中的强大力量（如引力）全然由质量的配置所决定，因此这些配置决定了它们自身的变化，如此一来，科学思维的循环便得以完整闭合。这便是著名的自然机械论，自 17 世纪起便占据主导地位，成为物理科学的正统信念。再者，这种信念凭借实用的检验证实了自身的有效性。它切实发挥了作用。物理学家由此对哲学丧失了兴趣，并且加剧了历史性反叛中的反理性主义倾向。然而，这种物质机械论的困境迅速展露无遗。18 世纪和 19 世纪的思想史被这样一个事实所主导：世界紧紧抓住了一个既难以与之共存又难以将其舍弃的普遍观念。

这种将瞬时物质配置视为具备简单位置的观点，正是柏格森所强烈抵制的，尤其当它涉及时间并将其当作具体自然的根本事实时。他将其称作因智力对事物的"空间化"而引发的自然扭曲。我对柏格森的抗议表示认同，但我并不认为这种扭曲是智力理解自然时必然存在的缺陷。在后续的讲座中，我将尝试阐明，这种空间化是以极为抽象的逻辑架构来表述更为具体的事实。在此存在一个谬误，但它仅仅是偶然的失误，即将抽象误认作具体的错误。这便是我所命名为"误置具体性之谬误"的一个实例。这种谬误致使哲学领域陷入极大的混乱。尽管在这个事例中，人们普遍易于陷入此误区，但智力并非注定要深陷这一陷阱。

显而易见，简单位置的概念将会给归纳法造成诸多困境。因为，倘若在某段时间内物质配置的位置并非内在地关联至任何其他时刻，无论是过去还是未来，那么由此可推导出的结论便是，在任意时期内的自然现象均不会指向其他时期的自然现象。如此一来，归纳法便无法立足于自然中内在可观测到的任何要素。所以，我们仅仅凭借对自然现象的观测，无法证实诸如万有引力定律之类的规律。换言之，自然秩序无法单纯依靠对自然的观测予以证实。这是由于在当前的事实当中，不存在任何内在的指向过去或未来的联系。因而，似乎无论是记忆还是归纳法，都难以在自然本身之中寻觅到任何依据。

我一直在对未来思想的演进提出预见，并且不断重述休谟的论证。这一思维脉络如此径直地从简单位置的考量中衍生而出，以至于我们不能等到 18 世纪才着手对其展开探讨。唯一令人感到诧异的是，世人竟然真的等到休谟出现才注意到这一难题，这同样反映出科学界的反理性主义倾向，当休谟的哲学问世之时，吸引众人目光的仅仅是其中涉及宗教的内涵。这是因为神职人员在本质上属于理性主义者，而科学家们则满足于对自然秩序的单纯信奉。休谟本人无疑是以讽刺的口吻说道："我们的神圣宗教建立在信仰之上。"这种态度令皇家学会感到满意，却未能让教会称心如意。它也让休谟本人感到满足，并且契合了随后的经验主义者的理念。

还有一个必须与简单位置理论相提并论的思维前提。我所提及的便是实体与性质这两个相互对立的范畴。然而，两者之间存在差异。关于空间状态的完备描述，曾经存在不同的理论学说。不过，不论空间处于何种状态，无人质疑被称作处于空间之中的实体与空间的关系乃是简单位置的关系。我们可以简要地表述为，众人普遍认为，空间是简单位置的存在之所。无论何种事物存在于空间之中，均

52

处于某个确定的空间部分。但是，关于实体与性质，17世纪的杰出思想家们确实深感困惑；即便如此，他们依然凭借其一贯的卓越才智，迅速构建起一个足以契合他们当下目标的理论。

当然，实体与性质，以及简单位置，均属于人类思维中极为自然的观念。这是我们认知事物的途径，倘若缺失这些思维方式，我们在梳理日常生活中的思绪时将会举步维艰。这一点确凿无疑。唯一的问题在于：当我们在这些概念的框架之下思索自然时，我们的思维究竟达到了何种程度的具体性？我的观点是，我们呈现给自己的实际上是直接事实的简化形态。当我们深入审视这些简化形态的基本要素时，我们会发觉，它们实际上仅能被阐释为高度抽象的复杂逻辑构建。当然，作为个体心理学层面的现象，我们通过粗略的方式获取这些观念，忽略了那些看似不相干的细枝末节。但当我们尝试为这种忽略寻求合理性依据时，我们发现，尽管依然存在与我们所探讨的概念相对应的实体，然而这些实体已经具备了高度的抽象性。

因此，我认为实体与性质提供了另一个"误置具体性之谬误"的实例。让我们来思索一下实体与性质概念的形成过程。我们对一个物体加以观察，将其视作具有特定特征的独立个体存在。此外，每个独立个体存在均是凭借其特征而被我们所感知。例如，当我们观察一个物体时，或许会注意到它的某些性质：它可能质地坚硬、色泽湛蓝、形状圆润，并且会发出声响。我们所察觉到的是具备这些性质的某个物体；而除了这些性质之外，实际上我们并未观测到其他任何事物。因此，这个物体便成为承载这些性质的基础载体，亦称为"实体"，而我们则可以对其性质予以描述。其中有些性质属于本质性的，一旦缺少这些性质，实体便无法维持其自身的特性；而另一些性质则是偶然且易于变化的。就物质实体而言，约翰·洛克在 17 世纪末认为，具有定量的质量以及处于某一位置的简单位置乃是其本质属性。当然，位置是可变的，而质量的不变性在当时只是基于实验得出的事实，除非对于某些极端主义者而言。

53

截至目前，一切尚属顺遂。然而当我们探讨到蓝色与声音时，便不得不面对新的状况。首先，物体并非必然始终呈现蓝色，或者始终会发出声响。我们已然借助关于偶然性质的理论对此做出了调适，暂时能够接纳这一理论。但第二个问题在 17 世纪引发了一个真正的棘手难题。伟大的物理学家们依据他们的唯物主义自然观，阐述了光与声音的传播理论。关于光，存在两种假设：一种是光借助物质以太的振动波进行传播，另一种则是——依照牛顿的观点——光通过一些微小粒子的运动得以传播。众所周知，惠更斯的波动理论在 19 世纪占据了主导地位，而当前物理学家们正致力于通过融合这两种理论来阐释辐射中的某些模糊现象。但无论选取哪一种理论，在外部自然界之中实际上并不存在光或颜色这样的事实。存在的仅仅是物质的运动。同样地，当光进入眼睛并照射到视网膜时，所发生的也只是物质的运动。随后，神经受到影响，大脑亦受到影响，而这依旧只是物质的运动。对于声音而言，同样的论证逻辑亦适用，只不过是用空气中的波取代了以太中的波，用耳朵取代了眼睛。

接下来我们不禁要问，蓝色与噪声在何种意义上能够被视作物体的性质。通过类似的推理方式，我们亦可以追问，玫瑰的香气在何种意义上属于它的性质。

伽利略对这一问题予以了考察，并立刻指出，倘若没有眼睛、耳朵或鼻子，便不会有颜色、声音或气味的存在。笛卡尔与洛克进一步详尽阐述了第一性质与第二性质的理论。例如，笛卡尔在其《第六沉思》[1]中曾言："我确凿无疑地察觉到不同种类的颜色、声音、气味、味道、热度、硬度等等，因而我能够笃定地推断，源于这些感知的物体之中，必定存在某种与它们相对应的特性，尽管这些特性在现实中或许并不与感知相似……"

54　　此外，他在《哲学原理》里亦提到："凭借我们的感官，我们对于外部物体的认知仅仅局限于它们的形状（或位置）、大小以及运动。"

洛克在深入理解牛顿动力学的基础之上，将质量纳入物体的主要性质范畴。简而言之，他依据 17 世纪末的物理科学发展状况，系统地阐述了第一性质与第二性质理论。第一性质乃是物质的本质特性，这些特性借助它们的时空关联构建起自然。自然的秩序正是由这些关系的有序排列

　　　[1]　由约翰·维奇教授翻译。

所组成的。自然的事件在一定程度上被与生物体相互关联的心灵所感知。首先，心灵的感知是由某些与身体紧密相连的事件所引发，诸如大脑中的事件。然而在感知进程中，心灵亦会产生一些感官经验，这些感官经验严格来讲属于心灵自身的特性。由心灵向外投射，进而使适宜的物体被赋予外部自然的特性。因此，这些物体被感知为具备一些实际上并不隶属于它们的特性，而这些特性实则全然是心灵的产物。如此一来，自然便窃取了本应属于我们自身的荣耀：玫瑰的芬芳香气，夜莺的婉转歌声，以及太阳的璀璨光辉。诗人们全然误解了这一切。他们理应将歌词奉献给自身，将其转变为对人类心灵卓越非凡的赞歌。自然实则是一件枯燥乏味之事，无声无息，无香无味，无色无形；仅仅是物质永不停歇、毫无意义的匆忙流转。

然而，无论怎样加以粉饰，这便是 17 世纪科学哲学的特征所产生的实际结果。

首先，我们必须注意到，这一概念体系在组织科学研究方面展现出了令人惊叹的效率。在这一方面，它绝对无愧于那个世纪的天才们。自那时起，它便始终作为科学研究的指引准则，并直至今日依旧主导着科学研究的走向，世界上的每一所大学均依据这一体系来构建自身的组织架构。迄今为止，尚未有人提出任何可替代的、用于追寻科学真理的组织体系。它不仅牢牢占据着统治地位，而且毫无竞争对手。

然而——这着实令人难以想象。这种宇宙观显然构建 *55*

于高度抽象的框架之上，而此悖论之所以产生，恰恰是由于我们错把这些抽象概念当作了具体的现实。

尤论以多么宽泛概括的方式来描绘 17 世纪科学思想成就的全貌，数学领域的进步都不容忽视。在这一领域，如同其他领域一般，那个时代的天才光芒熠熠生辉。三位杰出的法国人，笛卡尔、德萨尔格和帕斯卡，开启了现代几何学的新纪元。另一位法国人费马奠定了现代解析学说的根基，并且近乎完善了微积分的方法。牛顿与莱布尼茨携手创立了微积分，使其成为一种切实可行的数学推理手段。当世纪末来临之际，数学作为应用于物理问题的工具已初步具备现代形态。若暂且将几何搁置一旁，现代纯数学那时仍处于萌芽状态，尚未展现出它在 19 世纪将会达成的惊人发展态势。不过，数学物理学家已然崭露头角，带来了那种将在 18 世纪的科学世界中占据主导地位的思维方式。那个时代也将被称作"胜利的分析时代"。

17 世纪最终催生出一种由数学家构建且服务于数学家的科学思维体系。数学思维最为显著的特征在于其处理抽象事物的卓越能力，并能够从中推导出清晰明确的推理过程，只要这些抽象概念是我们意欲思索的对象，便足以令人满意。科学抽象的巨大成功，一方面造就了具有时空简单位置特性的物质，另一方面塑造了能够感知、经验、推理却不加以干涉的心灵，这使得哲学被迫接纳这些抽象概念，并将其视作对事实最为具体的表述。

正因如此，现代哲学饱受折磨。它在三种极端立场之间复杂地摇摆。一方面是二元论者，他们将物质与心灵视作地位平等的存在；另一方面则是两类一元论者：一类将心灵置于物质范畴之内，另一类则将物质置于心灵范畴之中。然而，这种玩弄抽象概念的杂耍永远无法克服因将"误置的具体性"归于 17 世纪科学体系而引发的固有混乱局面。

第四章
论 18 世纪

　　若将不同时代的知识环境予以比较，18 世纪的欧洲与中世纪恰好形成鲜明对比。这种反差能够借由沙特尔大教堂①与巴黎沙龙②的不同来具象化；前者是中世纪理性化达至极致的标志，后者则是狄德罗与伏尔泰展开对话的所在。中世纪是基于理性的信仰时代，而 18 世纪的人们则把现代

---

　　① 译者注：沙特尔大教堂，又称沙特尔圣母主教座堂（法语：Cathédrale Notre-Dame de Chartres，又译沙特尔主教座堂、夏尔特主教座堂），位于法国巴黎西南约 70 千米处的沙特尔市。据传圣母玛利亚曾在此显灵，并保存了玛利亚曾穿着的圣衣，主体建筑始于 1194 年，1264 年竣工。自 12 世纪以来，沙特尔也成为西欧重要的天主教圣母朝圣地，以及沙特尔最著名的地标中心，被世人誉称为"法国哥特式艺术的至高点"和"杰作"。

　　② 译者注：沙龙是法国著名的文化活动，是各种客人公开讨论艺术、文学、哲学、音乐和政治的私人社交聚会。沙龙与巴黎密切相关，通常由家庭富有且人脉广泛的女性主办。沙龙的客人来自不同的背景，因此其氛围民主、国际化和宽容。沙龙也是接触各个领域的新思想的机会，在 18 世纪巴黎沙龙促进了启蒙思想的传播。

社会生活加以理性化，并将其社会学理论构建于对自然事实的诉求之上。在前一时期，人们试图凭借理性树立信仰，而在后一时期，人们秉持"莫惹是非"的理念，让那些纷扰的信仰归于平静，使之成为"基于信仰的理性时代"。让我们来更清晰地阐释这一点：圣安瑟伦①倘若未能寻觅到令人信服的上帝存在的论据，便会深感忧虑，并将此论据作为其信仰大厦的基石，而休谟则是基于对自然秩序的信仰来创作他的《自然宗教史论》。在对比这两个时代之际，值得铭记的是理性或许会出差错，信仰亦可能被误置。

在先前的讲座中，我梳理了 17 世纪科学思想体系的演进历程，这一体系自此之后始终主导着人类的思维范式。它蕴含一种根本的二元性，一方面是物质，另一方面是心灵。而处于两者之间的，有生命、有机体、功能、瞬时实在、相互作用以及自然秩序等概念，它们共同构成了整个体系的阿喀琉斯之踵。②

---

① 译者注：圣·安瑟伦（Anselm，1033—1109 年），又译安瑟莫，意大利中世纪哲学家、神学家，1093 年至 1109 年任天主教坎特伯里总教区总主教，被尊称为最后一位教父与第一位经院哲学学者。他运用形式逻辑论证基督教正统教义，提出关于上帝存在的"本体论证"，将中世纪的神学议题推向理性关切的新方向。

② 译者注："阿喀琉斯之踵（Achilles heel）"是源自希腊神话的成语，指的是一个人或事物的致命弱点。这个成语的故事来源于古希腊英雄阿喀琉斯（Achilles）。他的母亲为了使他变得无敌，将他浸入冥河，以使他获得不死之身。然而，她在浸泡他时抓住了他的脚后跟，因此他的脚后跟没有受到保护，成了他唯一的弱点。在特洛伊战争中，阿喀琉斯最终被一支箭射中他的脚后跟而死。因此，"阿喀琉斯之踵"通常用来形容某人在强大或完美的外表下隐藏的脆弱点。

58 　　我也曾表达过如下信念：倘若我们期望获取对自然事实的具体特质更为根本性的阐释，那么我们首要批判的对象就应当是"简单位置"这一概念。鉴于此概念在这些讲座中所占据的关键地位，我将再次复述我对这一术语的界定。所谓"物质具有简单位置"，意即在表达其时空关联之际，仅需指明它处于空间内的特定有限区域，以及在时间中的特定有限时段即可，而无须考察该物质与其他空间区域和其他时间段之间的联系。这一"简单位置"概念并不依存于绝对或相对的时空观之争辩。只要任何时空理论能够赋予"特定空间区域"和"特定时间段"以绝对或相对的内涵，那么简单位置便具备了明确的意义。这个理念构成了17世纪自然体系的根基，一旦缺失它，这一体系便难以表述。我将予以论证，在我们直接经验所感知的自然的基本要素之中，并无任何一个要素具备简单位置的特性。然而，这并非意味着17世纪的科学全然错误。我认为，借助一种建设性的抽象过程，我们可以推导出那些拥有简单位置的物质抽象体，以及包含于科学体系中的心灵抽象体。因此，真正的谬误在于我所命名的"误置具体性之谬误"。

　　将注意力局限于特定的一组抽象概念的益处在于，我们能够将思想限制在清晰确切的事物以及清晰确切的关系之上。因此，倘若具备逻辑思维能力，便能够推演出有关这些抽象实体之间关系的诸多结论。此外，倘若这些抽象概念是有充分依据的，换言之，倘若它们并未忽视经验中所有的关键要素，那么局限于这些抽象概念中的科学思维将会推导出与我们对自然的经验息息相关的各种重要真理。我们皆知晓那些思维清晰且敏锐之人，他们仿佛被禁锢于坚硬的抽象外壳之中。凭借个性的强大感染力，他们将你束缚于他们的抽象概念里。

然而，尽管一组抽象概念具有合理性，仅仅专注于它 ⁵⁹ 却是具有弊端的，这种弊端就在于，从本质上讲，它们已经排除了其他事物。在被排除的事物里，倘若它们在你的经验中占据重要地位，那么你的思维模式便难以对其加以处理。可是，脱离了抽象我们便无法展开思考；因此，批判性地修正自身的抽象方式显得至关重要。在此层面，哲学找到了其作为社会健康进步所不可或缺的角色。它就是抽象概念的批判者。一种文明若无法突破当下抽象的局限，在历经有限的发展进程后，注定会走向衰落。一个活跃的哲学流派对于思想的流动极为关键，正如一所活跃的铁路工程师学院对于燃料的流动同等重要。

有时，哲学的贡献会被一种抽象体系在表述某一时代主导性兴趣方面所取得的惊人成就全然遮蔽。18 世纪的情形正是如此。那时的哲学家并非真正意义上的哲学家，而是一些天赋异禀、头脑清晰且思维敏锐之人，他们将 17 世纪的科学抽象体系应用于对无垠宇宙的分析之中。在他们的同代人最为关注的思想领域里，他们所取得的功绩无可比拟。但凡与他们的体系不相契合的事物，要么被忽视，要么遭嘲笑，要么受怀疑。他们对哥特式建筑所抱持的憎恶态度，彰显出他们对朦胧视域缺乏应有的同理心。那是一个理性占据绝对主导地位的时代，健康、果敢且昂扬向上的理性掌控着一切，然而这种理性缺失深邃的洞察力。我们理应对这些人深怀感激之情。在过去的一千年间，欧洲长期饱受极端且令人难以忍受的空想者的困扰。而18世纪的常识，对人类痛苦的显著事实以及人性的显著需求有着精准的把握，宛如一场道德净化的甘霖润泽着整个世界。伏尔泰值得人们予以颂扬，因其对不公、残酷、无谓压迫以及迷信深恶痛绝，并且能够敏锐地洞察出这些弊病。在这些崇高的美德方面，他彰显出18世纪最为卓越的一面。然而，人不能仅仅依靠面包存活于世，更不能仅依赖消毒剂度日。那个时代有其局限性；但若我们未能充分肯定其积极的成就，便无法理解为何直至今日，科学界中一些主要观点仍被热烈地捍卫着。17世纪的概念体系已经被证实是开展研究的绝佳工具。

唯物主义的胜利主要彰显于理性的动力学、物理学以及化学等科学领域。在动力学与物理学领域，其进展体现为对前一时期主要思想的直接延续与拓展，虽未出现根本性的创新之举，但在细节方面收获了巨大的突破。一个又一个特殊情形被逐一揭示，仿佛有条不紊地逐步开启了天堂的奥秘之门。在本世纪的后半叶，拉瓦锡几乎构建起了现代化学的基础，他引入了物质在化学转化过程中既不会损耗亦不会增多的原理。这堪称唯物主义思想最后的辉煌成就，尽管最终这一成就也暴露出双刃剑的特质。化学科学在那时仅需静候下个世纪原子理论的出现，便可迈向更为深入的发展阶段。

在这个世纪，将自然界所有过程均进行机械性阐释的观念最终定型为科学的教条。由于数学物理学家一系列近乎奇迹般的卓越成就，这一观念在其价值层面大获全胜，并最终于 1787 年在拉格朗日的《解析力学》中达到了巅峰状态。牛顿的《自然哲学的数学原理》早在 1687 年便已问世，这两部伟大著作之间恰好相隔整整一百年。本世纪代表着现代数学物理学的首个时期。而克拉克·麦克斯韦的《电学与磁学》于 1873 年出版，则标志着第二个时期的终结。这三本著作中的每一本都开拓了崭新的思想疆域，对其后的所有发展都产生了深远的影响。

在考量人类致力于系统思考的各类主题时，人们必然会注意到不同领域之间在能力分布上的不均衡状况。几乎在所有学科领域，都存在少数声名卓著的人物，毕竟唯有天才方能将一个主题开创为独立的思考对象。然而，对于众多主题而言，在达成与其初始意图相关的良好开端之后，其后续的发展却常常呈现出一连串疲软无力的摸索，以至于整个学科逐渐丧失了对思想演进的主导权。然而，数学物理学的发展历程却与之大相径庭。对这一学科钻研得越深入，便越会为其所展现出的近乎令人难以置信的智力伟绩而惊叹不已。18 世纪以及 19 世纪初的那些伟大的数学物理学家，其中大多数为法国人，便是极为有力的例证：莫佩尔蒂、克莱罗、达朗贝尔、拉格朗日、拉普拉斯、傅里叶，他们的名字串联起了一连串辉煌成就的璀璨记忆。当

61

卡莱尔作为浪漫主义时代后期的代言人，嘲讽这一时期为"胜利分析的时代"，并讥笑莫佩尔蒂为"头戴白色假发的崇高绅士"时，他只是暴露了浪漫主义者思想狭隘的一面。

想要在短时间内，且不运用专业术语来清晰地阐释这一学派的进展细节，几乎是一项难以完成的任务。不过，我仍将竭力诠释莫佩尔蒂与拉格朗日共同铸就的核心要点。他们的成果，与19世纪上半叶两位伟大的德国数学家高斯和黎曼的某些后续数学方法相互融合，近来已被证实是赫兹与爱因斯坦为数学物理引入崭新思想所不可或缺的前期铺垫。此外，他们的成就还启迪了麦克斯韦在本次讲座中所提及的论著里的部分精妙思想。

他们致力于探寻比前一讲所探讨的牛顿运动定律更为基础性与一般性的原理。他们意欲寻觅某些更为宽泛的理念，尤其是拉格朗日极力寻求更为通用的数学表述形式。这无疑是一项雄心勃勃的宏伟事业，而他们最终大获全胜。莫佩尔蒂活跃于18世纪上半叶，拉格朗日则在下半叶绽放光芒。我们能够察觉到，莫佩尔蒂的思想中尚留存有前一代神学时代的些许痕迹。他的出发点乃是认为一个物质粒子在任意时长的时间区间内所行经的路径应当呈现出一种足以彰显神之眷顾的完美性。这一动机原则存在两个值得关注之处。其一，这印证了我在第一讲中所提出的论点，即中世纪教会在欧洲所灌输的理性、有意图的神这一观念，有力地促进了对自然秩序的信任的形成。其二，尽管当下我们皆笃定这种思维方式对于科学探究并无直接的助力，然而莫佩尔蒂的成功表明，任何能够促使人们突破现有抽象框架的想法，或许都好过毫无头绪。在当前这个实例中，这一思想驱使莫佩尔蒂探究在牛顿运动定律支配下粒子路径的整体特性。他所采用的这一方法无疑是极为合理的，无论其神学观念如何。此外，他的想法还引导他思索，所探寻到的这个性质将会是一个量化的总和，并且路径的偏离将会导致这个总和的增加。这乃是他对牛顿第一定律的推广，因为一个孤立的粒子将会沿着最短路径做匀速运动。因此，莫佩尔蒂推测，粒子在力场中运动时将会达成某个量的最小值。他成功发现了这样的量，并将其命名为在给定时间区间内的"作用积分"。用现代术语来讲，这等同于在连续的微小时间间隔内动能与势能差值的累加。因此，这个作用涉及动能与势能之间的相互转换。莫佩尔蒂发现了著名的"最小作用原理"。不过，相较于拉格朗日这样的顶尖学者，莫佩尔蒂并非处于一流的水准。在他以及之后的学者手中，这一原理并未成为主导性的关键要素。拉格朗日则将这一问题置于更为广阔的基础之上，使其解答与动力学发展进程中的实际操作紧密相连。他的"虚功原理"① 适用于运动系统，实际上是将莫佩尔蒂的原理应用于系统路径的每一个瞬间。然而，拉格朗日的视野更为广阔。他意

① 译者注：虚功原理（Principle of Virtual Work）是分析力学中的一个基本原理。其核心是处于静力平衡的系统，所有力在任何符合约束的虚位移上所做的总功率为零。

识到自己找到了在描述动力学真理时，能够独立于具体测量方法的数学表达方式。于是，他推导出了运动方程，无论所采用的测量方法如何，只要能够确定位置，这些方程便皆可适用。这些方程所蕴含的优美以及近乎神圣的简洁性，使其足以与古代那些直接象征至高理性的神秘符号相媲美。后来，赫兹（电磁波的发明者）将力学的基础构建于"每个粒子在约束条件下沿最短路径运动"这一思想之上；而爱因斯坦借助高斯和黎曼的几何理论，揭示出这些约束条件能够被理解为时空本身的特性。这便是从伽利略到爱因斯坦的动力学发展历程的简要概述。

与此同时，伽伐尼与伏特开展了他们的电学探索之旅；生物科学亦在缓慢地收集各类素材，然而仍在翘首以盼主导性理论的横空出世。心理学也逐渐开始挣脱对一般哲学的过度依赖。心理学的这种独立发展趋向最终可追溯至约翰·洛克对其的大力倡导，他将心理学当作批判形而上学滥用现象的有力工具。所有关乎生命的科学那时依旧处于基础的观察阶段，分类与直接描述占据着主导地位。在这一阶段，那一套抽象理论体系足以满足需求。

在实践领域，那个时代也孕育出了诸多开明的统治者，如哈布斯堡家族的约瑟夫皇帝、腓特烈大帝、沃尔波尔、大查塔姆勋爵以及乔治·华盛顿，如此种种，实难将其界定为一个失败的时代，尤其是当我们把英国的议会内阁制、美国的联邦总统制以及法国大革命所秉持的人道主义原则亦纳入这个时代的辉煌成就之时。与此同时，在技术层面，蒸汽机于这一时期应运而生，从而开启了文明的新纪元。毫无疑问，18 世纪堪称一个成功的实践时代。倘若去问询那个刚刚见证 18 世纪肇始的最为睿智且极具代表性的人物之一——我所指的乃是约翰·洛克——他对这个世纪的憧憬与期许，或许他的预期亦未必能够超越这个世纪实际所斩获的斐然功绩。

在对 18 世纪的科学体系予以批判之际，我必须首先阐明我之所以忽略 19 世纪唯心主义的关键缘由——我这里所说的乃是那种将现实的终极意义理解为全然认知的精神性的哲学唯心主义。这一唯心主义学派迄今为止的发展与科学观点呈现出过度脱节的态势。它全盘接纳了科学体系，将其视作对自然事实的唯一阐释方式，而后又将其诠释为终极精神中的理念。就绝对唯心主义而言，自然界仅仅是一种观念，以某种特定方式与绝对统一体相互区分；而在包含单子思维的多元唯心主义情境中，这个世界则是各类单子不同思想的最大公因数。然而，不论秉持何种理解视域，这些唯心主义学派均明显未能将自然事实与他们的唯心主义哲学进行有机的融合与衔接。就我在这些讲座中所要阐述的核心内容而论，无论诸位最终秉持的是实在论还是唯心主义，我的观点是需要一个更为深入的临时实在论阶段，在此阶段中，科学体系应当被重新构建，并牢固建立在有机体这一终极概念之上。

概而言之，我的研究路径乃是起始于对空间与时间地位的分析，或者运用现代术语来讲，是对时空地位的探究。

尤论是空间抑或是时间，均具备两种特性。事物在空间之中呈现出分离的状态，在时间之中亦是如此；然而它们同时又在空间里共存，在时间里同样共存，即便它们并非同时的。我将这些特性命名为时空的"分离性"和"摄入性"特性。此外，时空还拥有第三种特性：每一个处于空间之中的事物皆具备某种明晰的界限，因此在特定意义上而言，其拥有独一无二的形状，绝无可能呈现出其他形状；与之相仿，在时间范畴内，事物持续存在于某个特定的时段，而不可能出现于其他时段。我将这种特性界定为时空的"模态性"特性。显然，单独考察模态性的特性将会引发出简单位置的概念，然而它必须与分离性和摄入性特性相结合。

为了使思考过程得以简化，我将首先仅针对空间展开探讨，随后再把相同的处理方式扩展至时间。

体积是空间之中最为具体的要素。然而，空间所具备的分离性特性会使体积被分解为子体积，以此类推，直至无穷。因此，当单独考察分离性特质时，我们理应推断出体积仅仅是由非体积元素所汇聚而成的集合，确切而言，是无数个点的集合。不过，体积的统一性才是经验层面的最终事实，例如，这座大厅所占据的空间。若仅仅将这座大厅视作无数个点的集合，那实际上不过是逻辑想象所构建出来的产物。

65　　因此，核心的事实乃是体积的摄入统一性，而这种统一性会因无数个包含于其中的部分所具有的分离统一性而得到缓和或限制。我们拥有一种摄入的统一性，而它依然作为包含部分的集合而处于分离状态。然而，体积的摄入统一性并非单纯逻辑集合意义上的统一性。这些部分构建起了一个有序的集合，这意味着每个部分从其他各个部分的视域来看，均具备某种特定的存在形式，同样地，从相同的视域出发，其他部分与它之间亦存在着关联。因而，如果 A、B 和 C 为空间的体积，那么 B 从 A 的视域来看便具有某种特性，C 亦是如此，并且 B 和 C 之间也存在着特定的关系。B 从 A 的视域所呈现出的这种特性，乃是 A 的本质属性。空间的体积并不具备独立存在的方式。它们唯有在整体之中才能成为实体；若将它们从其所处的环境中剥离出来，其本质特性便会遭受破坏。所以，我会如此表述，B 从 A 的视域所呈现出的特性，意味着 B 以某种特定的方式进入了 A 的组成部分之中。这便是空间的模态特性，A 的摄入统一性，即是 A 从其他每一个体积的视域出发，对所有体积所形成的统一性。体积的形状，便是能够从中推导出所有其他方面的公式。因此，体积的形状相较于其各个方面而言，更具抽象性。显而易见，我能够借用莱布尼茨的表述方式，声称每个体积均在自身之中映照出空间中的其他每个体积。

相同的推理过程亦适用于时间的持续性。一个不具备持续时间的瞬间，实际上仅仅是想象的逻辑构造。同样地，每个时间段均会在自身之中反映出所有的时间段。

但是，我在以上两个方面都引入了人为的简化处理。首先，我原本应当将空间与时间结合起来，并以四维时空区域为基础展开阐释。可是即使采用这种阐释方式，我也未必能增加什么新东西。诸位可以在脑海之中用四维时空区域来替代之前阐释过程中的空间体积。

其次，我的阐释本身涉及某种循环论证。因为我将区域 A 的摄入性统一定义为其他区域在 A 中的模态呈现的摄入性统一。这一难题的产生乃是由于时空实际上并不能被视作独立自存的实体。它属于一种抽象概念，其阐释需要参照从中提取出的具体事物。时空是对事件及其相互排序的某些一般性特征的界定。这种对具体事实的回溯，将我引领至 18 世纪，甚至能够追溯到 17 世纪的弗朗西斯·培根。我们必须对那些时代针对当时主流科学体系所开展的批判性发展历程予以考量。

任何时代皆非整齐划一、毫无差异；无论你为某一特定历史时期确定何种主旋律，总会有身处同一时代之人，而且是声名卓著者，其思想与行动会展现出与当时主流趋势背道而驰的态势。18 世纪便是如此。譬如，当我描述那个时代的特征之际，约翰·卫斯理与卢梭之名或许已然跃入诸位的脑海之中。然而，我并不打算探讨他们抑或其他人物。我所欲深入分析的乃是乔治·贝克莱主教。在该时代之初，他便展开了精准的批判，至少从原则层面而言是正确无误的。声称他未曾产生任何影响实属不实之词。他乃是一位声名远扬的人物。乔治二世的王后堪称少数在各国之中既聪慧过人又深具远见，能够审慎地赞助学术研究的杰出女性之一；因此，贝克莱得以被任命为主教，那时英国主教在社会中的地位相较于现今更为举足轻重。与此同时，较之于他的主教头衔更为关键的是，大卫·休谟曾悉心钻研他的思想，并以某种特定方式对其哲学的某一方面加以发展，而这或许会令这位伟大教士的灵魂深感不安。随后康德亦对休谟展开了研究。因此，断言贝克莱在那个世纪毫无影响力显然是荒谬绝伦的。但即便如此，他也未能对科学思想的主流产生实质性的影响。科学的浪潮依旧汹涌奔腾，仿佛他从未著书立说一般。科学界始终对其独特的抽象理论颇为自得。这些理论行之有效，而这对于科学而言已经足够了。

我们当下所面临的困境在于，这一科学思想领域在 20 世纪已经变得过度狭隘，难以对眼前的具体事实做出充分的阐释。即便在物理学范畴内亦是如此，而在生物科学领域之中，这一问题则显得尤为紧迫。因此，为了深入理解现代科学思想的难题及其对现代世界所产生的影响，我们需要在思维层面构建起对更为广阔抽象领域的某些认知概念，一种更为契合我们直观经验完整性的具体分析方式。 67 这种分析应当为物质与精神的概念寻觅到恰当的定位，将其作为诠释我们诸多物理经验的抽象范畴。正是在追寻这一科学思想的更为宽泛基础的进程中，贝克莱那重要的价值得以彰显。他在牛顿与洛克的学派完成其理论构建工作后不久便发起了批判，精准地指出了他们所遗留的薄弱环节。我并不打算探讨从他那里衍生出的主观唯心主义，抑或是分别源自休谟与康德所发展起来的各类学派。我的核心观点在于——无论诸位最终接纳何种形而上学理论——在贝克莱的思想体系之中蕴藏着另一条发展脉络，其指向正是我们正在探寻的分析路径。贝克莱对其有所忽视，部分缘由在于哲学家们过度的理性主义倾向，部分则是由于他急于诉诸一种以神之心灵为基础的客观唯心主义。诸位或许尚能忆起，我已经提及问题的关键核心在于"简单位置"这一概念。实际上，贝克莱已经对这一概念展开了批判。他亦提出了一个极具深度的问题：我们所谓的"事物在自然界中得以实现"究竟意味着什么？

在《人类知识原理》第23节和第24节之中，贝克莱针对这一问题给出了他的答案。我将援引这些章节中的部分语句摘录：

第23节：然而，你声称，对我而言，没有什么比去想象树木，譬如说，想象公园中的树木，又或是想象存在于无人瞧见的书柜里的书籍更为简易之事，且无人能够感知到它们。我回应道这并非难事；但请允许我追问，这一切究竟所为何物？不过是你在脑海中构建出了你命名为'书'和'树木'的某些观念，与此同时，略去了任何可能感知它们的人的观念罢了……

当我们竭力去构想外部物体的存在时，我们实则始终仅仅是在思索我们自身的观念。而心灵在未察觉其自身的情形下，错误地认为它能够并且确实在构想某些未经思考或不在心灵中的物体，尽管它们在同一时刻却被心灵所感知或存在于心灵之中……

第24节：只需对我们的思想稍加探究，便能极为清晰地知晓，我们是否有可能理解所谓的感觉客体在其自身之中或在心灵之外的绝对存在。于我而言，显 68 而易见的是，这些言辞要么象征着直接的矛盾，要么便毫无意义……

再者，在贝克莱的《阿尔西弗龙的第四对话》的第10节里存在一段极为引人注目的文字。我曾在《自然知识原理探究》中更为详尽地引用过它：

尤弗拉诺："阿尔西弗龙，请你告诉我，你能不能辨认出那座城堡的门窗与城垛呢？"

阿尔西弗龙："我无法辨认。从这么远的距离看，它似乎只是一个小圆塔。"

尤弗拉诺："但我曾去过那里，我知道它并不是一个小圆塔，而是一座带有城垛与炮塔的大型方形建筑，而这些似乎是你所无法看见的。"

阿尔西弗龙："你想要由此推导出什么呢？"

尤弗拉诺："我想要推导出你凭借视觉严格且恰当地感知到的那个物体并非是数英里之外的那个事物。"

阿尔西弗龙："为什么会这样？"

尤弗拉诺："因为一个小型的圆形物体乃是一回

事，而一个大型的方形物体则是另一回事。难道不是这样吗？……"

随后在对话中列举了一些有关行星与云彩的类似实例，而此段对话最终以如下言辞收尾：

> 尤弗拉诺："因此，您在这里看见的城堡、行星或云彩，并不是您所认定存在于远处的那些真实的事物，这一点难道还不清楚吗？"

在先前已引用的第一段内容里清晰地表明，贝克莱本人采纳了一种极为极端的唯心主义阐释路径。在他的观念里，心灵乃是唯一的绝对实在，而自然的统一性存在于上帝心灵中的观念统一性之中。就我个人的见解而言，我觉得贝克莱针对形而上学问题所提出的解决方案，引发了诸多难题，其棘手程度并不亚于他对科学体系的实在论解释的批判所揭示出的那些困境。然而，另一种可行的思考脉络能够使我们暂时秉持一种暂时的实在论态度，并以有益于科学发展的方式拓展科学体系。

我再次援引弗朗西斯·培根《自然史》中的一段论述，此段文字已在上一讲中引用过：

> 可以确凿无疑地认定，所有的物体，尽管它们并不具备感觉能力，但却都拥有感知力；……无论物体

是处于变化之中还是致使其他物体发生变化，感知永 69
远先行于行动；否则，所有的物体将会彼此相同……

在上一讲中，我将培根所运用的"感知"一词诠释为
对所感知事物的本质特性的知晓与领会，而把"感觉"解
释为认知活动。我们确实会注意到那些在当时并未被明确
认知的事物，甚至能够对这种关注产生认知性的记忆，即
便在当时并未伴有同时性的认知。此外，正如培根所指
明的那样，"……否则，所有的物体将会彼此相同"，显
然我们所关注的是其本质特性中的某些要素，也就是构
成事物多样性的基础所在，而非仅仅局限于单纯的逻辑
差异。

在我们的日常用语运用中，"感知"这一词已经深度融
入认知性领悟的概念范畴。同样地，即便省略了"认知"
这一形容词，"领悟"一词也带有此种含义。为了对这一概
念加以区分，我将运用"摄入"一词来指代非认知性的领
悟。我的意思是，这种领悟有可能是认知性的，亦有可能
并非如此。此刻来审视尤弗拉诺最后的评论：

因此，您在这里看见的城堡、行星或云彩，并不
是您所认定存在于远处的那些真实的事物，这一点难
道还不清楚吗？

由此可见，这里存在着一个"摄入"①，即在此处对于与其他地方相关联的事物的摄入。

现在，我们回到贝克莱《人类知识原理》中的语句。他主张，构成自然实体之实现的乃是心灵统一体中的被感知状态。

我们能够替换这样的概念：实现就是将事物汇聚为摄入的统一体，而所实现的并非这些事物自身，而是这个摄入。这种摄入的统一体将自身界定为"此地此时"，而被如此聚集于这一感知统一体的事物则不可避免地与其他空间和时间存在本质性的关联。对于贝克莱的"心灵"概念，我采用"摄入性统一过程"予以替代。要领会自然事件逐步实现的这一概念，需要对其进行大幅度的拓展，并直面其在具体经验中的实际内涵。这将是后续讲座的任务。首先需要注意的是，"简单位置"的概念已然不复存在。此刻被统一感知的事物，并非仅仅是城堡、云朵、行星本身，而是从这一摄入性统一的空间和时间视域来看，所感知到的城堡、云朵、行星。换言之，所感知到的是从此处的统一体视域所看到的"那边的城堡"的视域。因此，所感知到的，是被聚合在此处的城堡、云朵和行星的某种"方

70

---

① 译者注：摄入（prehension）是怀特海哲学中创造的一个特有术语，是指现实存在 B 在自我生成过程中对它由产生而来的现实存在 A 中的材料的吸纳。国内学者有的译之为"包容"，有的译之为"摄受"。我们认为这一吸纳过程是能动的"抓取"活动，而不是被动的"接受"活动，所以译之为"摄入"。对"摄入"概念的详细讨论，请参看《过程与实在》。

面"。这种"视域"的概念在哲学领域中是颇为常见的。莱布尼茨在其单子理论中引入了此类观点，认为单子是宇宙的视域镜像。我在此处采用相似的概念，不过我将他的"单子"弱化为时空中的统一事件。在某种程度上，这与斯宾诺莎的"模式"有着更多的相似之处；因此我采用了模式和模态概念。在与斯宾诺莎的类比中，他的唯一"实体"在我看来是独一无二的实现活动，通过多种模式彼此交织、个性化地展现自身。因此，具体的事实即是过程，它的主要分析是摄入的底层活动以及实现的摄入事件。每个事件都是一种从底层活动个性化中产生的具体事实，但这种个性化并不意味着实质上的独立性。

我们在感官知觉中所觉察到的实体①，实则为我们知觉行为的最终指向。我将这类实体命名为"感觉客体"。例如，某一特定色调的绿色便属于感觉客体；具备特定音质与音调的声音亦是如此；一种特定的气味以及一种特定的触觉特质同样位列其中。在特定的时间节点上，此类实体与空间之间的关系极为错综复杂。我将这种感觉客体描"浸入"了时空。② 对于感觉客体的认知性知觉，便是觉察到多种模式下众多感觉客体的摄入性统一（统一到 A 的视域），包括所讨论的该感觉客体自身。当然，视域 A 是时空

① 译者注：这里的"实体"是指一般意义上的事物，不是亚里士多德意义上的实体。

② 译者注："浸入"（ingression）是怀特海特意使用的一个概念，特指感觉客体与时空是融为一体的，二者是不可分割的。

中的一个区域，也就是说，它是在某段时间内所占据的空间体积。然而，作为一种实体，这个视域是已经实现了的经验单元。A 处的感觉客体的模式（从其与 A 的关系中抽象出来的该感觉客体的模式）便是从 A 对另一区域 B 的视域。因此，感觉客体在 A 中是以位于 B 中的模式而出现的。例如，假定绿色是我们所探讨的感觉客体，绿色并非仅仅存在于 A（被感知的所在之处）中，亦非简单地存在于 B（被感知到的具体位置）中，而是以位于 B 的模式在 A 中得71 以呈现。这并非特别难以理解。只需观察一下镜子中位于你身后绿色叶子的影像便可明了。你处于 A 位置之上，能够看到绿色；但此绿色并非仅仅在你所在的 A 位置上的简单存在。A 位置上的绿色是以位于镜子里叶子影像为模式的绿色。随后当你转身看向叶子时，你此刻感知绿色的方式与之前相同，只是当下绿色的定位模式变为了实际的叶子。我仅仅是在如实描述我们所感知到的内容：我们能够意识到绿色是感觉客体摄入性统一中的一个组成元素；每一个感觉客体，包括绿色在内，都具备其特定的模式，而这种模式能够被表述为在其他地方的定位。存在多种类型的模态位置。例如，声音具有一定的体积，它能够充满整个大厅，有时分散的颜色亦会呈现出类似的情形。但颜色的模态位置可能是体积的远端边界，诸如房间墙壁上颜色所处的位置。因此，时空首先是感觉客体模态浸入的场域。这便是为何空间和时间（为了便于阐述，我们将它们分别看待）会在其整体性中予以呈现。每个空间体积，或者每个时间间隔，都涵盖了所有空间体积或者所有时间间隔的各个方面。在哲学领域中，关于空间和时间所产生的诸多困难，皆源于将它们错误地视作简单位置的场所。知觉实质上是对摄入性统一的认知；更为简洁地表述，知觉即是对摄入的认知。现实世界是摄入的多样性集合；而"摄入"属于一种"摄入事件"；摄入事件则是最为具体的有限实体，被设想为其本质存在于其自身之中且为了其自身，而非从另一事件的本质中所看到的表象。可以说，摄入性统一或许在其体积 A 中具备简单位置，但这不过是一种重复的表述而已。因为空间和时间仅仅是从摄入性统一的总体中相互模式化所衍生出的抽象概念。所以，摄入在体积 A 中具有简单位置的方式，就如同人的面部与微笑之间的契合关系一般。就我们目前所知晓的情况而言，说感知行为具有简单位置更具合理性，因为它能够被设想为仅仅存在于认知的摄入之中。

自然界中所涉及的实体范畴远非我们当下所探讨的感觉客体所能涵盖的。然而，在考虑到从更为全面的视野出发所需进行的修正之后，我们就能对贝克莱有关自然实在性的问题予以回应。贝克莱主张自然的实在性体现于心灵中的观念。一种完备的形而上学体系，倘若能够对心灵与观念形成某种深入的理解，或许最终会接纳这一观点。但在本系列讲座中，并无必要去提出如此根本性的问题。我们能够满足于一种暂时的实在论立场，在此立场下，自然被视作一系列摄入性统一的复合体。空间与时间展现了这

72

些摄入相互交织关联的总体框架。你无法将其中任何一个从其所处背景中单独剥离出来。然而，每一个处于其背景中的摄入，均具备与整个复合体相关联的全部实在性。反之，总体亦拥有与每个摄入同等的实在性，因为每个摄入均从其自身立场统一了应归因于整体各个部分的模态。摄入乃是统一化的过程。因此，自然是一个不断拓展的发展过程，必然地要从一个摄入转变为另一个摄入。每一个已经达成的事物都将会被超越，然而它亦会被保持，因其某些方面依旧会呈现于后续的摄入之中。

因此，自然是一个持续演变的过程的结构。实在即是过程。询问红色是否真实是毫无意义的。红色是实现过程中的构成要素。自然界的实在性即是自然界中的摄入，换言之，即是自然界中的事件。

既然我们已经清除了空间与时间是简单位置这一瑕疵，我们便能够部分地舍弃"摄入"这一略显笨拙的术语。我们引入该术语原本是为了表征事件的本质统一性，即事件作为一个实体，而非简单的部分或成分的集合。必须明确的是，时空仅仅是将这些集合整合为统一体的体系。但是，事件一词恰好能够指代一个这样的时空统一体。因此，它能够被用于替代"摄入"这一术语，用以表示被摄入的事物。

一个事件会伴有与之同时发生的其他事件。这意味着一个事件能够在自身之中映照出同时存在的事物的模式，以此作为即时达成成果的展现。一个事件还关联着过去。这表明一个事件会在自身之中反映出其先前事件的模式，就如同融入其自身内容的记忆一般。一个事件亦关乎未来。这意味着一个事件能够在自身之中折射出未来投射回当下的某些方面，换言之，当下决定着相关的未来。因此，事件具有预示作用： 73

> 广袤世界无边际，
>
> 先知梦魂萦来日。

这些结论对于任何形式的实在论而言均是不可或缺的，因为在我们所认知的世界里，既有对过往的记忆，也有对现实的即时领会，还有对未来事物的预示。

在这一相较于科学思想体系更为具体的分析概要之中，我以我们自身的心理领域作为起始点，将其视作我们认知的基础。我接纳其所宣称的，即我们身体事件的自我知识。我所指的是整体的身体事件，而非针对身体细节的审视。这种自我知识揭示了超越自身的实体的模式化存在所达成的摄入性统一。我运用了一个普遍的原则，即这个总体的身体事件与所有其他事件处于相同的层面，只不过其固有的模式在复杂性与稳定性方面表现得更为显著而已。唯物主义机械论的优势在于其要求在对自然的阐释过程中避免引入任意的断裂，以此来弥补解释的不足。我认可这一原则。然而，倘若从我们心理经验的直接事实出发，正如经验主义者理应如此行事那般，那么我们将会即刻被引向一种有机的自然观，这种观念在本次讲座中已初步展开描述。

18 世纪的科学体系存在着明显的缺陷，其未能涵盖构成人类直接心理经验的任何要素，亦未能呈现出有机整体统一性的哪怕一丝初步迹象，从而无法对电子、质子、分子以及生物体的有机统一性究竟是如何构建而成的做出解释。依照这一体系，在自然之中找不到任何缘由能够解释物质各部分之间为何会存在物理性的关联。尽管我们无法奢望能够洞悉自然法则的必然性，然而我们能够期望见证自然秩序的必要性。自然秩序的概念与自然作为发展中的有机体的存在场所这一概念紧密相连、不可分割。

注释：

笛卡尔在《关于对〈沉思录〉诸反驳的答复》中的一句话对本章后面的部分很有意义："因此，太阳的观念将会在心灵中以客体的形式存在，并非如同其在天空中那般真实地存在，而是以物体通常在心灵中所存在的方式而存在；这种存在方式确实比事物在心灵之外存在的方式要低级许多，但它也并非因此而全然是虚无的，正如我之前所阐述的那样。"（可参考《对诸反驳的答复》，哈登与罗斯翻译，第 2 卷，第 10 页）。我个人同意笛卡尔的这一观念，但我发现，这一理论很难与笛卡尔哲学的其他部分相协调。

74

第五章
浪漫主义的回应

在上次讲座中，我阐述了前一代传承下来的科学概念体系，这一体系既狭隘又高效，对 18 世纪产生了深远的影响。这一体系脱胎于一种与奥古斯丁神学极为契合的思想状态。新教加尔文主义和天主教詹森主义①将人类刻画成在与不可抗拒的恩典协作时无能为力的形象；而那时的科学体系以人类在与不可抗拒的自然机制协同合作时的无助境地为特征。上帝的机制与物质的机制乃是有限形而上学和清晰逻辑思维所孕育出的奇特产物。再者，17 世纪涌现出了非凡的天才人物，他们成功地厘清了混乱的思维。18 世纪则持续以冷峻高效的方式推进这一清理进程。科学体系相较于神学体系延续的时间更为长久。人类很快便对不可

---

① 译者注：天主教詹森主义（Jansenism）是 17 世纪在法国兴起的一种宗教思潮，主要由神学家詹森（Cornelius Jansen，1585—1683 年）提出。詹森主义的核心思想受奥古斯丁主义影响，强调人的堕落、恩典的必要性以及神的主权。

抗拒的恩典丧失了兴趣，然而却对科学所赋予的卓越工程能力表现出了极高的赞赏之情。同样地，在 18 世纪的前四分之一时段，乔治·贝克莱针对整个体系的根基发起了哲学层面的批判，可惜未能撼动当时的主导思潮。在我上次的讲座里，我铺陈了一条并行的论证脉络，这将引领我们构建起一种以有机体概念为基石，而非以物质概念为核心的自然体系。在本次讲座中，我首先打算探究经过教育熏陶的人类具体思想是怎样看待这种机械论与有机论之间的对立关系的。人类具体的世界观是通过文学作品来展现的。因此，倘若我们期望深入了解一代人内心深处的思想，就必须将目光聚焦于文学领域，尤其是文学中更具具象化特征的形式，即诗歌与戏剧。

我们不久便会察觉，西方民族在宏大的规模层面上呈现出通常被视作更具中国人特色的特点。人们常常会对中国人能同时信奉两种宗教感到诧异，譬如在特定场合是儒家信徒，而于其他场合则皈依佛教。中国人是否真的如此，我并不清楚；即便存在这种情形，这两种态度是否确实相互抵触，我亦无从判定。然而，毋庸置疑的是，类似的状况在西方切实存在，并且所涉及的两种态度确实是相互矛盾的。科学实在论以机械论为根基，与此同时，又对人类和高等动物由自我决断的有机体所构成这一观点秉持坚定不移的信念。这种根本性的矛盾构成了现代思想中迟疑不决、游移不定的根源之一。若声称它彻底扰乱了思想，那或许有些言过其实。但它的确因潜在的矛盾而致使思想的力量有所削弱。毕竟，中世纪的人们是在追寻一种我们几乎已然忘却存在的卓越之道。他们将达成理解的和谐奉为理想，而我们却满足于起始于各不相同的随意起点所构建的表面秩序。例如，欧洲民族凭借个体能量所推进的事业预先假定了指向最终目标的物理行为。然而，其发展所依托的科学建立在一种宣称物理因果关系至上的哲学之上，而这种哲学将物理因果关系与最终目的相互剥离。此处所涉及的绝对矛盾并不受人欢迎，亦鲜少被提及。然而，无论运用何种言辞加以掩饰，它依旧是确凿无疑的事实。当然，在18世纪我们能够看到帕利①的著名论断，即机械装置预先假定了一个作为自然的作者的上帝。然而，在帕利给出这一论断的最终形式之前，休谟已经提出了反驳：你所探寻到的上帝将会是那样一位存在，他正是造就这种机械装置的主体。换言之，机械装置至多只能预先假定一位机械师，并且不仅仅是一位机械师，而且还是该机械装置的特定机械师。化解机械性的唯一途径是察觉到它实际上并非真正的机械。

当我们告别护教神学，转向普通文学时，会发现正如我们所料想的那般，科学的观点常常被轻易地略过。就 77 绝大多数文学作品而言，科学仿佛从未被提及。直至近期，

---

① 译者注：威廉·帕利（William Paley，1743—1805年）是一位英国圣公会牧师、基督教护教学家、哲学家和功利主义者。他最著名的贡献是他在《自然神学或论证神的存在与属性的证据》一书中提出的神学目的论，即对上帝存在的目的论论证。在这本书中，他使用了著名的"钟表匠类比"，即认为像钟表这样复杂的设计暗示其背后有设计者，从而以此类推出宇宙的存在也暗示着有一个伟大的设计者——上帝的存在。

几乎所有的作家都沉醉于古典文学与文艺复兴文学的世界里。在很大程度上，他们对哲学和科学缺乏兴致，而且他们所接受的思维训练致使他们对这些领域有所忽视。

这一宽泛的论断当然存在例外。况且，即便我们将范围限定于英国文学，这些例外也涵盖了一些极为伟大的名字；此外，科学所产生的间接影响亦是颇为可观的。

现代思想中这种分裂所导致的不一致性，能够通过对一些具有教诲意义的英国文学里的伟大严肃诗篇加以探究而略见端倪。这些相关的诗作包含弥尔顿的《失乐园》①、蒲柏的《人论》②、华兹华斯③的《漫游》以及丁

---

① 译者注：约翰·弥尔顿（John Milton，1608—1674 年）是英国文艺复兴时期最为重要的诗人与作家之一，其以史诗《失乐园》而声名远扬。弥尔顿在英语文学中占据着极高的地位，被视作莎士比亚之后最为卓越的英语诗人。

② 译者注：亚历山大·蒲柏（Alexander Pope，1688—1744 年）是英国 18 世纪极为著名的诗人之一，以讽刺诗与机智巧妙的诗歌风格而闻名遐迩。他的作品在英国文学史上占据着举足轻重的地位，彰显了新古典主义文学的巅峰水准。他的哲理诗《人论》对人类在宇宙中的位置与命运展开了探索，体现了他的理性主义思想。

③ 译者注：威廉·华兹华斯（William Wordsworth，1770—1850 年）是英国浪漫主义文学的代表性诗人之一，亦是英国文学史上至关重要的诗人之一。他的作品着重强调自然与人类心灵之间的紧密联系，深刻地影响了浪漫主义文学的发展进程。华兹华斯的诗歌倡导自然是心灵的治愈良药，认为大自然能激发人们内心深处的崇高情感与精神觉醒。他的作品满溢对乡村生活的赞誉之词，反映了浪漫主义文学对工业化与城市化的深刻反思。《漫游》，又被称作《咏水仙》，是他最为著名的抒情诗之一。这首诗创作于 1804 年，初次发表于 1807 年的诗集中，描绘了诗人漫步于大自然时目睹一片金色水仙花的美妙情景，饱含着对自然美景的赞美与欣赏之情。

尼生①的《悼念》。弥尔顿虽于复辟时期②进行创作，却代表了他所处世纪早期的神学观念，未受科学唯物主义的侵蚀。蒲柏的诗作反映了在科学运动初获胜利的六十年间对大众思想所产生的影响。华兹华斯则凭借其整个创作历程彰显出对 18 世纪心态的自觉抵制。这种心态不过是对科学思想表面价值的全盘接纳。华兹华斯并不为任何智识层面的对立所困扰，真正感动他的乃是道德层面的反感。他察觉到某些事物被漠视了，而被忽视的部分恰恰是最为重要的。丁尼生则代表了 19 世纪第二个二十五年里浪漫主义运动渐趋式微时与科学谋求和解的尝试。在这一时期，现代思想中的两大要素，因对自然进程与人类生命的不同阐释，逐渐显露出它们的根本性分歧。在《悼念》这部作品中，丁尼生成为这种内在分裂的典型代表。他所直面的是两种世界的对立愿景，这两种愿景凭借着不可回避的最终直觉，都令他无法予以否认。丁尼生直击问题的核心——正是机械主义的问题令他深感震惊：

---

①　译者注：阿尔弗雷德·丁尼生（Alfred Tennyson，1809—1892 年）是英国维多利亚时代最为关键的诗人之一，曾荣膺英国的桂冠诗人，以其丰富多样的抒情诗与叙事诗而著称于世。丁尼生的长篇抒情诗集《悼念》为纪念挚友亚瑟·哈勒姆而创作，深入探讨了生死、悲痛与信仰等主题。它不仅抒发了丁尼生对个人失落的深切感受，亦反映了维多利亚时代对科学进步与宗教信仰之间矛盾的深沉思索。

②　译者注：英国历史上的复辟时期是指 1660 年至 1688 年这一阶段，查理二世（Charles Ⅱ）重新登上英格兰、苏格兰和爱尔兰王位的历史时期。该时期起始于 1660 年查理二世被邀请回国恢复君主制，终结于 1688 年的"光荣革命"，詹姆斯二世被推翻。弥尔顿的《失乐园》创作完成于 1666 年，出版于 1667 年，正值查理二世复辟时期。

伊人轻声语，群星盲目行。①

78   这一行诗句简洁而精准地揭示出诗中所潜藏的哲学问题：每个分子都处于盲目无序的运动状态。人体乃是由分子所构成，如此一来，人体亦会盲目地运动，从而对于身体的行为便不可能存在个体责任。倘若你认同分子的状态是既定的，且这种既定状态独立于整个身体有机体的任何理性决策之外；并且倘若你进一步认可这种盲目运动是由一般机械规律所决定的，那么这一结论便无可逃避。然而，心理经验源自身体的行为，自然也涵盖其内部行为。因此，心灵的唯一功能便是至少让其部分经验被身体所决定，同时增添一些或许独立于身体内外运动的其他经验。

因此，针对心灵存在两种可能的理论：要么否定心灵能为自身提供除身体所给予的经验之外的任何其他经验；要么承认这种可能性。

倘若你拒绝承认额外的经验，那么所有的个体道德责任将会被彻底抹去。但是，倘若你承认它们，那么人类或许仅须对自己内心的状态负责，而无须对自己身体的行为负责。现代思想的式微在丁尼生诗歌对这一显著问题的回避之中得以彰显。仿佛有某种隐匿于背景深处的事物，恰

———————

①　译者注：这句话出自丁尼生的《悼念》，它反映了丁尼生对宇宙运行的冷漠与机械化的感受。在当时的科学观点中，世界被视为一个机械运作的系统，没有目标或意识，仿佛群星在无情地遵循物理定律。丁尼生通过这句话表达了他对宇宙中无目的运转的恐惧和困惑。这也是他在诗中所面对的那个庞大的问题：生命的意义与自然界的无情机制之间的冲突。

似"柜中的骷髅"。他几乎触及了所有的宗教与科学问题，唯独对这个问题只是小心翼翼地一笔带过。

在这首诗创作的时期，这一问题正被人们广泛地争论。约翰·斯图亚特·穆勒①坚守他的决定论学说。在该学说中，意志受动机所左右，而动机能够借助前置条件予以表述，这些条件既包括内心状态，也包括身体状态。

显然，这一学说并未化解彻底的机械论所引发的两难困境。因为若意志能够对身体的状态产生影响，那么身体内的分子便并非盲目运行；而若意志无法影响身体的状态，那么心灵依旧深陷于令人困扰的境地。

穆勒的学说通常被广泛接纳，尤其在科学界，似乎它在某种程度上许可人们接纳极端的唯物主义机械论学说，同时又能缓和其令人难以置信的后果。但实则并非如此。要么身体的分子盲目运行，要么并非如此。若它们的确盲目运行，那么在探讨身体行为时，心理状态便无关紧要。

我简要明晰地阐述这些论点，是因为实际上这个问题极为单纯。冗长的讨论只会混淆视听。关于分子的形而上学地位的问题并不具有关联性。声称它们仅仅是公式，这与论证毫无瓜葛，因为我们假定这些公式是具有意义的。

---

① 译者注：约翰·斯图亚特·穆勒（John Stuart Mill）是 19 世纪英国著名的哲学家、经济学家和政治理论家。在逻辑学上，他强调通过归纳法来获取知识，其著作《逻辑体系》详细阐述了如何从个别事例中归纳出普遍规律。在伦理学上，他继承和发展了边沁的功利主义思想，提出更高层次的"精神快乐"优于单纯的"感官快乐"，比如欣赏艺术带来的快乐要高于简单的口腹之乐。

若它们毫无意义，那么整个机械论亦无意义，问题便不复存在。但倘若这些公式有意义，论证便恰好适用于它们所意指的内容。传统上回避难题的方式——除了单纯地忽视它——便是诉诸如今所谓的"活力论"。这一学说实际上是一种妥协。它准许机械的机制在所有无生命的自然中肆意运作，并认为这种机械的机制在生命体内有所缓和。我认为这一理论是难以令人满意的妥协。生物与无生命物质之间的界限太过模糊不清，且疑窦丛生，无法支撑这种随意的假设，而这种假设在某处引入了一种本质性的二元论。

我所秉持的学说是，一切唯物主义概念只能适用于逻辑思辨所产生的极为抽象的实体。而持续的具体实体乃是有机体，因而整体的规划会对融入其中的各个次级有机体的特征产生影响。以动物为例，心理状态融入了整个有机体的规划之中，并由此改变了后续的次级有机体的规划，直至抵达最小的有机体，诸如电子。所以，活体内的电子与活体外的电子存在着差异，缘由便在于身体的整体规划。电子无论在体内还是体外均盲目地运行；但它在体内运行时，是依据其在体内的特性运行的，换言之，是依据身体的整体规划运行的，而这一规划涵盖了心理状态。但这种修正原则在自然界中是普遍适用的，并非活体所特有的属性。在后续的讲座中，我将会阐释这一学说涉及摒弃传统的科学唯物主义，并代之以有机体学说。

80 我不打算探讨穆勒的决定论，因为它不在这些讲座所讨论的范畴之内。之前的讨论是为了保证无论是决定论还是自由意志，都能在不受物质机制理论带来的难题或活力论妥协干扰的情况下，具备一定的相关性。我把这些讲座所涉及的理论称作有机的机械论。在该理论中，分子或许会依照一般规律盲目地运行，但由于受到其所处环境中的总体有机规划的影响，分子的内在特性是存在差异的。

科学唯物主义的机械论与生活具体事务中预设的道德直觉之间的差异，其真正的重要性是随着时间的推移，在世纪更迭中才逐渐地凸显出来的。前文提及的那些诗歌所属的各个时代的不同风格，在它们的开篇段落中就得到了恰当的体现。弥尔顿在序言的结尾处进行了祈祷：

> 立言述高论，愿能明神意。
> 上帝御凡人，其道由此宣。

从许多现代作家对弥尔顿的评价来看，我们可能会误以为《失乐园》和《复乐园》只是弥尔顿在无韵诗方面进行的一系列创作尝试；但这绝非弥尔顿对自己作品的看法。他的主要目的是"向人类证明上帝之道"。他在《武士参孙》一书中再次强调了这一理念：

> 神道何其公，
> 御人何其平。

我们可以察觉到，这种自信的语调是如此笃定，丝毫没有受到即将汹涌而至的科学浪潮的影响。《失乐园》实际的出版时间刚好在它所代表的时代之后，宛若即将消逝的、充满宁静与确定性的世界的最后绝唱。

将蒲柏的《人论》与《失乐园》进行对比，将会展现出在弥尔顿所处时代与蒲柏所处时代相隔的五、六十年间，英国思想基调所发生的变化。弥尔顿的诗是献给上帝的，而蒲柏的诗是献给博林布鲁克勋爵的：

> 圣约翰大梦速速醒！摒弃人间卑鄙事。
>
> 睥睨帝王傲岸心，浮生糊口终其世。
>
> 纵观世间万象事，纷纭繁杂却有序！

我们不妨把蒲柏那满满的自信诗句"纷纭繁杂却有序"和弥尔顿的"神道何其公，御人何其平"对比一下。然而，值得重点关注的是，蒲柏与弥尔顿皆未受到困扰现代世界的巨大困惑的煎熬。弥尔顿所遵循的思路聚焦于上帝与人类的交往方式。历经两代人之后，我们发现蒲柏同样自信满满，认为现代科学的启蒙方法能够提供可作为这个"宏大迷宫"之地图的规划。

华兹华斯的《远游》是同一主题下的又一首英文诗。其散文式序言表明，它是一部更大规划的片段，这部规划被描述为"一首蕴含着人、自然和社会观点的哲理诗"。该诗的开篇颇具特色：

夏日炎炎，赤日高悬。

因此，这种浪漫主义①的反应并非始于上帝，亦非始于博林布鲁克勋爵，而是源于自然界。在此，我们能够看到对整个 18 世纪氛围的自觉反抗。18 世纪借助科学的抽象分析方法来研究自然，而华兹华斯则以其全面且具体的经验来抗衡科学的抽象化。

《漫游》与丁尼生的《悼念集》之间相隔了整整一个宗教复兴与科学进步的时代。早期的诗人通过对困惑的忽视来化解问题，但这种方式对丁尼生而言已不再适用。于是，他的诗作以如下语句开篇：

坚强神之子，垂爱不朽世。

我躬未曾亲，诚信得神庇。

凡尘不见处，信德奉天旨。

我们立刻就能听出诗中的困惑音符。与此前的任何时期不同，19 世纪是一个充满困惑的世纪。在早期时代，尽管存在对立阵营，且在他们所认为的根本性问题上进行着激烈交锋，但除了少数守旧者之外，双方阵营都立场坚定。

---

①　译者注：浪漫主义（Romanticism）是 18 世纪末至 19 世纪初在欧洲兴起的文化、艺术和思想运动。它反对启蒙时代的理性至上理念，着重强调个体的情感、想象力以及对自然的敬畏之情，倡导自由与个人表达，是对工业化、城市化和科学理性的反叛。浪漫主义在文学、艺术、音乐和哲学等诸多领域都产生了深远影响。

丁尼生诗歌的重要意义在于其精准地呈现了那个时代的特征。每个个体的内心都处于分裂状态。在早期，深刻的思想家往往也是思维清晰的思想家——笛卡尔、斯宾诺莎、洛克、莱布尼兹。他们十分明确自己想要表达的内容，并且能够清晰地表述出来。然而在 19 世纪，一些最为深邃的神学家和哲学家却思维混乱。他们的认知被相互矛盾的理论所充斥，而他们试图进行调和的努力不可避免地导致了混乱局面。

马修·阿诺德①比丁尼生更能体现这种作为 19 世纪典型特征的个体困惑情绪。相较于《悼念集》，可参考阿诺德《多佛海滩》结尾的诗句：

> 幽暗大平原，三军搏斗激。
> 心怀萦恐惧，夜战正犹酣。

卡尔迪纳尔·纽曼在其《为生命辩护》中提及，伟大的英国教会人士普西②的特点是："他未受到任何智力困惑的叨扰。"在这一点上，普西与弥尔顿、蒲柏和华兹华斯形

---

① 译者注：马修·阿诺德（Matthew Arnold，1822—1888 年）是 19 世纪英国著名的诗人、文化评论家和教育家。他不仅以诗歌闻名，还因其对文化、社会和宗教问题的深刻剖析在维多利亚时代的知识界占据重要地位。阿诺德的作品融合了诗歌的美学追求与对社会问题的思考，特别是他在教育和文化批判方面的贡献，使其成为当时重要的思想家之一。

② 译者注：爱德华·布瓦维·普西（Edward Bouverie Pusey，1800—1882 年）是英国的教士和神学家，牛津运动的著名人物，该运动旨在改革英格兰教会并恢复其天主教传统。

成了对比，而与丁尼生、克拉夫①和纽曼本人则形成了强烈的反差。

就英国文学而论，我们发现，诚如所预期的那般，对科学思想最为引人入胜的批判源自伴随并继法国大革命之后兴起的浪漫主义思潮的领军人物。在英国文学中，此学派中思想最为深邃者当属柯勒律治②、华兹华斯以及雪莱。济慈③则是未受科学影响的文学范例。我们可暂且忽略柯尔律治在明确哲学表述方面的尝试。尽管在其所处时代颇具影响力，然而在本系列讲座中，我的意图仅在于提及过往思想里那些具有永恒价值的要素。即便在如此限制之下，亦只能有所取舍。就我们的目的而言，柯尔律治仅仅因其对华兹华斯产生的影响而具备重要性。因此，华兹华斯与雪莱仍将是我们关注的焦点。

华兹华斯对大自然怀有炽热且痴迷的情感。曾有人说斯宾诺莎沉醉于上帝；同样，亦可以说华兹华斯沉醉于大自然。不过，他乃是一位审慎、饱读诗书且对哲学饶有兴

---

① 译者注：亚瑟·休·克劳夫（Arthur Hugh Clough，1819—1861年）是英国的诗人和散文家，因其对维多利亚时代文学的贡献而闻名。他的诗歌富有思考性和反思性，常常探讨信仰、怀疑以及现代生活中的挑战。

② 译者注：塞缪尔·泰勒·柯勒律治（Samuel Taylor Coleridge，1772—1834年）系英国著名的浪漫主义诗人、评论家和哲学家，以其深邃的思想与极富想象力的诗作而声名远扬。他是浪漫主义运动的重要人物之一，曾与威廉·华兹华斯联袂创作了《抒情民谣集》。

③ 译者注：约翰·济慈（John Keats，1795—1821年）是英国诗人，与拜伦、雪莱并称浪漫主义第二代诗人。

致之人，甚至理智到几近平淡。再者，他还是一位天才。他对科学的反感削弱了其论证的说服力。我们全都记得他对那位可怜之人的鄙夷，他曾颇为草率地指责该男子窥探其母之坟墓并观察植物。在其作品中，可援引诸多段落以表达此类反感。在这一方面，其代表性思想可用他的一句话予以概括："我们为解剖而谋杀。"

在后一段落中，华兹华斯揭示了其科学批判的思想根基。他指责科学沉溺于抽象概念。其始终秉持的主题是，自然的关键事实超脱于科学方法之外。因此有必要探究，华兹华斯于自然之中所察觉而未能在科学中得以体现的究竟是什么。我提出此问题乃是着眼于科学自身，因为本系列讲座的一个核心立场乃是抗议那种认为科学的抽象概念是不可修正且恒定不变的观点。显然，华兹华斯并未将无机物置于科学的随意掌控之下，而是聚焦于坚信生物体中存在着科学无法分析的要素。当然，他承认，生物在某种意义上确实与无生命物体存在差异，对此无可置疑。但这并非其核心论点。令其困扰的，乃是山丘那令人沉思的存在。他的主题乃是整个自然，换言之，他专注于周遭事物那神秘的存在感，这种存在感凌驾于我们作为独立个体所设定的任何单一要素之上。他始终将整个自然视为蕴含于特定实例的调性之中。这便是为何他会与水仙花一同欢笑，并在报春花中觅得"难以言表的深邃思想"。

华兹华斯最为杰出的诗作无疑是《前奏曲》的第一卷。此诗洋溢着对自然界那种萦绕心头、挥之不去的存在感的

体悟。一系列气势恢宏的段落表达了这一思想，然而因其
篇幅过长，难以逐字引述。诚然，华兹华斯是一位致力于 84
诗歌创作的诗人，并不会关注枯燥乏味的哲学表述。但他
对自然的感受比任何人都清楚，无人能超越他。他认为，
自然界是由相互交织的摄入统一体组成的，其中每个统一
体都弥漫着其他统一体的模态存在：

> 充乎天，沛乎地，
> 自然之形影，山峦之幻影，幽境之精灵！
> 壮哉造化功，俗念何由生？
> 儿时栖游处，此影未尝去。
> 峦岩林泉间，洞穴绿荫处，
> 惊恐欲念情，均为此影铸。
> 纵情与狂欢，期望与疑惧，
> 大地有此影，狂澜永不住。①

在如此援引华兹华斯之际，我意在着重指出，我们常
常会遗忘现代科学所强加于我们思维之中的自然观是何等
的扭曲与矛盾。华兹华斯凭借其天才卓识，精准地表述了
我们所感知到的具体事实，而这些事实在科学分析的进程
中却遭到了歪曲。难道科学的标准化概念仅仅在极为狭窄
的限度内才具备有效性，且这些限度甚至对于科学自身而

---

① 此诗的汉译转引自〔英〕怀特海：《科学与近代世界》，何钦译，
北京：商务印书馆 2016 年版，第 96 页。

言亦可能显得过于狭窄了吗？

雪莱[1]对科学的态度与华兹华斯形成了鲜明的对照。他对科学满怀热爱之情，其诗作之中不断地传达出受科学启迪而生的观念。对他而言，科学象征着欢乐、宁静与启迪。化学实验室之于雪莱，恰似山丘之于青年时期的华兹华斯那般重要。令人遗憾的是，雪莱的文学批评家在这一方面对雪莱的理解颇为有限。他们往往将雪莱笔下的自然视作偶然出现的怪异现象，而实际上这是他思想体系的核心架构，贯穿于他的整部诗歌创作之中。倘若雪莱诞生于一百年之后，那么20世纪将会见证一位堪与牛顿相媲美的化学家的出现。

为了恰如其分地评估雪莱提供的证据的价值，关键在于要深刻认识到他思维深处对科学概念的深度浸淫。这一点能够借助一首又一首的抒情诗得以阐释。我将仅仅选取其一首诗作，即雪莱的《解放的普罗米修斯》中的第四幕作为例证。在其中，地球与月亮运用精确的科学语言展开对话。物理实验为他的意象塑造提供了指引。例如，地球曾惊叹道：

所化凌霄不可羁！

---

[1] 译者注：珀西·比希·雪莱（Percy Bysshe Shelley，1792—1822年）是英国著名的浪漫主义诗人，以其激情四溢的诗歌、深邃的哲学思想以及崇高的政治理想而闻名遐迩。

　　此乃是科学书籍中所谓"气体膨胀力"的诗意化诠释。我们不妨再来看看关于地球的这一段诗：

> 夜塔矗天立，吾身运转低。
>
> 酣眠销魂呓语喜，好梦少年轻叹息。
>
> 丽质荫身处，光热永相随。[1]

　　这一段诗唯有内心深处有着明确几何图形概念的人方能创作得出——这个图形乃是我时常在数学课上所展示的。作为例证，请特别注意最后一行，它赋予夜晚金字塔周围的光以富有诗意的意象。倘若没有这一图形作为依托，任何人都绝无可能萌生出这样的创作思路。然而整首诗以及其他诗作均弥漫着此类风格。

　　现今，这位与科学心灵相通、深深沉浸于其思想体系之中的诗人，却全然无法领会科学概念中根本的第二性质理论。在雪莱的视野里，大自然依旧保有其美丽与色彩。雪莱眼中的大自然本质上乃是有机的自然，完完全全地融入了我们的感知经验内容之中。我们已然习惯于忽视正统科学理论所蕴含的暗示，因而极难清晰地明确其所引发的批评。倘若真有人能郑重其事地对待这一问题，那这个人必然非雪莱莫属。

　　此外，就自然界中存在的交融性这一方面而言，雪莱

---

　　[1]　此诗的汉译转引自〔英〕怀特海：《科学与近代世界》，何钦译，北京：商务印书馆2016年版，第97页。

与华兹华斯的观点全然一致。以下便是由他所创作的题为
86 《勃朗峰》一诗的开篇诗节：

> 急浪拍心灵，
> 万物长流逝。
> 波涛明灭微芒中，
> 晦暗过处异彩生。
> 奥义从此出，
> 思维如泉蜿林中。
> 古木啸风急，
> 冲波绝壁惊。
> 瀑布倒挂三千丈，
> 咽幽流泉不闻声。

　　雪莱创作的这些诗句显然与某种形式的唯心主义理念
有关联，可能是康德主义的，可能是贝克莱主义的，抑或
是柏拉图主义的。但无论人们如何理解，他在此处确凿无
疑地见证了某种摄入性统一，它构成了自然本身。

　　贝克莱、华兹华斯、雪莱对于抽象的科学唯物主义都
在直觉上坚决地拒绝接受。

　　华兹华斯与雪莱在对自然的处理方式上存在着饶有趣
味的差异，而这恰好引出了我们亟待思考的关键问题。雪
莱将自然视作处于持续变化、不断溶解、持续转化之中的
存在，宛如在仙女的触碰之下变幻莫测。他所描述的树叶

在西风吹拂下翩然飞舞：

犹如幽灵趋避法师咒。

在他的诗作《云》里，水的变化形态充分激发了他的想象力。此诗的主题乃是事物具有的那永不停歇、亘古不变且难以捉摸的变化态势：

我变而不亡。

这是自然的一个侧面，即其难以捉摸的变化特性：这种变化并非仅仅凭借位移便尽可展现的性质，而是其内在特质的变化。这正是雪莱所着重强调的重点之所在，亦即那种不死之物所经历的变化。

华兹华斯诞生于群山环抱之间；这些山丘大多光秃裸露，树木植被稀少，因而在四季更迭之中所呈现的变化极为微小。他被大自然那宏大无垠的恒久性深深地吸引萦绕。对他而言，变化不过是横跨于持续背景之上的一段插曲而已。

海洋寂寞无声响，
静卧赫布里底群岛。①

---

① 译者注：赫布里底群岛（Hebrides）位于苏格兰本土的西面。

　　每一种分析自然的理论体系都需要直面两个事实：变化与持续。此外，还有第三个事实，即永恒。山脉在持续着。然而，当岁月流逝，遭受侵蚀之时，也会逐渐消失。即便有一座与之相似的山重新出现，那它依旧是一座全新的山峰。颜色则是永恒的，它宛如幽灵一般萦绕在时间的长河中。它时隐时现，可每当它显现之时，皆是相同的颜色。它既不会生存，亦不会消亡，只是在需要时便会出现。山脉与时间和空间的关系，同颜色与时间和空间的关系截然不同。在前一讲中，我着重考察了那些在我定义中具备永恒性的事物与时空的关系。在我们进一步探讨那些具有持续性的事物之前，有必要先对这一问题展开深入讨论。

　　我们还需要回顾我们的研究方法的基础所在。我认为，哲学乃是对抽象概念的批判。它的作用是双重的：首先是要通过为抽象概念赋予恰当的相对地位，从而使它们彼此相和谐；其次则是借助于与对宇宙更为具体的直觉进行直接对比，以此来对抽象概念加以补充，进而推动更为完备的思想体系的构建。在这一对比方面，伟大诗人的见证具有极为重要的意义。他们的存在有力地证明了他们能表达人类深入的直觉，且这种直觉能够洞察普遍的具体事实。哲学并非科学中的某一类别，它并不拥有自身专属的、专注于完善与改进的狭小抽象体系。它是对科学的总体性审视，尤其关注科学的和谐性与完整性。它在执行这一任务之时，所凭借的不仅是各个科学所提供的证据，还包括它对具体经验的诉求。它运用具体的事实来检验科学。

19 世纪的文学，尤其是英国的诗歌文学，见证了人类审美直觉与科学机制之间的冲突。雪莱生动形象地展现了感官中的永恒客体①的难以捉摸，它们仿若幽灵般萦绕于根本的有机体的变化进程之中。华兹华斯则堪称大自然的诗人，自然于他而言，乃是永恒存在之所，蕴含着意义深邃的信息。对他来说，永恒客体同样存在于自然之中：

> 海洋或陆地，未曾见此光。

雪莱与华兹华斯都十分有力地证明，自然无法脱离其自身的审美价值；这些价值在某种意义上源自整体对各个部分所施加的深刻影响的逐步累积。因此，我们从诗人那里领悟到这样的学说：自然哲学必须至少对以下六个概念予以关注：变化、价值、永恒客体、持续、机体、融合。

我们可以看到，19 世纪初的文学浪漫主义运动，与一百年前贝克莱的哲学唯心主义运动如出一辙，它们都拒绝被正统科学理论的唯物主义概念所束缚。我们亦知道，当我们在这些讲座中谈到 20 世纪时，将会发现科学本身也

———————

① 译者注："永恒客体"（eternal objects）是怀特海过程哲学中最重要的两个存在范畴之一，又称决定特殊事实的纯潜能和确定性的形式。另一个重要的存在范畴是"现实存在"（actual entities）。在怀特海看来，颜色、事物的形式、数学公式等都属于永恒客体的范畴，现实存在只有通过摄入这些永恒客体才能成为真正的现实存在。

存在着由其内在发展所驱动的、对其概念进行重组的运动。

然而，在我们继续推进之前，必须率先解决一个关键问题，那便是这些观念的重组究竟是在客观主义还是主观主义的基础之上。所谓主观主义基础，是指这样一种信念：我们直接经验的性质乃是由享有经验的主体的感知特性所产生的。换言之，我的意思是，对于这一理论而言，被感知的事物并非一组通常独立于认知行为的事物的局部幻象，而仅仅是认知行为个体特征的一种表达。因此，认知行为的多样性所共有的乃是与之相关的推理过程。尽管我们感知的世界中存在一个共同的思维领域，但并不存在一个可供思考的共同世界。我们所思考的，乃是一个适用于我们每个人的个人经验的共同概念世界。这个概念世界最终将在应用数学的方程式中寻觅到完整的表达。这便是极端的主观主义立场。当然，亦存在一种折中的立场，即认为我们的感知经验的确能够告知我们一个共同的客观世界，但我们所感知到的事物仅仅是这个世界的产物，而非这个共同世界本身的元素。

此外，还有一种客观主义立场。此信条主张，我们凭借感官所感知到的实际元素本身即为共同世界的组成部分；这个世界是事物相互交织而成的复合体，它的确涵盖了我们的认知行为，但又超越了认知行为本身。依据这一观点，我们所经验到的事物应当与我们对其的认知加以区分。在某种程度上，事物为认知创造了条件，而不

是相反。① 但关键在于，我们所经验到的现实事物已经进入
了超越知识却又包含知识的共同世界。中间派的主观主义
者会认为，所经验到的事物只是间接地取决于感知主体，
因此才得以进入共同世界。而客观主义者则坚称，所经验
到的事物与认知主体平等地进入了共同世界。在这些讲座
中，我已概述了我所认为的能够契合科学需求以及人类具
体经验的客观主义哲学的关键要素。除了对任何形式的主
观主义所引发的困难进行详尽批判之外，我对主观主义持
有疑虑的根本原因主要有三点。第一个理由源于对我们感
知经验的直接探究。通过这种探究，我们发觉自己置身于
一个由颜色、声音以及其他感觉客体所构成的世界之中，
这些客体在空间与时间维度上与诸如石头、树木和人类身
体等持续存在的物体相互关联。我们仿佛如同我们所感知
到的其他事物一样，是这个世界的组成部分。然而，主观
主义者，即便是较为温和的折中派主观主义者，也认为这
个世界在上述描述下依赖于我们，这与我们的朴素经验背
道而驰。我认为最终的依据应当是朴素经验，这也正是我
极为重视诗歌证据的缘由。我的观点是，在我们的感觉经
验里，我们能够知晓在我们之外且超越我们个性的事物；
而主观主义者则主张，在这种经验中，我们仅仅是在了解
我们自身的个性。即便是中间派主观主义者也将我们的个

---

① 译者注：从这里的观点看，怀特海所坚持的是列宁所说的从客观
事物到认知的唯物主义反映论路线，而不是从认知到客观事物的唯心主义
先验论路线。其中的黑体字系怀特海所加。

性置于我们所认知的世界与他所认可的共同世界之间。对于他而言，我们所认知的世界是我们的个性在共同世界压力下的内在紧张状态。

我对主观主义不信任的第二个理由基于经验的具体内容。我们的历史知识表明，在过去的时代，至少从我们能够观测到的情况来看，地球上不存在任何生命迹象。它还向我们揭示了无数的星系，其详尽的历史超出了我们的认知范围。即便是考察一下月球与地球，地球内部究竟发生着什么事，月球的背面又正在发生着什么事，我们并不知道！我们的感知使我们推断出，在恒星上、地球内部以及月球的背面必定会有某些事情正在发生。它们还告知我们，在遥远的过去，曾经有诸多事情发生。然而，这些看似确凿无疑所发生过的事情，要么在细节上无从知晓，要么仅仅是通过推理的证据得以重建。面对我们个人经验的这些内容，实在难以相信所经验到的世界是我们自身个性的属性。

我的第三个理由基于行动的本能。正如感性知觉似乎能够提供关于个体之外的知识一样，行动似乎也能激发超越自我的本能。这种活动超越了自我，延伸至已知的超越世界。正是在此处，最终目的显得尤为关键。因为这不仅是受过往经验驱动的活动，它也超越了折中派主观主义者的隐秘世界，是指向已知世界中特定目的的活动；而这种活动超越自我，并且是在已知世界内部展开的。因此，已知的世界超越了感知它的主体。

主观主义立场在那些试图对近期物理科学中的相对论

学说进行哲学阐释的人群中颇为流行。感官世界依赖于个体感知者，这似乎是用以表达其内涵的简便方式。当然，除了那些甘愿将自身视作整个宇宙、孤立于虚无之中的人之外，每个人都期望努力回归到某种客观主义立场。我难以理解在缺乏共同感官世界的情形下，我们如何去构建一个共同的思想世界。我不会对此进行详细的论辩；但在不存在思想的超越或感官世界的超越的情况下，主观主义者很难摆脱自身的孤立处境。折中派主观主义者似乎也无法从其背景中的未知世界获取任何帮助。

实在论与唯心论之间的差异并不等同于客观主义与主观主义之间的区别。实在论者与唯心论者均可秉持客观的立场。他们或许都会认同，感官知觉所揭示的世界是超越个体感知者的共同世界。然而，客观唯心主义者在分析这个世界的实在性时，会发现认知的心灵在每个细节中都会不可分割地参与其中。对此，实在论者予以否认。因此，91 这两类客观主义者在诸多方面存在共识，直至遭遇到形而上学的终极问题时他们才会产生分歧。所以，我在上一讲中提及，我暂时采取了一种暂时的实在论立场。

在过去，客观主义立场曾被错误地解读为必须接纳经典的科学唯物主义学说，尤其是其关于简单位置的理论。这迫使人们接受第二性质与第一性质的区分。于是，第二性质，诸如感觉客体，便会依据主观主义原则来处理。这是一种摇摆不定的立场，极易受到主观主义批判的冲击。

倘若我们要将第二性质纳入共同世界，便务必要对我们的基础概念进行全面而深入的重组。在经验层面，一个显而易见的事实是，我们对于外部世界的感知全然依赖于人体内部所发生的状况。通过对身体施加适宜的刺激，人们几乎能够被诱导去感知或者不去感知任何事物。部分人表现出一种倾向，仿佛身体、大脑与神经是唯一真实存在的实体，而世界其余的一切均是全然虚幻的。换言之，他们以客观主义原则来对待身体，却以主观主义原则来处理世界的其他部分。这种做法是行不通的，尤其是当我们铭记，实验者对于另一个人身体的感知才是作为证据的关键所在。[1]

然而，我们必须承认，身体乃是调节我们对世界认知的有机体。因此，感知领域的统一性必然是身体经验的统一性。在意识到身体经验的同时，我们必须意识到作为身体生命之反映的整个时空世界的各个方面。这便是我在上次讲座中针对此问题所提出的解决方案。此刻我不再赘述，只是提醒诸位，我的理论彻底摒弃了"简单位置是事物与时空发生关联的主要方式"这一观念。从某种意义来说，万事万物在任何时刻、任何地点均存在。因为每一个位置均涉及自身在其他每一个位置的某个方面。因此，每一个时空立场都反映着整个世界。

若你试图凭借我们传统的时空观念来理解这一理论，而这些观念假定了简单的位置关系，那么它看上去会像一

---

[1] 译者注：这一观点非常重要，对于我们深刻认识唯心主义的认识根源有重要启发。

个巨大的悖论。可是，倘若你从我们的朴素经验视域加以思考，它不过是对显而易见的事实所作的简洁记录。你处于某个特定的地方，感知着各类事物。你的感知发生于你所在之处，且完全取决于你的身体如何运作。然而，身体在某一位置的这种运作，展现出了你所认知的遥远环境的一个方面，逐渐地融入对远处事物存在的普遍认知之中。倘若这种认知传递了对一个超越世界的知识，那必定是因为身体生命这一事件在其自身之中统一了宇宙的各个方面。

这一理论与我们在诸如华兹华斯或雪莱这类富有想象力的作家所创作的自然诗歌里所发现的个人经验的生动表述极为契合。事物那种引人沉思、直接呈现的状态，正是华兹华斯所困扰的焦点所在。这一理论所达成的效果是将认知心态从经验统一的必要根基中移除。如今，这种统一性被置于事件的统一性之中。伴随着这种统一，可能存在认知，亦可能不存在认知。

在这一点上，我们回归到了之前借助对华兹华斯或雪莱的诗意洞察所提供的证据而提出的重大问题上。这一单个问题已经扩展为一组问题。究竟什么是持续的事物？它们如何与诸如颜色和形状等永恒客体区分开来？它们是如何成为可能的？它们在宇宙中的地位与意义是什么？问题最终归结为：自然秩序的持续稳定性在宇宙中的地位究竟如何？有一种总结性的回应，它将自然归属于某种隐匿于其背后的更为宏大的实在。在思想的历史长河中，这种实在有着诸多名称，诸如绝对者、梵天、天命、上帝等。对最终形而上学真理的描绘并非本讲座的主旨内容。我的观点是，任何从我们对自然秩序存在的信念径直跳跃到简单地假定存在某种终极实在，并且以某种难以解释的方式求助于它来化解困惑的总结性结论，均构成了理性放弃自身权利的重大缺失。我们必须探究自然是否在其自身的存在之中展现出自我解释的性质。我的意思是，事物本质的陈述或许包含着解释事物为何是这般的要素。这些要素可能会指向我们无法凭借明确的理解所把握的更深层次的领域。从某种意义上讲，所有的解释最终都必然以终极的任意性而告终。我的诉求在于，从我们的表述起始，事实的终极任意性应当揭示出现实的相同一般原则，这些原则是我们隐约察觉到的，延伸至超越我们显性辨识能力的区域。大自然展现出自身作为一种受特定条件影响的生物进化哲学的范例。这些条件的示例涵盖空间的维度、自然的法则以及诸如原子和电子等展示这些法则的确定的持续实体。但是，这些实体的本质，它们的空间性与时间性的本质，应当表明这些条件的任意性是更为广泛的进化的结果，而自然界仅仅是其中的有限模式。

一个在实在的本质中无所不在且固有的事实乃是事物的转变，即从一种状态向另一种状态的流变。这种流变并非单纯的离散实体呈线性的推进过程。无论我们怎样确定一个明确的实体，在我们最初的抉择之中，总会有一些更为狭窄的界定预设其中。与此同时，总会存在一个更为宽泛的界定，事物朝着其外延转变并弱化我们最初的选定。

自然的总体特质呈现出进化的扩展性。我将之命名为"事件"的统一体，是某种事物的实际涌现。那么我们该如何界定以这种方式显现的事物呢？把这种统一体称作"事件"，旨在唤起对其固有的转化性以及实际统一性的关注。然而，这个抽象的词汇不足以界定事件在其本质层面的现实性。稍加思索，便能察觉，没有任何一个单一概念自身能够充分地表达这一点。因为每一个在每个事件中获取意义的概念，必定代表着某种对现实本身的实现有所助力的事物。所以，没有哪个词语是完备的。相反，亦没有什么能够被遗漏。回想起我们对具体经验的诗意描绘，便能即刻意识到，价值元素，即作为具有价值的存在、作为目的本身的存在、作为为其自身而存在的事物，在任何有关事件的阐述中都必须予以保留，因为事件就是最为具体的现实事物。"价值"是我用来描述事件内在的实在性的词语。价值是诗意的自然观中贯穿始终的一个元素。我们仅需要将人类生活中易于理解的那种价值转化为实现过程本身的脉络纹理。这便是华兹华斯对自然怀有崇敬之心的奥秘所 *94*在。因此，实现本身即为价值的达成。不过，并不存在单纯的价值之类的东西。价值乃是限制的产物。明确的有限实体是选定的模式，是成就的塑造；倘若没有通过这样对个体事实的形塑，任何事物都无法达成。所有事物的简单混合只会导致模糊不定的虚无状态。实在的救赎在于那些顽强、不可化约且被事实化的实体，这些实体被限定为只能是其自身，别无其他可能。无论是科学、艺术，还是创造性行动，都无法脱离这些顽强、不可化约且有限的事实。事物的持续性在于它们自我保留的意义，它们将自身确立为以自身为目的的明确成就。持续的事物具有有限性、阻碍性与排他性，它以自身的特质浸染着周边环境。但它并不是完全自给自足的。所有事物的特性均渗透进其本质之中。它之所以成为其自身，是因为它将自身所处的更为宽泛的整体融入自身的界限之内。反之，它也唯有将自身的各个方面融入其环境之中，才能成就自身。进化的问题在于持续的价值形态如何实现持续和谐的发展，它们怎样持续融入超越自身的更高层级的成就之中。审美成就与现实的质地相互交织。实体的持续性代表了有限的审美成功，尽管从其外部效应来看，它或许代表着审美上的失败。即便在其内部，它也可能是低层次成功与高层次失败相互冲突的结果。冲突乃是瓦解的先兆。

关于持续物体的本质以及它们所需条件的进一步探讨，对于理解 19 世纪后半叶占据主导地位的进化论意义非凡。我在本次讲座中竭力阐明的要点在于，浪漫主义复兴时期的自然诗歌是对有机自然观的有力支撑，也是对将价值排除在事实本质之外这一观念的抗议。从这一视域来审视，浪漫主义运动可被视作对贝克莱在一百年前所发出抗议的复兴。浪漫主义的回应是一个代表价值的抗议之举。

第六章
论 19 世纪

我在之前所作的讲座中，重点对英国浪漫主义运动时期的自然诗歌，以及由 18 世纪传承而来的唯物主义科学哲学作了比较。可以明确的是，这两种思潮全然相悖，存在着根本性的分歧。这些讲座还进一步尝试去勾勒一种客观主义哲学，其目的在于弥合科学与人类在诗歌中得以表达，并在日常生活前提里切实体现的基本直觉之间所存在的巨大鸿沟。随着 19 世纪的推进，浪漫主义运动渐渐走向式微。不过，它并非彻底消失不见，而是丧失了原本清晰的统一潮流，在与其他人类兴趣相互交融的过程中，分散形成了众多支流。19 世纪的信念主要来源于三个方面：一是浪漫主义运动，这在宗教复兴、艺术以及政治理想中均有所体现；二是蓬勃发展的科学，它开辟出了全新的思维路径；三是技术的进步，它彻底变革了人类的生活条件。

这些信仰的源泉实际上各自都能在前一时期中找到根

源。例如，法国大革命本身就是浪漫主义的首个产物，其呈现形式深受卢梭的影响。詹姆斯·瓦特在 1769 年成功获得蒸汽机专利。同样是在 18 世纪，科学的进步堪称法国及其影响力的耀眼象征。

即使在这一相对较早的时期，这些思潮之间便已存在相互影响、彼此融合以及相互对立的复杂现象。然而，直至 19 世纪，在滑铁卢战役结束后的六十年间，这三股运动才得以充分发展，并达成了独特的平衡状态。

19 世纪有别于此前所有世纪的特殊且新颖之处，就在于其技术方面的发展。这并不仅仅是若干伟大却孤立的发明的简单引入。很显然，其中有着更为丰富的内涵。打个比方，书写这样的发明相较于蒸汽机而言，或许在重要性上更胜一筹；可是，当我们追溯书写发展历程的连续历史时，便会发觉它与蒸汽机的发展有着天壤之别。当然，在此过程中，我们需要摒弃对这两者的一些零星预测，将注意力聚焦于它们真正实现有效发展的时期。二者的时间尺度差异极大：蒸汽机的发展历程大约历经了一百年，而书写的发展则耗费了长达千年之久的时间。此外，当书写最终得以广泛普及之时，世界并未对下一步技术的到来有所期待。那时的变革进程是缓慢的、无意识的，并且充满了意外性。

进入 19 世纪，这一变革过程变得极为迅速、充满自觉意识且备受人们期待。该世纪的前半叶，正是这种对待变革的全新态度首次得以确立并被人们尽情享受的时期。这是个独一无二且充满希望的时代，然而在六七十年之后，我们便能从中察觉到幻灭感，或者至少是焦虑情绪开始滋生。

19世纪最为伟大的发明当属"发明方法"。一种前所未有的全新方法融入了人们的生活之中。为了深入理解我们当下所处的时代，我们可以暂且忽略诸如铁路、电报、广播、纺纱机以及合成染料等所有具体的变革细节。我们必须将目光聚焦于这种方法本身，因为这才是真正意义上的创新，它深深撼动了旧文明的根基。弗朗西斯·培根曾经的预言在当下已然成为现实；往昔，人类曾幻想自己能够接近天使般的境界，如今却甘愿成为自然的仆人和使者。至于同一角色是否能够同时兼任这两种身份，仍有待时间去进一步观察验证。

这一系列的变革皆发端于全新的科学信息。科学，与其说在原理层面得以彰显，毋宁说体现于其成果领域，宛如一座昭然若揭、可供采撷利用的思想宝藏。然而，若想要透彻理解19世纪所发生之事，以矿脉作比或许较宝库更为精当贴切。与此同时，那种认为科学的抽象概念等同于所需发明，仅需径直拾取并加以运用的观念，实则是大错特错。在二者之间，横亘着充满想象力的设计流程。新方法的关键要素便是探寻如何有效弥合科学思想与最终产品之间的间隙。这是按部就班、循序渐进攻克难题的过程。

现代技术的种种可能性率先在实践中经由英格兰富裕的中产阶级得以实现。因此，工业革命滥觞于此。不过，德国人敏锐洞察到如何借助特定方法深度挖掘科学宝藏中的更为深邃的富矿；他们摒弃了散漫随意的学术路径。在其技术学校与高等学府之中，进步不再单纯仰仗于偶然闪现的天才或机缘巧合的灵感。19世纪期间，他们于学术领域所取得的斐然成就举世瞩目，令人赞叹不已。这种知识的规范准则不仅适用于技术范畴，也延展至纯科学领域，甚至跨越科学界限，渗透进更为宽泛的学术天地。它象征着从业余爱好者向专业人士的关键转变。

长久以来，总有一部分人将自己的毕生精力奉献给特定的思维领域。尤为显著的例证，便是律师以及基督教教会的神职人员，他们堪称专业化的典范。然而，对于专业主义在各个知识领域所蕴含的强大力量的全面自觉认知——如何培育专业人士、知识之于技术进步的关键意义、抽象知识与技术相互衔接的方式以及技术进步所蕴含的无限潜能——直至19世纪，才得以全方位达成；而在诸多国家之中，德国的表现尤为突出卓越。

往昔，人类的生活宛如在悠悠牛车之上缓慢度过；未来，则将在风驰电掣的飞机之中疾速穿梭。二者速度的更迭绝非仅是数量层面的攀升，而是本质意义上的飞跃式质变。

知识领域的转型固然催生了显著的进步，却并非全然是美事一桩。至少，其中潜藏着若干风险隐患，尽管效率的提升有目共睹、不容置疑。有关新形势对社会生活所产生的多元影响的探讨，将留待我最后一场讲座予以展开。

就当下而言，只需点明，这种严谨有序的进步新局面构成　98
了世纪思潮演进的背景底色。

在这一时期，四个意义重大的崭新观念被引入理论科学领域。诚然，我们完全有充分的依据将这份清单大幅扩充，使其远超四个之数。不过，我将聚焦于那些倘若从最为宽泛的意义上去领会，对于现代重构物理科学根基的努力起着至关重要作用的观念。

其中两个观念相互对立，我将一并予以讨论。我们所关切的并非细枝末节，而是它们对思想所产生的终极影响。其中一个观念是"物理活动场"，它弥散于整个空间，即便在看似空无一物的真空地带亦不例外。这一概念曾以形形色色的形式在众多智者的脑海中浮现。我们忆及中世纪的那句格言"自然厌恶真空"，还有 17 世纪笛卡尔所提出的旋涡假说，一度仿佛为科学所接纳。牛顿坚信引力源于某种介质内部所发生的事件。然而，总体而言，在 18 世纪，这些构想皆未得到应有的重视。光的传播方式以牛顿的微粒学说占据主导，这无疑为真空预留了空间。彼时的数学物理学家们一心忙于推导引力理论的种种结果，而无暇顾及引力产生的缘由；即便有所关注，也茫然不知从何处探寻答案。虽有零星的臆测，但其重要性微乎其微。因此，在 19 世纪之初，弥散于所有空间的物理事件这一观念在科学领域毫无实质性地位可言。这一观念的再度兴起源自两个源头。得益于托马斯·杨与菲涅耳的不懈努力，光的波动学说大获全胜。该理论要求在空间中存在某种可以波动的物质，于是，一种弥漫性的精微物质"以太"应运而生。此外，最终在克拉克·麦克斯韦手中得以完备构建的电磁学理论同样要求在所有空间中存在电磁现象。麦克斯韦完整的理论直至19世纪70年代才最终成形，不过安培、厄斯特德以及法拉第等一众伟大先驱为此奠定了坚实基础。依照当时的唯物主义观念，这些电磁现象亦需借助介质方能发生。因而，再次诉诸"以太"作为传播媒介。随后，麦克斯韦凭借其理论的直接成果证实了光波仅仅是其电磁现象的波动形式。于是，电磁学理论成功地将光学理论兼并融合。这无疑是一项意义非凡的简化举措，无人质疑其正确性。然而，就唯物主义视域而言，它引发了不尽如人意的结果。因为在光单独存在时，一种相对简易的弹性以太便已足够，而电磁以太则必须具备催生电磁现象所需的特定属性。实际上，它不过是为这些现象而假定存在的物质的代名词罢了。倘若你并不秉持某种形而上学理论来支撑对这样一种以太的假定，那么你完全可以将其摒弃，因其缺乏独立存在的根基与活力。

99

由此可见，在19世纪70年代，若干主要的物理科学乃是构建于连续性概念的假设之上。与之相对的是，约翰·道尔顿引入了原子性概念，从而进一步完善了拉瓦锡在化学领域中的基础性工作。这便是第二个极具影响力的伟大概念。那时，普通物质被视作由原子所构成；而电磁效应则被认定源于连续的场。

这两种观念实则并不相互抵触。其一，尽管这两个概

念彼此对立，但在特定的应用范畴之外，它们于逻辑层面并不存在冲突；其二，它们分别被应用于科学的不同分支领域，一个在化学领域大展身手，另一个则在电磁学领域熠熠生辉。并且在当时，二者几乎未曾显现出融合的迹象。

将物质看作原子的概念拥有源远流长的历史。德谟克利特与卢克莱修的名字想必会即刻浮现于诸位的脑海之中。在此我将这些观念称为"新颖的观念"，我所指的乃是相对意义上的新颖，意即相较于那些构成 18 世纪科学有效根基的定型观念而言。在思索思想史之际，有必要对决定一个时代走向的真正主流思想与那些偶然滋生却无实质影响力的想法加以甄别区分。在 18 世纪，每一位受过良好教育之人皆曾拜读过卢克莱修的著作，对原子亦有所知晓。然而，约翰·道尔顿使得这些观念在科学主流中可以切实有效地应用；就这种有效性而言，原子性无疑是一个崭新的观念。

原子性的影响力并非仅仅局限于化学领域。活细胞之于生物学，恰似电子与质子之于物理学。倘若没有细胞以 *100* 及细胞聚集体，生物现象便无从谈起。细胞理论与道尔顿的原子论在同一时期且相互独立地被引入生物学领域。这两个理论均是"原子论"概念的独立例证。生物学中的细胞理论是逐步演进发展而来的，一份简短的日期与人物列表便足以表明，生物科学作为一种行之有效的思维模式，其发展历程至今不过一百余年。1801 年，比夏提出了组织理论；1835 年，约翰内斯·缪勒对"细胞"予以描述，并证实了它们的性质与相互关系；1838 年施莱登以及 1839 年施旺最终确立了细胞的基础性地位。因此，至 1840 年，生物学与化学皆建立于原子理论的基础之上。而原子论的最终胜利则有待于这个世纪末电子的发现。想象背景的重要性在于，在道尔顿完成其工作近半个世纪之后，另一位化学家路易·巴斯德进一步将原子性观念引入生物学领域。从某些层面来看，细胞理论与巴斯德的工作相较于道尔顿的成果更具革命性，因为它们将"有机体"概念引入了微观生物的世界。曾几何时，存在一种将原子视为终极实体且仅具有外部关系的倾向；但在门捷列夫周期律的影响之下，这种观念逐渐土崩瓦解了；而巴斯德在微观层面引入的"有机体"概念，其决定性的关键意义得以彰显。天文学家向我们揭示了宇宙的浩瀚无垠，化学家和生物学家则引领我们领略了微观世界的精妙细微。现代科学中有一个著名的极其微小的长度标准：需将一厘米细致地分成一亿份，取其中一份。巴斯德的微生物远大于这一尺度；而关于原子，如今我们知晓，对于某些生物体而言，这样的距离甚至显得颇为宽阔。

这一时期的另外两大崭新思想皆与"转化"或"变化"的概念紧密相连。它们分别是能量守恒定律与进化论。

101　　能量学说聚焦于变化背后所潜藏的数量层面的恒定性；进化论则着眼于变化进程中新生物体的诞生涌现。能量理论隶属于物理学范畴；而进化理论则主要归属于生物学领域；尽管康德与拉普拉斯早已在探究太阳和行星形成之时

便已触及这一概念。

这四个概念所带来的科学进步的崭新动力相互汇聚融合，将 19 世纪中期的科学进步转变为一场科学凯旋的盛大狂欢。那些独具慧眼之人——尽管他们显然大错特错——宣称物理宇宙的奥秘已然被彻底揭示出来了。只要对一切不符合规律的事物视而不见，其解释能力便仿佛无穷无尽。从另一个角度看，懵懂糊涂之人则将自身陷入最为难以辩解的困境。学术上的教条主义与对关键事实的无知相互交织，遭到了来自新科学方法支持者的猛烈抨击。因而，在技术革命所引发的兴奋热潮之上，又增添了科学理论所展现的广阔前景所带来的激情澎湃。社会生活的物质与精神基础全都在发生变革。当 19 世纪步入最后的四分之一阶段时，浪漫主义、技术性与科学性这三大灵感源泉均已充分发挥了其作用效能。

随后，几乎突然间，出现了一个停顿；在其最后的二十年里，这个世纪以自首次十字军东侵以来最为沉闷的思想阶段之一而告终。那仿佛是 18 世纪的回响，却缺失了伏尔泰与法国贵族那轻柔的优雅韵味。这一时期既极为高效又沉闷乏味，且显得三心二意。它庆贺了专业人士的胜利。

然而，通过回顾这一停滞阶段，如今我们能察觉出变化的种种迹象。首先，现代系统研究的条件遏制了彻底的停滞不前。在科学的每一个分支领域，均取得了切实有效的进展，甚至是颇为迅速的进展，尽管这种进展在一定程度上被严格地限定于每个分支既定的理念框架之内。这是一个正统科学观念大获成功的时代，鲜少被离经叛道的思想所搅扰。

其次，我们现在能够发现，科学唯物主义作为科学思想体系的适用性正面临着挑战。能量守恒定律引入了全新的数量恒定性概念。诚然，能量可被诠释为物质的附属物。但无论如何，质量的概念正在逐渐丧失其作为唯一终极恒量的独特地位。紧接着，我们察觉到质量与能量的关系发生了颠倒；于是，质量现今成为考量与某些动力效应相关联的能量数量的称谓。这一思维脉络引出了以能量为基本概念并取代物质地位的观点。不过，能量仅仅是事件结构的数量方面的名称而已；简而言之，它依存于有机体功能的概念。问题在于，倘若不借助简单位置的物质概念，我们能否对有机体加以界定呢？稍后我们将更为详尽地探究这一问题。

在与电磁场相关的理论之中，物质同样被边缘化。现代理论假定电磁场中发生的事件并不依赖于物质的直接作用。通常会设定以太作为基础，然而以太实际上并未真正融入理论体系。因而，物质的概念再度失去了其基础性地位。此外，原子逐渐演变为有机体；进而，进化论从本质上讲不过是在分析各类有机体形成与存续的条件。事实上，这一时期最为显著的特征之一便是生物科学的进步。这些科学从根本上而言是关于有机体的科学。在这一时期，乃至现阶段，更为完备的科学形式的声望依旧归属于物理科学。因此，生物学效仿物理学的风格范式。正统观点认为，生物学中除了处于复杂环境之下的物理机制之外，别无他物。

这一立场的困境之一在于当下物理科学基础概念的混乱无序。同样的难题亦适用于与之相对立的活力论学说。在后者的理论体系中，接纳了基于唯物论的机械论，并引入额外的活力控制要素以阐释生物体的行为表现。需要明确的是，就目前的状况而言，适用于原子行为的各类物理定律在现有形式下彼此并不协调一致。生物学援引机械论 103 的初衷乃是期望借助经过充分验证且自洽的物理概念来表述所有自然现象的根基。然而，当下并不存在这样一套概念体系。

科学正逐渐地展现出既非纯粹物理亦非纯粹生物的全新风貌，逐步演变为对有机体的深入探究。生物学专注于较大有机体的研究，物理学则着眼于较小有机体的研究。二者之间还存在另一种差异：生物学中的有机体涵盖了物理学的较小有机体，然而，目前尚无证据表明较小的物理有机体能够进一步拆解为更小的有成分的有机体。这种情形或许存在，但无论如何，我们都面临一个问题：是否存在无法进一步分解的基本有机体。自然界似乎不可能存在无穷回溯的现象。因此，摒弃唯物主义的科学理论必须回应关于这些基本实体特性的问题。基于此，唯一的答案是：我们必须将事件视作自然发生的终极单元。事件与一切事物皆相关联，尤其是与其他所有事件相互关联。事件之间的相互作用借助一些永恒客体（诸如颜色、声音、气味以及几何特性等）得以实现，这些客体是自然所必需的，而非源自自然。这样的一个永恒客体将成为事件的组成部分，以限定另一个事件的名义或方面呈现出来。各个方面皆具备互惠性，且各有其模式。每个事件对应着两种模式：其一为它在自身统一性中所把握的其他事件方面的模式，其二为其他事件分别在其统一性中所把握的它的方面的模式。因此，非唯物主义的自然哲学将基本有机体认定为在真实事件的统一性中某一特定模式的显现。该模式还涵盖了该事件在其他事件中的方面，这使得其他事件得到某种程度的修正或部分的决定。因此，事件具有内在与外在的现实性，即事件在其自身摄入中的现实性以及在其他事件摄入中的现实性。所以，有机体的概念蕴含了有机体相互作用的概念。科学中关于传递与连续性的概念在此成为这些模式在时空中所观测到的特征的详尽展现。相对而言，传递与连续性的普通科学概念是关于这些模式在整个时空之中通过经验观测到的特征的细枝末节。在此所秉持的立场是，就事件本身而言，事件的关系是内在性的；换言之，它们构成了事件本身。

104

在先前的讲座里，我们还推导出这样的概念：一个实际发生的事件，乃是为了达成其自身的目标而展开的，它凭借真实的共在模式，将形形色色的实体整合为一体，进而塑造出一种价值，而在此过程中，其他实体被排除在外。这并非仅仅逻辑层面上不同事物的简单拼凑，因为倘若如此，用培根的话来讲，"所有永恒客体将会彼此雷同"。这一现实状况表明，每个内在的本质，亦即每个永恒客体的自我本质，对于在事件中所呈现出的那个有限价值而言，均具有特定的意义。然而，价值存在着程度上的差异。因而，尽管每个事件对于事件共同体的存在均不可或缺，但其所做出贡献的重要性，是由其自身内在的某些属性所决定的。此刻，我们有必要深入探讨这一属性究竟为何。经由经验观察可知，这一属性可称为保留、持续或者重现。此属性意味着，在现实的短暂易逝之中，价值能够重拾自我认同，而这种自我认同亦为主要的永恒客体所具备。某一特定形态（或结构）的价值的重现，发生于事件作为一个整体之际，它重复了某种形态，而这种形态在事件各个部分的连续进程中同样得以展现。因此，无论你怎样分析事件随着其部分在时间长河中流转，它所面对的始终是同一个为自身而存在的事物。因此，事件在其内在的现实性之中，通过从其部分中衍生而出的方式，映射出与其完整自我实现的模式价值相同的层面。它由此在持续的个体实体的形式之下达成了自身的实现，并且其生命历程被涵盖于自身内部。此外，这样一个事件的外在现实，在其于其他事件的映射里，亦呈现出同样的持续个体性形式；只不过，在这种情形下，个体性作为它自身各个方面的重述，被植入到构成环境的外部事件之中。

这样一种承载着持续模式的事件，它的总体时间持续性构成了它的虚幻不实的现在。在这个虚幻不实的现在里，事件达成了作为整体的自我实现，并借助这种实现将自身多个时间部分的不同方面汇聚在一起。一个相同的模式在整个事件中得以实现，并且通过每个部分的一个方面在这些各个部分中得以彰显，每个部分的方面均被捕捉并融入整个事件的共在状态之中。再者，这个模式的早期生命历程借助它在这个总体事件中的各个方面得以呈现。因此，在这个事件中，存在着对其自身主导模式的先前生命历程的记忆，这种模式曾作为其先前环境中的价值要素而存在。这种从内部对持续事实生命历程的具体摄入，可以被分析为两个抽象层面，一个是作为真实事实而呈现并被其他事物纳入考量的持续实体，另一个则是潜在实现能量的个性化展现。

对事件的一般流动加以考察，会引导我们分析出潜在的永恒能量，其本质之中蕴含着对所有永恒客体领域的展望。这种展望构成了个体化思想的基础，这些思想作为思想侧面浮现，在更为精细与复杂的持续模式的生命历程中被把握。同样，在永恒活动的本质里，亦必然包含着对通过永恒客体在理想情境中的真实融合所能获取的所有价值的展望。此类理想情境，倘若脱离了任何现实基础，便会缺乏内在价值；然而作为目的中的要素，它们是具备价值的。这些理想情境的层面被个体化地摄入，并融入个体事件中形成个体化的思想，因而作为思想本身便具有内在价值。因此价值之所以产生，是因为思想中的理想方面与发生过程中的现实方面达成了真实的共在。因此，倘若脱离了真实世界中作为事实的事件，便无法将任何价值赋予潜在的活动。

最后对这一思路予以总结：潜在活动在与实现的事实相互分离的情形下，存在三种类型的展望。它们分别是：其一，对永恒客体的展望；其二，对永恒客体合成的价值可能性的展望；其三，关于必须纳入可通过未来添加的总体情境之中的实际事实的展望。然而，脱离了现实的抽象，永恒活动便与价值相互脱节，因为现实本身即是价值。由 *106* 持续客体所引发的个体感知，在深度与广度方面会呈现出差异，而这取决于其模式如何对自身的发展路径起到主导作用。它有可能仅仅表现为对一般基础能量的微弱波动所做的区分；又或者，在另一种极端情况下，它或许能够上升至涵盖那种对理想共存情境中所固有价值可能性有意识的思想层面，而这些理想共存情境在自我意识判断之前是保持抽象状态的。处于中间状态的情况将会围绕个体感知进行分布，在展望（尚未形成自我意识）时会聚焦于最贴近其自身过往的即时可能性，并将那里可预见的实际方面纳入考量范围。物理学定律体现的正是由这一独特的决定原理所催生的发展过程中所进行的调和与调整。因而，动力学受到最小作用原理的支配，而其具体特性需要通过观察来加以把握。

在物理科学所探讨的范畴内，原子式的物质实体不过是这些独立存在的持续实体罢了，除了涉及它们在决定彼此生命历程的历史轨迹方面所产生的相互作用之外，其他所有相关内容都是抽象的。这些实体一方面部分地是通过继承自身过往的各个方面而形成的，另一方面也部分地是由构成其所处环境的其他事件的方面所塑造而成的。物理学的定律实则是对这些实体之间如何相互反应的阐述。对于物理学而言，这些定律具有一定的任意性，因为这门科学已经从这些实体本身究竟是什么的层面进行了抽象处理。我们已经了解到，这些实体本身的实际情况有可能会受到其所处环境的改变。所以，倘若假定这些定律在与观察到其有效的环境有所不同的环境中不会发生改变，那是极为不妥当的，存在着很大风险。物理实体就这些定律方面而言，很有可能会发生极为本质性的变化。甚至有可能它们会演变成更具基本类型的个体性，具备更为宽泛的展望能力。这种展望或许能够达到对替代价值进行对比平衡的程度，而选择的行使已经超出了物理定律的范畴，只能通过目的来加以表述。除此之外，还有一个直接的推论便是，某个个体实体，倘若其生命历程是某个规模更大、内涵更深、更为完整的模式的一部分，那么就可能会有那个更大模式的方面来主导其存在状态，并且会经历那个更大模式所带来的改变，并在自身当中反映为其自身的变化。这便是有机的机械论的核心内容。

107

依据这一理论，自然法则的演变与持续模式的演变是同步进行的。因为宇宙当下的整体状态在一定程度上决定了那些实体的本质，而这些实体的运作模式恰恰是那些自然法则所表达的内容。总体原则在于，当处于全新的环境之中时，原有的实体会逐渐演变成新的形式。

通过对这一彻底的自然有机论进行简要概述，我们便能理解进化学说的主要诉求所在。在19世纪末期的那段停滞阶段，核心工作便是要将进化论吸收进来，使其成为所有科学分支在方法论方面的指导性原则。由于几乎是一种源于急躁且肤浅思维所导致的盲目性，不少宗教思想家对这一新兴学说持反对态度；然而，事实上，彻底的进化哲学与唯物主义是相互抵触、无法兼容的。唯物主义哲学中所认定的原始材料或者说物质，本身是不具备进化能力的。这种物质本身就是最终的实体形态。按照唯物主义理论，进化只不过是用于描述物质各部分之间外部关系发生变化的另一种说法而已。在这种观念下，不存在什么真正意义上的进化，因为一种外部关系与其他任何外部关系并没有本质上的差别，都是同等有效的。有的仅仅是变化，既没有目的可言，也谈不上有什么进步的意义。然而，现代进化学说的关键要点在于复杂有机体是从相对较为简单的状态逐步进化而来的。所以这一学说迫切需要将有机体作为自然的基本概念来看待。它还需要潜在的活动——具有实质性的活动——通过个体的具体呈现来展现自身，并在有机体的发展成就中不断进化。有机体实则是一个新生的价值单元，是为了达成自身目的而出现的、对永恒客体特征的真正融合。

因此，在分析自然本质的过程中，我们发现有机体的出现依赖于一种类似于目的的选择性活动。关键之处在于，

持续存在的有机体是进化的结果；倘若抛开这些有机体，
便不存在其他持续的存在形式了。在唯物主义理论中，存
在着持续存在的物质，比如质料或者电等。而在有机理论
当中，唯一能够持续存在的便是那些由活动所构建而成的
结构，并且这些结构都是通过进化而产生的。

因此，那些能持续存在的事物实则是时间进程的产物，
那些永恒的事物则是这一进程本身所不可或缺的要素。我
们可采用如下方式对持续性予以精准定义：假定存在一个
事件 A，其被一种持续的结构模式所贯穿。那么 A 能够被
完整地划分成一系列依时间顺序排列的事件。设 B 为 A 的
任意一部分，可通过从这一系列事件中选取任一事件而得
到 B。如此一来，这种持续的模式既是 A 的统一性中所把握
的完整模式里的一个方面的模式，同时也是 A 的任何一个
时间片段（例如 B）的完整模式中的一个模式。举例而言，
一个分子既能呈现为在一分钟内的一个事件的模式，也能
表现为这一分钟内任意一秒的模式。显然，这样一种持续
的模式可能具有不同程度的重要性。它既可以表达出将个
体化的底层活动相连接的某些细微事实，亦能展现出极为
紧密的联系。倘若持续模式仅仅源自环境的直接方面，并
在各部分的不同立场上有所反映，那么这种持续性便只是
无足轻重的外在事实而已。但若是持续模式完全来源于该
事件的各时间段的直接方面，那么这种持续性便是意义重
大的内在事实。它彰显了将底层个体化活动相连接的特定
统一性。由此便产生了一个对于自身以及自然界而言均具

备特定统一性的持续对象。我们以"物理持续性"来指代这种类型的持续性。物理持续性是在历史事件路径中持续传承特定特征身份的过程。这种特征归属于整个路径，同时也属于路径中的每个事件。这恰恰是物质的精准属性：若其存续了十分钟，那么在这十分钟内的每一分钟它都存在，且在每一分钟的每一秒内也都存在。若将物质视作根本，这种持续性便是自然秩序根基之上的任意事实；而若将有机体视为根本，那么这种持续性则是进化的结果。

乍一看来，似乎一个物理对象在其自我传承的进程中是独立于环境的。然而，这样的结论并不成立。设 B 和 C 为该对象生命历程中的两个连续片段，且 C 在时间顺序上继 B 之后。那么，C 中的持续模式是从 B 以及其他类似的先前生命片段传承而来的。它经由 B 传递至 C。但传递给 C 的是从诸如 B 这样的事件中派生出来的完整模式。这些完整模式涵盖了环境对 B 以及该对象生命的其他先前部分所产生的影响。因此，先前生命的完整层面以一种部分模式被传承，并在该生命的各个不同时间段中持续地延续。所以，维持物理对象的存在需要适宜的环境。

我们所认知的自然界蕴含着极为显著的持续性。普通物质的持续性清晰可辨。地质学家所知晓的最古老岩石中的分子，或许已经毫无变化地存续了超过十亿年之久，不仅其自身未发生改变，它们相互之间的相对位置亦保持恒定。在这段漫长的时间里，以黄色钠光的振动频率振动的分子所历经的脉动次数约为 $16.3 \times 10^{22} = 155163000 \times (10^6)^3$。

直至近期，原子都被视作不可摧毁的。但如今我们已经有了更为深入的认识。尽管原子不再被认为是不可摧毁的，却被看似坚不可摧的电子和质子所取代。

另一个有待阐释的事实是，这些近乎不可摧毁的物体之间存在着高度的相似性。所有电子彼此极为相似。我们无须超越现有证据而断言它们完全相同；但就我们目前的观察能力而言，确实难以察觉出任何差异。所有氢原子核亦是如此相似。与此同时，我们注意到这些类似物体的数量极其庞大。它们数量众多，仿佛某种相似性是持续性的有利条件。常识也倾向于支持这一结论。倘若有机体想要存续下去，它们必须协同合作。

因此，进化机制的关键在于，有利环境的进化与任何特定类型的具有高度持续性的有机体的进化是同步推进的。任何因自身影响而致使环境恶化的物理物体，实则是在自我毁灭。

110　　进化出有利环境的最为简易的方式之一，乃是每个有机体对环境的影响应当有利于同类其他有机体的持续性。此外，若有机体还能够促进其他同类有机体的发展，那么便可构建出一种进化机制，其适用于产生大量被观察到的相似实体，并使其具备高度的持续性。因为环境会伴随物种的演化而自动发展，物种亦会随着环境的变迁而发生演变。

首先需要探究的问题是，究竟是否存在任何直接证据能够证实存在这样的机制，可用以阐释持续有机体的进化历程。在审视自然时，我们必须牢记，并非仅仅存在其成分仅是永恒客体的各个层面的基本有机体。为了便于理解，暂且假定电子和氢核便是这样的基本有机体。那么，原子和分子则属于更高层级的有机体，它们同样代表着一种紧密且明确的有机统一体。然而，当我们着眼于更大规模的物质聚合体时，这种有机统一性就变得模糊不清了，它似乎变得微弱且处于初始阶段。它的确存在，但其模式朦胧且不明确，仅仅是效应的简单聚合。当我们触及生物体时，模式的确定性得以恢复，有机特性再次彰显。因此，无机物质的特征性法则主要是由混乱聚合体所产生的统计平均数。它们与揭示事物的最终本质相去甚远，反而模糊并掩盖了个体有机体的个性特征。倘若我们期望揭示与有机体相关的事实，就必须深入研究个体分子和电子，或者个体生物体。在这两者之间，我们发现情况较为复杂且混乱。当下，研究个体分子的困难在于我们对其生命历程知之甚少。我们无法持续地对一个个体进行观测。通常情况下，我们所处理的是它们的大规模聚合体。至于个体的问题，有时，一位卓越的实验者或许能够借助某种方式，运用闪光灯照亮其中之一，从而观测它在某一瞬间的效应。因此，个体分子或电子的功能历史在很大程度上对我们而言是隐匿不见的。

然而，就生物体而言，我们能够追溯个体的发展历程。*111* 在此处，我们恰好寻觅到了所探寻的机制。其一，物种凭借同种成员的繁殖得以延续传承；其二，为了保障家族、种族或者果实中的"种"能够持续存续，还会悉心营造有利的环境条件。

不过，显而易见的是，我对进化机制的阐释过于简略。我们发觉，生活中的物种彼此相互关联，进而为对方提供有利的环境。因而，正如同种成员之间相互促进一般，相关物种的成员亦会彼此助力。我们在电子和氢原子核这两个物种的存在现象中发现了这种初始的关联事实。鉴于这种双重关联的简易性，再加上不存在来自其他对立物种的竞争干扰，便解释了它们之间所呈现出的高度持续性。

如此一来，涉及自然发展的机制有两个方面。一方面，存在着既定的环境，生物体需要在其中适应生存。那个时期的科学唯物主义着重强调了这一方面。从这一视域来看，存在着一定量的物质，仅有有限数量的生物能够对其加以利用。环境的既定特性主导了一切。所以，科学的最终结论似乎指向生存竞争与自然选择。达尔文的著作始终是拒绝逾越直接证据、审慎保留各类可能假设的典范之作。然而，这些优良品质在他的追随者身上并未得到同等程度的彰显，更不必说在那些附庸者身上了。欧洲社会学家以及公共知识分子的想象力被过度聚焦于冲突利益这一方面所侵蚀。普遍的观点认为，在判定商业以及国家利益的行为决策时，存在着摒弃道德考量的特殊且固执的现实主义倾向。

进化机制的另一个方面，也就是被忽视的那一面，可以用"创造性"一词予以表述。生物体能够塑造它们自身

所处的环境。为了达成这一目的，单个生物体几乎难以有
所作为。唯有通过合作的生物体群体，才能汇聚起足够强
大的力量。不过，借助这种合作方式，并且依据所付出的 *112*
努力程度，环境会具备可塑性，这便彻底改变了进化的整
体伦理格局。

在近期乃至当下，普遍存在一种思维混乱状态。由于
科学技术的持续进步，人类所能创造的环境可塑性正在不
断增强，然而这种变化却被采用固守既定环境理论的思维
方式来解读。

宇宙的谜题远非如此简单。宇宙具有永恒不变的一面，
在其中某种特定的成就会为了其自身的目的而无休止地循
环往复；同时，宇宙也有向其他事物转化过渡的一面，这
种转化或许会朝着更高的价值层级迈进，亦有可能朝着更
低的价值方向滑落。宇宙既有斗争冲突的一面，也有友好
互助的一面。但是，浪漫主义的冷酷无情并不比浪漫主义
的自我牺牲更贴近真实的政治情境。

113 　　在本课程之前的讲座里，我们探讨了引发科学运动的先决条件、并追溯了自 17 世纪至 19 世纪的思想演进历程。在 19 世纪，若从科学视域切入，这段历史可清晰地划分为三个部分：浪漫主义运动与科学之间的相互交融、19 世纪前期技术与物理学领域的蓬勃发展，以及进化论与生物科学整体进步的结合。

　　贯穿这三个世纪的主导思想，乃是唯物主义学说为科学概念构筑了完备的基础。这一学说在当时几乎未曾遭到质疑。当需要阐释波动现象时，便引入以太来担当波动性物质的职能。为了全面揭示其中所隐含的所有假设，我大致勾勒了一种自然有机论的替代学说。在上一讲中曾提及，生物学的发展进程、进化论、能量学说以及分子理论正迅猛地削弱正统唯物主义的充分性。然而、直至 19 世纪末，无人能够得出这一结论。唯物主义依旧牢牢占据着主导地位。

当代的显著特征体现为，关于物质、空间、时间和能量的理论复杂性已经发展到了极为高深的程度，致使旧有的正统假设所带来的那种简单的安全感已经消失得无影无踪。显然，这些假设已无法继续按照牛顿或者克拉克·麦克斯韦所遗留的方式正常运作，亟待进行重新整合与构建。*114*

当代思想的崭新局面源自这样的事实：科学理论已然超越了常识的范畴。18世纪所传承的那种秩序乃是有组织的常识的伟大胜利。它成功地摆脱了中世纪的幻想以及笛卡尔的旋涡理论的束缚。其结果是，它充分释放了源自宗教改革时期的历史性反叛所蕴含的反理性主义倾向。它以每个普通人凭借肉眼或者中等放大倍率的显微镜所能观察到的事物为依据，对显而易见的事物进行测量，并将其予以概括推广。例如，它对关于重量和质量感的普通概念进行了概括总结。18世纪起始之际，人们满怀着安然自得的自信，坚信荒谬的事物终于被彻底清除。而如今，我们的思想却处于与之截然相反的极端境地。谁又能知晓，明日那些看似荒谬的事物会不会被证实为真理呢？我们重新捕捉到了19世纪早期的一些思维语调，只不过达到了更高的想象层级。

我们之所以能处于更高的想象层级，并非因为我们具备了更为丰富的想象力，而是由于我们拥有了更为先进的工具。在科学领域，过去四十年间最为关键的进展当属仪器设计方面的显著提升。这种进步在一定程度上得益于一些天才人物的卓越贡献，诸如迈克尔逊以及德国的光学专家们。与此同时，它也受益于制造工艺，尤其是冶金领域技术的长足进步。当下，设计师能够充分利用具有各异物理特性的多种材料，因而可以放心地获取他们所需的材料，并将其加工成符合要求的形状，且误差范围极小。这些仪器将人类的思想提升到了全新的水平高度。新型仪器与出国旅行所发挥的作用颇为相似，它们均展示了事物的不同组合方式。这种收获并非仅仅简单的数量增加，而是质的转变。实验创新方面的进步或许也可归因于现今更多国家的人才投身于科学研究事业。无论原因究竟为何，在过去的一代人中，精妙绝伦且富有创造性的实验可谓层出不穷。其最终结果是，人类在普通经验范畴之外的自然领域中积累了海量的信息。

两个声名远扬的实验，一个由伽利略在科学运动初期精心设计，另一个则由迈克尔逊借助其著名的干涉仪予以完成，它们分别在 1881 年首次开展实验，并于 1887 年和 1905 年进行了重复操作。这两个实验极为恰当地阐释了我所提出的观点。伽利略从比萨斜塔的顶部投下重物，成功证明了倘若同时释放不同重量的物体，它们将会同时抵达地面。从实验技巧以及设备精密度的角度考量，这一实验在之前的五千年间的任何时刻均能够顺利完成。该实验所涉及的概念仅仅局限于重量和速度，而这些概念在日常生活中早已为人们所熟知。这样的想法完全有可能出现在克里特岛的弥诺斯王家族成员的脑海之中，当他们从海岸高耸的城垛之上往海里抛掷鹅卵石时，便能够直观地感悟到这些概念。我们必须审慎地意识到，科学乃是起始于对日常经验的精心组织。正因如此，它才能够如此自然地与历史性反叛所蕴含的反理性主义倾向相互融合。科学并不致力于追问终极意义，而是专注于探究那些显而易见的事件之间所存在的规律性关联。

迈克尔逊的实验在其所处时代之前是无法开展的。它需要技术层面的全面进步，以及迈克尔逊自身卓越的实验天赋。该实验旨在测定地球在以太中的运动状态，并且假定光是以波动形式存在，能够在以太中以固定速度向任意方向传播。毫无疑问，地球处于在以太中持续运动的状态，而迈克尔逊的实验装置也伴随着地球一同运动。在装置的中心位置，一束光被一分为二，其中一束光沿着装置的某一方向行进特定距离后，借助装置中的一面镜子反射回中心；另一束光则沿着与前者垂直的方向行进相同距离，同样被反射回中心。这两束重新汇聚的光线随后被投射到装置中的屏幕之上。倘若采取恰当的措施，便能观测到干涉条纹，也就是呈现出的黑暗条纹。这些条纹是由于两束光波的路径长度存在极其微小的差异所导致的，即一束波的波峰恰好填补另一波的波谷，这种现象会在屏幕的特定部位出现。而这些路径长度的差异会受到地球运动的影响，因为在以太中的路径长度是关键因素。由于装置随地球一同运动，其中一束光的路径会因地球运动而以不同方式受到干扰。可以想象自己身处一节火车车厢之中移动，先沿着车厢的方向行进，然后横穿车厢，将自己的路径标记

116

在铁轨之上。在这个类比里，铁轨就相当于以太。需要注意的是，地球的运动速度相较于光速而言极为缓慢。所以，在这个类比情境中，应当想象火车近乎处于静止状态，而自身则以极快的速度移动。

在该实验中，地球运动的影响会使屏幕上干涉条纹的位置发生改变。此外，倘若将装置旋转九十度，地球运动对两束光线的影响便会相互交换，干涉条纹的位置也理应随之产生位移。我们能够计算出因地球绕太阳运动所引发的微小位移量。此外，还需考虑太阳在以太中运动所产生的影响。可以对仪器的灵敏度进行测试，并证实这些位移效应足够显著，能够通过仪器进行观测。然而关键在于，实验中并未观测到任何变化。当旋转仪器时，干涉条纹并未发生位移。

由此得出的结论是：要么是地球在以太中始终处于静止状态，要么是实验解释所依据的基本原理存在漏洞。显然，在这个实验里，我们已经与弥诺斯王的孩子们的思维和游戏相去甚远。以太、以太中的波动、干涉现象、地球在以太中的运动以及迈克尔逊干涉仪等概念，尽管与日常经验存在较大距离，但相较于对实验无结果现象的公认解释，这些概念仍显得较为简单和直观。

这种解释的根基在于，科学研究中使用的空间和时间观念过于简单，必须加以修正。这一结论对常识构成了直接的挑战，因为早期的科学仅仅是对普通人日常观念的提炼与升华。如此激进的观念重组之所以能够被接纳，是因为存在诸多其他观测结果对其予以支持，尽管在此我们无须对这些内容进行详尽探讨。某种形式的相对论似乎是阐释大量事实的最简捷途径，否则每一个事实都需要特定的临时解释。所以，这一理论并非仅仅依赖于促使其产生的相关实验。

解释的核心要义在于，每一个仪器，例如在迈克尔逊 117 实验中所使用的装置，都必然会记录下光速相对于其自身具有相同且确定的速度。具体而言，无论是位于彗星上的干涉仪还是位于地球上的干涉仪，它们所测得的光速相对于自身均是相同的。这显然是一个看似矛盾的情形，因为光在以太中是以确定速度传播的。因此，可以预期两个以不同速度穿越以太的天体，如地球和彗星，其相对于光线的速度应当存在差异。举例来说，设想在道路上有两辆汽车，分别以每小时 10 英里和 20 英里的速度行驶，并被另一辆以每小时 50 英里速度行驶的汽车超越。这辆快速行驶的汽车相对于两辆汽车的速度分别是每小时 40 英里和每小时 30 英里。而关于光的情况是，如果用一道光线替代快速行驶的汽车，光线沿道路的速度将与其相对于两辆汽车的速度完全相同。光速极快，大约为每秒 30 万千米。我们必须构建一种关于空间和时间的观念，以使光速具备这种独特的性质。由此可以推断，我们关于相对速度的所有观念都必须重新塑造。但这些观念直接源自我们对空间和时间的习惯性认知。于是我们回归到如下立场：当前对空间和时间意义的解释必定遗漏了某些关键要点。

如今，我们习以为常的基本假设是，空间与时间拥有唯一的含义，也就是说，无论地球上的仪器所判定的空间关系的意义是什么，这一意义同样必须适用于彗星上的仪器，以及静止于以太中的仪器。然而，相对论对此予以否定。就空间而言，倘若考虑到相对运动这一显而易见的事实，人们或许较易达成共识。即便如此，这种意义的变更仍需突破常识所能接纳的范畴。与此同时，相同的要求亦适用于时间。换言之，事件的相对时间顺序及其间隔的时长，在地球上的仪器、彗星上的仪器以及静止于以太中的仪器之间都应被视作有所不同。这对我们的固有信念发起了更为严峻的挑战。我们无须深入探究这一问题，仅需得出如下结论：对于地球和彗星而言，空间性与时间性在不同条件下（诸如地球和彗星所呈现的条件）各自具有不同的意义。因而，速度在两者之间亦具有不同的内涵。所以，现代科学的假设是，倘若某事物相对于某种空间和时间的含义具有光速，那么依据任何其他空间和时间的含义，它同样会具有相同的光速。

这对于经典的科学唯物主义而言无疑是沉重的打击，因为经典的科学唯物主义预先设定了明确的"当下瞬间"，在这一瞬间所有物质是同时存在的。然而，在现代理论里，并不存在这样唯一的"当下瞬间"。你能够在整个自然界中探寻同时瞬间概念的含义，但就不同的时间性概念而言，它将具有不同的意义。

对于这一新学说存在一种倾向，即将其赋予极端主观主义的阐释。也就是说，时空的相对性被理解为取决于观察者的抉择。倘若有助于解释，那么引入观察者是完全合理正当的。但我们所需的仅仅是观察者的躯体，而非其思想。即便是躯体，也仅仅作为极为常见的仪器形式的示例才具有价值。总体而言，最佳做法是将注意力聚焦于迈克尔逊的干涉仪，而将迈克尔逊的身体与思想排除在外。

问题的关键在于，为何干涉仪的屏幕上会出现黑色条纹，而当仪器旋转时，这些条纹为何未发生轻微的位移。新的相对论将空间和时间以前所未有的紧密程度相互关联，并假定它们在具体事实中的分离能够通过不同的抽象方式达成，进而产生不同的意义。然而，每一种抽象方式均是在关注自然中某些存在的事物，并借此将其分离出来，以便展开思考。与实验相关的事实是，这种干涉仪仅与这些自然实体之间众多可能的时空关系系统中的一种存在关联。

此刻，我们必须要求哲学给出关于空间和时间在自然界中所处地位的阐释，以保留它们可能具有不同意义的可能性。这些讲座并不适宜详尽阐述具体细节，但指明我们 *119* 应当从何处探寻区分空间与时间的起源并非难事。在此，我假定了之前所概述的有机自然论，以此作为彻底客观主义的基石。

一个事件是对一个多方面模式的统一掌握。事件超越自身的效应源自其自身那些用于构建其他事件摄入统一体的方面。除去几何形状的系统性方面，倘若反映的模式仅仅与事件作为整体相关联，那么这种影响力通常微乎其微。

然而，倘若模式贯穿于事件的各个连续部分，并且同时在整体中得以体现，致使事件成为这一模式的生命历程，那么凭借这种持续的模式，事件在外部影响力方面将会得到增强。因为事件自身的影响力会通过其所有连续部分的相似方面得以强化。事件构建了一种模式化的价值，其各个部分均具备内在的恒久性；并且正因为这种内在的持续性，事件在其所处环境的变化中占据着举足轻重的地位。

正是在模式的持续性之中，时间与空间得以区分开来。模式在空间上呈现为"此刻"；而这种时间上的确定性构成了它与每个不完全事件的关联。因为这一模式在其自身生命历程的这些空间部分的时间连续中得以再现。换句话说，这种特定的时间顺序规则使得模式能够在其历史的每个时间片段中被再现。可以说，每个持续的客体在自然中发现并从自然中获取了一种将空间与时间区分开来的准则。倘若不存在持续模式的事实，这一准则或许依然存在，但它将是潜在的且无关紧要的。因此，随着持续有机体的演进，空间相对于时间的重要性，以及时间相对于空间的重要性逐步得以发展。这些持续的客体彰显了事件内部诸要素模式的空间与时间的区分；反之，事件内部诸要素模式的空间与时间区分，则体现了事件共同体可以容忍这些持续客体。或许存在没有客体的共同体，但倘若不存在对它们具有特殊容忍性的共同体，便不会有持续的客体。

这一点极为关键，不容许被误解。持续性意味着某一模式在一个事件的摄入过程中得以展现，与此同时，也在那些依据特定规则所区分出的部分事件的摄入过程中得以呈现。但需要注意的是，并非整个事件的任意部分都会呈现出与整体相同的模式。举例来说，考量一个人在一分钟内整个身体活动所呈现出的总体模式。在同一分钟内，一个拇指的活动属于整个身体事件的一部分，然而这一部分所呈现出的模式是拇指的模式，而非整个身体的模式。所以，持续性需要明确的规则来界定这些部分。在上述例子中，这一规则是清晰明了的：你必须观察同一分钟内任意时间段的整个身体活动，例如一秒或者十分之一秒。换言之，持续性的内涵预先设定了时空连续体中时间流逝的意义。

当下的问题在于：是否所有持续的物体都遵循相同的空间与时间区分原则呢？甚至，一个物体在其自身生命历程的不同阶段，其在时空区分方面是否会发生变化呢？直至几年前，人们都毫不犹豫地认定，仅能发现一个这样的原则。所以，在处理一个物体时，时间在持续性方面的意义与处理另一个物体的持续性时是完全相同的。由此能够推断出，空间关系也只具有唯一的意义。然而，如今看来，要解释物体的观测效应，唯有假设彼此存在相对运动的物体在其持续性过程中运用了不同的空间和时间意义。每个持续的物体都能够被设想为在其自身适宜的空间中处于静止状态，而在任何非内在于其持续性的空间中则处于运动状态。倘若两个物体相互静止，那么它们运用相同的空间

120

和时间意义来表述其持续性；而倘若它们存在相对运动，那么它们的空间和时间意义则有所不同。这意味着，如果我们能够设想一个物体在其生命历程的某一阶段相对于其另一阶段处于运动状态，那么该物体在这两个阶段中运用了不同的空间意义，并且相应地运用了不同的时间意义。

根据关于自然的有机哲学，不存在任何原则能够判定时间区分究竟是唯一的旧有假设，还是具有多重性的假设。这全然是需要依据观察来获取证据的问题。[1]

在先前的讲座中，我曾提及事件会具有同时性。一个饶有趣味的问题是，在新的假设条件下，这种表述是否能够在不参照某个特定时空系统的情况下成立。答案是，在某种意义上这是可行的，因为在某些时间系统中，两个事件是同时发生的。然而，在其他时间系统中，这两件同时发生的事件可能并非完全同步，尽管它们可能部分地重叠。类似地，一个事件能够在无附加限定条件的情况下领先于另一个事件，前提是这一领先关系在每个时间系统中均成立。显然，如果我们从某个给定事件 A 出发，其他事件通常能够被划分为两类：一类是无条件与 A 同时发生的事件，另一类是要么在 A 之前发生，要么在 A 之后发生的事件。然而，还存在一类事件会被遗漏在外——这些事件恰好界定了上述两类事件的边界。这一临界情形与我们所熟知的

---

1. 参见我的《自然知识原理探究》，第 52.3 节。

临界速度紧密相连，也就是真空中的光速理论值。[1] 你或许还记得，不同时空系统的运用意味着物体之间的相对运动。当我们分析某个特定事件 A 与这一特殊事件集合之间的临界关系时，便能够探寻到解释这种临界速度的答案。在此，我省略了诸多细节。显然，为了引入精确的表述，必须运用点、线、瞬间等概念。此外，几何的起源也需要加以探讨，例如长度的测量、直线的直度、平面的平坦性以及垂直性。我曾尝试在早期的一些著作中探究这些问题，并把它们归入"广延抽象理论"的范畴，但这些内容过于专业化，不适宜于当前的讨论发生。

倘若几何距离关系不具备唯一确定的意义，那么显而易见万有引力定律需要重新表述。因为该定律的公式表达的是两个粒子之间的引力与其质量乘积成正比，与其距离的平方成反比。这种表述隐含了两个条件：一是存在明确的时刻来界定吸引力的瞬间，二是存在明确的距离意义。 *122* 然而，距离是纯粹的空间概念，在新的理论中，依据所采用的时空系统，这种意义存在无数种可能性。当两个粒子相对静止时，我们或许能够接受它们所共同运用的时空系统。然而，当它们并非相互静止时，这种建议便无法适用。所以，必须以不依赖于特定时空系统的方式重新表述引力定律。爱因斯坦达成了这一点。新的表述自然而然地会更为复杂一些。爱因斯坦在数学物理学中引入了一些纯数学

---

[1] 这不是引力场或分子和电子媒介中的光速。

的方法，使得公式能够独立于所采用的测量系统。这一新的公式引入了一些在牛顿定律中不存在的微小效应。然而，对于主要效应而言，牛顿定律与爱因斯坦定律是相契合的。这些额外效应阐释了水星轨道的某些不规则性，而这些不规则性是牛顿定律无法解释的。这便为新理论提供了强有力的验证。有趣的是，基于多重时空系统理论，还存在不止一种可供选择的公式。这些公式都涵盖了牛顿定律的主要特征，并且能够解释水星运动的特异性。但要在它们之间做出抉择，唯有依赖实验观测数据，这些数据将揭示公式在不同预测上的差异。最终选定的公式将由观察和实验来确定，而非取决于数学的简洁性或美感。大自然或许对数学家的审美偏好毫不在意。

最后需要补充说明的是，爱因斯坦或许会对我向诸位阐述的多重时空系统理论予以否定。他可能会采用另一种方式对其公式进行解释，将其归结于时空的扭曲，这种扭曲改变了测量属性的不变性理论，并引入了每条历史路径的"固有时间"。他的这种表述方式在数学层面更为简洁，并且仅允许存在一种万有引力定律，排除了其他可能的替代公式。然而，就我个人的观点而言，我难以将这种解释与我们关于同时性和空间排列的经验事实相互调和。此外，还存在一些更为抽象的难题。

我们当下所探讨的关于事件之间关系的理论，其首要依据在于这样一个观点：事件的相关性，至少就该事件自身而言，均属于内在关系，尽管对于其他关联项而言，未必一定是内在关系。例如，涉及永恒客体与事件之间的便是外部关系。这种内部相关性正是事件只能以其独特的方式存在于特定关系集合中的根源所在，也就是说，事件只能处于特定的位置并以特定的方式展现自身。因为每一种关系都构成了事件的本质部分，倘若脱离了这些关系，事件便无法成为其原本的模样。这恰恰是"内在关系"这一概念的内涵所在。传统意义上，甚至可以说普遍意义上，人们通常认为时空关系是外部的。而我在这里所阐述的理论正是对这一传统观点的否定。

内在相关性的概念需将事件拆解为两个要素：其一是作为个体化根基的潜在实质性活动，其二是各方面的复合体，即构成事件本质的相关性的复合体，它们借助这种个体化的活动得以统一。换句话说，内在关系的概念要求有一种实质的概念，即将关系综合为其新兴特性的活动。事件之所以呈现出其独特的模样，正是源于其内部对多重关系的整合统一。这些相互关系的总体框架是一种抽象，它假定每个事件是一个独立的实体（然而事实并非如此），并探究在这种独立性假设之下，这些构成性关系①以外的残余物以外部关系的形式所呈现出的状态。以这种公正的方式所表达的关系框架便演变成了一个复杂的事件框架，其中事件整体与部分之间，以及作为某一整体的共同部分之间，存在着多种多样的关系。即便如此，

---

① 译者注："构成性关系"是怀特海哲学的特有术语，意在强调关系不是外在的，而是现实事物的构成性要素。

内在关系的特性依然清晰可辨：部分显然是整体的构成要素。同样，一个与任何事件复合体失去关联的孤立事件，由于事件本质的限定，同样被排除在外。因此，整体显然也是部分的构成要素。由此可见，内在关系的特性的确透过这种公正的抽象外部关系框架而得以彰显。

但是，这种将现实宇宙展示为广延且可分割的过程忽视了空间与时间之间的区别。实际上，它也忽略了实现的过程，即通过各种综合活动的调适，各个事件成为其自身的实现形式。因此，这种调适是潜在的活动性实体的调适，通过这些实体的调适，它们表现为斯宾诺莎"唯一实体"的个体化或存在方式。这种调适正是引入时间过程的根源所在。

所以，从某种意义上说，时间作为综合实现过程的调适特征，超越了自然界的时空连续体。[1] 从这一意义上讲，时间过程并非必然地由单一的线性连续序列所构成。因此，为了契合当代科学假设的需求，我们引入一个形而上学假设：情况并非如此。然而，我们确实假定（基于直接观察）时间的实现过程能够被分析为一组线性连续过程。这些线性序列中的每一个都对应于一个时空系统。为了支撑这一线性连续过程的假设，我们援引以下依据：（1）通过感官直接呈现的超越我们自身且与我们同时存在的广延宇宙；（2）对这样一个问题的智力理解——在超出我们感官认知

范围的区域内，当下立即发生的是什么；（3）对突发事件
持续性所涉及的内容进行分析。客体的这种持续性涉及当
下已经实现的模式的展示。这种展示是内在于一个事件的
模式的展示，也体现出自然的一个时间片段作为永恒客体
的属性（或者同样可以说，永恒客体作为事件的属性）。这
个模式在整个持续时间内被空间化，以服务于那些模式融
入其本质的事件。事件是这一持续时间的一部分，也就是
说，它是内在于自身属性中所展示的部分；反过来，在这
种同时性意义上，持续时间则是整个与事件同时存在的自
然整体。因此，一个事件在实现自身时呈现出一个模式，
而这个模式需要由某种明确的同时性含义所确定的明确的
持续时间。这种同时性的每一个定义都将所展示的模式与
一个特定的时空系统相互关联。时空系统的现实性是由模
式的实现所构建的；然而，它内在于事件的一般架构，构
成了它对时间实现过程的容忍性。

需注意，这种模式需要涉及明确的时间流逝的持续时
间，而并非仅仅一个瞬间。这样的瞬间更为抽象，因为它 *125*
仅仅表示具体事件之间的邻接关系。因此，持续性被"空
间化"了；所谓"空间化"，是指持续性作为实现模式的场
域，构成了事件的特性。一个持续时间，作为其中包含的
一个事件得以实现的模式场域，乃是一个时段，亦即一种
停顿；续久性则是模式在连续事件中的重复。① 因此，持久

---

① 译者注：怀特海在这里区分了"持续性"（duration）和"持久
性"（endurance）。

性需要一系列持续时间的相继出现，每一个持续时间都展示着该模式。根据这一解释，"时间"已经从"广延性"以及由时空广延特性所产生的"可分性"中分离出来。因此，我们不能将时间设想为另一种形式的广延性。时间是纯粹的一系列时段。但是在这一解释中，那些彼此相继的实体就是持续时间。持续时间乃是事件中实现某种模式所需的场域。因此，可分性与广延性存在于给定的持续性内部。时段并非通过其连续的可分部分来实现，而是与其部分一同给定的。通过这种方式，芝诺可能化解了对康德《纯粹理性批判》中两段论述的共同有效性提出的异议，这种化解是通过放弃其中较早的段落实现的。我所提及的是"直觉公理"部分的段落；较早的段落来自关于广延量的子章节，而后来的段落来自关于密度量的子章节，密度量部分总结了关于广延量与密度量的整体考量。前面的段落内容如下：[1]

> 我称为广延量的是这样一种量，其中整体的表象是通过部分的表象得以可能的，因此也必然以部分的表象为先。我无法想象任何一条线，无论它有多短，而不在思维中画出它，即不将其各个部分一个接一个地从某个给定点开始生成，从而首先形成它的直观。同样的道理也适用于时间的任何部分，即便是最短的

---

[1] 马克斯·缪勒（Max Muller）的译文。

时间。我只能在其中设想从一个瞬间到另一个瞬间的连续推进，从而最终通过所有时间部分及其累加，生成一个确定的时间量。

第二段内容如下：

这种量的特殊性质在于其任何部分都不是可能的最小部分（没有不可分的部分），这被称为连续性。时间和空间是连续量，因为它们没有任何部分不被限制（点和瞬间）所包围，没有任何部分不是自身再次成为空间或时间。空间仅由空间组成，时间仅由时间组成。点和瞬间只是界限，仅仅是界定的场所，作为场所总是预设它们所要限定或决定的直观。单纯的场所或在空间或时间之前可能被给出的部分，永远无法构成空间或时间。

倘若"时间和空间"属于广延的连续体，那么我对第二段的观点表示完全认同；然而，它与前一段的表述并不相符。因为芝诺会提出质疑，认为这会涉及恶性无限倒退。时间的每一个部分都涵盖其自身更小的部分，依此类推。此外，这个序列最终会回溯至虚无，这是由于起始的瞬间并无持续时长，仅仅标志着与更早时间的相邻关联。所以，倘若坚持这两段的观点，时间便不可能存在。我接纳后者而否定前者的观点。现实化是时间在广延领域中的生成过程。就其可能性而言，广延是事件的复合体。在现实化进程中，潜在转化为现实。不过，潜在的模式需要一个持续时长；并且这个持续时长必须借助模式的实现以一个时段整体的形式展现出来。因此，时间是由自身可分且相互邻接的元素依次接续而成。一个持续时间段，在其成为具有时间性的过程中，便承载起某种持续客体的实现。时间化即现实化。时间化并非另一个连续的过程，而是一种原子式的接续。所以，时间是原子性的（也就是时段性的），尽管被时间化的事物是可分的。这一学说源自对事件学说以及对持续客体本质的分析。在下一章中，我们将探讨它与现代科学中量子理论的关联性。

需要注意的是，关于时间的时段特性这一理论并不依赖于现代的相对论学说，即便相对论学说被摒弃，该观点依然能够成立，而且实际上更为简易。它依赖于对事件内在特性的解析，将事件视作最为具体的有限实体。

127　　在回顾这一论证时，首先值得关注的是，作为其根据的康德第二段引文，并不依赖于任何特定的康德理论。后者的观点与柏拉图的立场相符，与亚里士多德的观点则相悖。其次，该论证假定芝诺低估了自身的论点。他原本应当将其论证指向时间本身的通行观念，而非运动这一涉及时间与空间关系的概念。这是因为，正在生成的事物具有持续时段。但倘若没有一个更小的持续时段（作为前者的一部分）先前已经生成，那么任何一个持续时段都无法生成（依据康德的早期陈述）。相同的论证可应用于这一更小的持续时段，如此循环往复。并且，这些持续时段的无限回溯最终会收敛于虚无——即便依据亚里士多德的观点，也不存在一个第一时刻。因此，时间将成为一个非理性的概念。最后，在时段理论中，芝诺的难题通过如下方式得以化解：将时间化视为一个完整有机体的实现。该有机体是一个事件，其本质中包含其整个时空连续体中的时空关系（既在其自身内部，也在其自身外部）。

第八章
量子论

129 相对性理论无疑引发了公众的广泛关注。然而，尽管其重要性确凿无疑，它却并非近期物理学家兴趣的核心焦点。毫无争议的是，这一核心地位被量子理论所占据。该理论的引人入胜之处在于，依据它的观点，一些看似在本质上能够逐步递增或递减的效应，实际上仅能通过特定的跳跃式增减来实现。这就仿若你能够以每小时三英里或者每小时四英里的速度行走，却无法以每小时三英里半的速度行进一般。

所探讨的这种效应与分子在遭受某次碰撞而被激发后辐射光的现象紧密相关。光由电磁场中的振动波所构成。当一个完整的波经过某一点之后，该点的所有状态便会恢复至初始状态，从而为后续的下一个波做好准备。不妨想象一下海洋中的波浪，并计算连续波峰之间的距离。在一秒钟内经过某一点的波的数量被称作该波系统的频率。一组具备特定频率的光波对应于光谱中的某一种特定颜色。

现在，当一个分子被激发时，它会以特定数量的特定频率进行振动。换言之，分子拥有一组明确的振动模式，每一种振动模式均具备特定的频率。每一种振动模式都能够在电磁场中激发出与其频率相同的波。这些波承载着振动的能量，最终（当这种波形成之时）分子会丧失其激发能量，130波动亦随之停止。如此一来，分子便能够辐射出某些特定颜色的光，也就是某些特定频率的光波。

在描述振动模式的能量辐射时，或许有人会认为每一种振动模式都能被激发至任意强度，从而使该频率的光可携带任意数量的能量。然而，实际情况并非如此。似乎存在某些最小的能量单位，它们无法被进一步细分。这一现象可类比为一位美国公民在偿还债务时，无法将一美分再度细分以匹配所获取商品的更小部分。在此处，"一美分"等同于光能量的最小单位，而所获取的商品则相当于激发原因所提供的能量。倘若激发原因足够强劲，能够触发发射"一美分"的能量；反之，则任何能量都无法触发发射。无论怎样，分子仅能发射整数数量的"美分"能量。进一步的特征可通过引入一位英国人来阐释。英国人使用英国货币偿还债务，其最小单位是"法寻"，与"一美分"有所不同。大致而言，"一法寻"约等于半美分。在分子中，不同的振动模式具有不同的频率。可将每一种振动模式类比为一个国家，一种模式对应美国，另一种模式对应英国。一种模式仅能以整数数量的"美分"辐射其能量，"一美分"是最小单位；而另一种模式仅能以整数数量的"法寻"辐射其能量，"一法寻"是最小单位。更为有趣的是，能够找到一个规则来描述不同模式之间最小能量单位的相对价值。这个规则极为简单：每一种最小能量单位的价值与该模式的频率严格成正比。依据此规则，在比较"法寻"和"美分"的价值时，美国模式的频率大约是英国模式的两倍。换而言之，美国模式每秒的活动次数大约是英国模式的两倍。至于这种频率差异是否契合两国的传统性格描述，那就留待诸位自行去判断了。此外，可以说太阳光谱的两端各有其优势——有时你需要红光，有时你需要紫光。

131　　　我期望量子理论关于分子的阐述并未引发极大的理解上的困难。真正令人困惑之处源自尝试将这一理论融入当前科学对分子或原子内部活动的描绘之中。

　　　唯物主义理论的根基在于，自然事件应当通过物质运动来予以阐释。基于这一准则，光波被诠释为以物质性的以太的运动为根基，而分子内部的活动则被解释为独立的物质部分的运动。关于光波，物质性以太的地位已逐渐式微，鲜少被提及。然而，这一准则在原子领域的应用却未受到质疑。例如，中性氢原子被假定至少由两个物质团块所构成：一个是由被称为正电的物质构建的原子核，另一个是单个电子，即负电。原子核呈现出一定的复杂性，并且能够进一步细分为更小的团块，一些是正电物质，另一些是电子。假设认为，原子内的任何振动皆应归因于某些可从整体中分离的物质部分的振动运动。量子理论的难点在于，依照这种假设，我们必须将原子想象为提供了有限数量的特定轨道，这些轨道是振动唯一可能发生的路径。然而，经典科学描绘中并未涵盖这些轨道。量子理论需要电车在有限的几条路线中运行，而经典科学描绘所提供的却是马群在大草原上驰骋。其结果是，原子的物理学说陷入了与哥白尼之前天文学中的本轮学说①颇为相似的困境之中。

在有机自然论框架下，存在着两种本质上截然不同的振动形式。一种是振动性的运动，另一种则是振动性的有机变形；这两类变化形态所依存的条件有着全然不同的性质。换言之，存在着这样一种情况，即作为整体依照某种既定模式所进行的振动性运动，同时也存在模式自身发生变化的振动性改变。

在有机论中，一个完整的有机体相当于唯物主义理论里的一小块物质。在这种理论体系里，存在一个主要的类别范畴，其中涵盖了若干有机体的种类，每一个隶属于这个主要类别的原初有机体都无法再进一步分解为更低层级的有机体。我将把任何属于这一主要类别的有机体称作"原初体"。原初体可能会有不同的种类划分。

我们必须时刻牢记，我们正在探讨的是物理学中的抽象概念。所以，我们并非在思索一个原初体自身的本质属

① 译者注：本轮（epicycle）是哥白尼之前的地心说宇宙模型的关键组成部分，由古希腊天文学家克劳狄乌斯·托勒密在他的《天文学大成》中描述。在这个模型中，每个行星沿着一个本轮作圆周运动，同时本轮的中心沿着更大的均轮以地球为中心进行圆周运动，以此来解释行星运动的"逆行"和"停留"等现象。

性，也就是那种从对具体特征的直观感受中所衍生出来的模式；也不是在考量一个原初体对于其所处环境的意义，即它在环境中被察觉到的具体特性。我们仅仅是从这些特性对模式以及运动的影响能否运用时空术语来进行表述的角度加以思考。因此，用物理学的专业语言来讲，一个原初体的特征仅仅体现为其对电磁场的贡献。实际上，这也正是我们对电子和质子所知晓的全部内容了。对我们而言，电子仅仅是其在环境中所展现出来的特征模式，当然，这里所指的特征是那些和电磁场相关的部分。

在探讨相对论的时候，我们发现两个原初体之间的相对运动仅仅意味着它们的有机模式正在运用不同的时空系统。倘若两个原初体既没有保持相互静止的状态，也未处于相对匀速运动的状态，那么至少有一个原初体正在改变其固有的时空系统。运动定律所阐述的正是这些时空系统发生变化的相关条件。而振动运动的条件恰恰是建立在这些一般性的运动定律基础之上的。

然而，某些特定种类的原初体在致使其改变时空系统的条件下，极易发生崩解。这类原初体仅能在特定情形下维持相对较长时间的稳定性，例如它们成功地与不同种类的原初体构建起了有利的关联关系，使得在这种关联当中崩解的倾向能够被所处环境予以中和。我们可以想象，原子核是由众多不同种类的原初体所组成的，也有可能包含许多同种的原初体，整个关联结构有助于维持其稳定性。像正电核与负电子之间的关联就是这样的实例，它们相互

结合形成了中性原子。通过这种关联方式，中性原子能够 *133*
对外屏蔽任何可能引发其时空系统发生变化的电场影响。

当下物理学的相关要求提出了与有机哲学理论十分契合的观点。我将其表述为这样一个问题：我们关于持久性的有机理论是否因假定持久性必须意味着在相关生命周期内毫无差别的同一性，而受到了唯物主义理论的污染呢？或许你已经注意到（在前一章内容中），我曾把"重复"一词当作"持久性"的同义词来使用。显然，它们二者的含义并非完全等同；此刻我想要指出的是，"重复"与"持久性"的不同之处，更贴近有机论所要求的内涵。这种区别和伽利略与亚里士多德之间的差异颇为相似：亚里士多德强调的是"静止"，伽利略则补充了"或沿直线做匀速运动"。因而，在有机论里，一个模式并非一定要在时间进程中以毫无差别的相同性持续存在。该模式有可能从本质上就是审美对比模式，需要一定的时间来逐步展开。旋律便是这样一种模式的典型例子。所以，模式的持久性如今意味着其对比特征的重复出现。这显然是有机论中最为一般性的持久性概念，而"重复"或许是最能直接表达这一概念的词语了。不过，当我们把这一概念转化为物理学的抽象概念时，它马上就变成了专业性的"振动"概念。这里所说的振动并非振动性的位移，而是有机变形层面的振动。在现代物理学中，已经有一些迹象表明，对于基于物理场的粒子有机体所扮演的角色而言，我们需要那种具有振动特性的实体。这样的粒子将会是从原子核中被释放出来的粒子，随后它们会分解并融入光波之中。我们可以推测，这类粒子在处于孤立状态时，并不具备很强的持久稳定性。因此，一个不利的环境，也就是那种会使其激发至剧烈加速状态的环境，将会致使粒子解体，并分解成具有相同振动周期的光波。

一个质子，或许连同电子，将是由这样的原初体所构成的组合体，它们彼此相互叠加，其频率与空间维度均经过精心调适，以增进复杂有机体在遭受加速运动撞击时的稳定性。稳定的条件会对质子可能的周期组合予以支撑。原初体的释放源于撞击作用，这种撞击会使质子要么重新稳定形成一种替代性的组合形式，要么借助所接收到的能量催生出新的原初体。

原初体必然与特定频率的振动性有机变形存在关联。如此一来，当它发生分解时，便会消解为相同频率的光波，随后这些光波会携带着其全部的平均能量。作为特定的假设情形，我们能够轻易地设想出具有特定频率的电磁场的静态振动，并且这些振动以径向的方式从中心向外发出并返回，依据所接受的电磁学定律，这将由满足一组条件的振动球形核心以及满足另一组条件的振动外部场共同组成。这便是振动性有机变形的实例之一。进一步地（在这个特定的假设情境之中），存在两种确定附属条件的方法，以此来满足数学物理学的常规要求。依据其中一种方法，总能量将会满足量子条件，因此，它是由整数单位或者货币的"分"所构成，这些能量单位与任何原始生命体的频率呈现出正比例关系。我尚未对稳定性或者稳定组合的条件进行详尽的推导。我提及这个特定的假设，旨在通过示例表明，自然有机论为重新审视最终的物理法则开辟了可能性，而这种可能性在与之对立的唯物主义理论框架下是难以企及的。

在这个关于振动原初体的特定假设当中，麦克斯韦方程被假定在整个空间范围内，包括在质子的内部空间均适用。这些方程表述了掌控振动能量产生与吸收的定律。每个原初体的整个过程会产生特定的平均能量，该能量与其质量成正比例关系。实际上，能量即质量。存在着振动性的径向能量流，其既存在于原初体的外部，也存在于其内部。在原初体内部，存在着电密度的振动性分布。依据唯物主义理论，这种密度表征着物质的存在；而依据有机振动理论，它标志着能量的振动性产生。这种产生过程仅限 *135* 于原初体的内部。

所有科学研究都必须从某些关于其所处理事实的最终分析的假设起步。这些假设部分地通过它们与我们直接感知到的发生类型的契合度来获得证实，部分地则通过它们在避免臆断性假设的前提下成功地对观察到的事实进行表述，并具备一定的普遍性来得以验证。我所概述的原初体振动的总体理论仅仅是作为例证，用以展示有机论为物理学所保留的种种可能性。关键在于，它增添了有机变形的可能性，而非仅仅局限于单纯的运动。光波便是有机变形的一个重要例证。

在任何时期，当科学假设呈现出类似天文学在 16 世纪被拯救之前所经历的本轮状态的种种迹象时，这些假设便开始陷入动摇。当下的物理科学正展现出此类症状。为了重新审视其根基，它必须回归到对真实事物本质更为具体的认知层面，并将其基本概念视作从这种直接的直觉感悟中所衍生出来的抽象概念。正是通过这种方式，科学得以审视那些可供修订的总体可能性。

量子论所引入的离散性要求我们对物理学概念进行修订，以妥善应对这些问题。特别值得指出的是，有人明确提出需要关于不连续存在的理论。这样的理论所要求的是，电子的轨道能够被视作一系列相互分离的位置，而非一条连续的轨迹。

上述理论中的"原初体"或"振动模式"与前一章所提及的时间性和广延性的区别相互融合，恰好能够得出这一结果。需要牢记的是，事件复杂性的连续性源自广延性的关系；时间性则源于模式在主体事件中的实现，这种模式的展示需要将整个时段予以空间化（即予以固定），以便展现其在事件中的各个层面。因此，现实化是借助一系列持续时段来推进的；而连续的转化，也就是有机形变，是在已经给定的时段范围内进行的。振动性的有机形变实际上就是模式的重复。一个完整的周期界定了完整模式所需的时段。因此，原初体是以原子式的方式在一系列时段内得以实现的，每个时段从一个最大值到另一个最大值进行度量。所以，就原初体作为持续的整个实体而言，它应当

136

依次被分配到这些时段之中。倘若将其视作整体，那么它的轨道就应当用一系列相互分离的点以图示的方式展现出来。因此，原初体的运动在空间与时间维度上均是离散的。倘若我们进一步考量原初体的振动周期所代表的时间量子，我们将会发现一系列的振动电磁场，每个场在其自身持续的时空范围内是处于静止状态的。每一个场都展示了构成原初体的电磁振动的完整周期。这种振动并非现实的生成过程；它是原初体在其某一离散实现中的状态。同样，原初体实现的连续的时段是彼此相邻的，因此，原初体的生命历程能够被展现为在电磁场中一系列事件的连续演进。但这些事件作为整体的原子性板块进入实现阶段，并占据特定的时间周期。

没有必要将时间理解为原子性，即所有模式都必须在相同的连续时段内实现。首先，即使两个原初体的周期相同，其实现的时段也可能存在差异。换而言之，这两个原初体可能存在相位差。此外，如果周期不同，那么一个原初体的任意时段的原子性必然会被另一个原初体时段的边界时刻所细分。

其次，即便两个原初体的周期相同，它们各自的实现所经历的时段也有可能并不一致。也就是说，这两个原初体或许会存在相位上的差异，无法实现同步。再者，倘若周期不同，那么其中一个原初体的任意一个时段所具有的原子性特征，必然会被另一个原初体的时段的边界时刻所分割细化。

　　原初体的运动规律明确阐释了其在何种条件下将会改变自身的时空系统。

　　在此处，我们无须对这一概念进行更为深入的探究。振动存在这一概念的合理性，必须全然依靠实验来予以证实。这个例子所呈现出的关键要点在于，此处所采用的宇宙学视域与物理学领域所提出的关于不连续性的要求是高度契合的。此外，若将时间化的概念理解为持续时段的连续达成，便能够有效避开芝诺悖论所带来的难题。本文赋予这一概念的特定形式仅仅是出于阐释说明的目的，在使其适配于实验物理的研究成果之前，必然需要开展进一步的调整与修正。

第九章
科学与哲学

在今天的讲座里，我的目标是深入探究科学在我们所
重点关注的现代几个世纪当中，对哲学思想发展所产生的
某些特定反应。我并不打算在一场讲座之中将一部现代哲
学史进行压缩式的阐述。我们仅仅会在本系列讲座旨在构
建的思想体系范围内，探讨科学与哲学之间的部分连接点。
基于这一缘故，整个宏大的德国唯心主义运动将会被略过，
这是由于它与当时的科学在概念的相互修正层面缺乏切实
有效的关联。康德，作为这一运动的开创者，深受牛顿物
理学的深刻影响，同时也受到诸如克莱罗①等伟大的法国物

---

① 译者注：参考康德在《纯粹理性批判》《先验分析》《经验的第二
类比》中科学阅读的奇怪证据，其中他提到了毛细作用现象。这个说明太
复杂了，没这个必要；用放在桌子上的一本书来说明就足够了。但克莱
罗（Clairaut，法国数学家亚历山大·克莱罗的姓氏）刚刚在他的《地球
图》附录中首次充分讨论了这个主题。康德显然读过这个附录，并且牢
记于心。

理学家的启发，这些学者对牛顿的思想进行了拓展延伸。然而，那些进一步发展康德学派思想或者将其转变为黑格尔主义的哲学家们，要么欠缺康德所具备的科学知识储备，要么缺乏成为伟大物理学家的潜在素质（倘若哲学未曾耗尽康德的主要精力的话）。

140　　现代哲学的起源与科学相似，且处于同一时代。其发展的总体趋向在17世纪得以确立，部分原因在于那些奠定科学原理的人物也积极参与到了现代哲学的塑造进程之中。这一目的的确定是在15世纪的过渡时期之后发生的。实际上，这是一场欧洲思想的总体性运动，其浪潮同时裹挟着宗教、科学和哲学的发展进程。简而言之，这一运动能够被描述为：那些精神形态源自中世纪遗产的人们，径直回归到希腊启迪的最原始的源泉。因此，并不存在希腊思想的复兴现象，因为时代无法从死亡中重新复苏。激发希腊文明的审美与理性原则，在现代思想中被赋予了崭新的形式。在希腊与现代之间，横亘着其他宗教、其他法律体系、其他无序状态以及其他种族遗产，这些因素将鲜活的现代世界与消逝的希腊世界清晰地区分开来。

　　哲学对这种差异表现得尤为敏锐。因为，尽管我们能复制古代的雕像，却无法复制古代的精神状态。任何尝试都只能如同化装舞会与真实生活之间的关联那样的接近。我们能够理解过去，但现代人与古代人对于相同刺激所做出的反应存在着本质性的差异。

　　在哲学的特定情境之下，这种基调的区别十分显著。

现代哲学带有主观主义色彩，而古代哲学则倾向于秉持客观的态度。同样的变化也能在宗教领域中察觉到。在基督教会的早期历史进程中，神学兴趣聚焦于对上帝的本质、道成肉身的意义以及世界最终命运的启示性预言的探讨。而在宗教改革时期，教会由于对信徒个人在称义方面的经验所产生的分歧而陷入分裂。个人经验的主体取代了整体现实的戏剧性场景。路德发出的疑问是："我如何称义？"而现代哲学家则问道："我如何获取知识？"显然重心已经落在了经验的主体之上。这种视域的转变乃是基督教牧养信徒群体的实践工作所产生的成果。历经数个世纪，基督教持续不断地强调个体灵魂的无限价值。因此，在身体欲望的本能自我主义之上，又叠加了对知识视域自我主义的本能正当感。每个人天生便是其自身重要性的天然守护者。141毫无疑问，这种现代关注方向凸显了至关重要的真理。例如，在实践生活领域，它废除了奴隶制，并将人类的基本权利深深地烙印在公众的想象之中。

笛卡尔在其《方法论》与《第一哲学沉思录》①里，极为清晰地展现了自那时起便对现代哲学产生深远影响的一般观念。他认为有一个接纳经验的主体：在《方法论》中，这个主体始终以第一人称现身，换而言之，这个主体

---

① 译者注：自笛卡尔的代表作主要有《方法论》（*Discours de la metheorde*，1637 年）、《第一哲学沉思录》（*Meditationes de prima philosphiia*，1641 年）、《哲学原理》（*Principia philosophiae*，1644 年）、《论世界》（*Le Monde*，1644 年）和《灵魂的激情》（*Les passions de l'ame*，1649 年）。

即为笛卡尔本人。笛卡尔从他自身作为一个心智的存在出发，该心智凭借对自身感官及思维的固有呈现的意识，进而意识到自身作为统一实体的存在。哲学后续的发展历程便是围绕笛卡尔对原始材料的阐释而逐步展开的。古代世界立足于宇宙宏大的戏剧性场景，现代世界则以灵魂的内在戏剧为根基。笛卡尔在《沉思录》中明确地将这种内在戏剧的存在构建于错误的可能性的基石之上。表象有可能与客观事实并不相符，所以必定存在灵魂，其活动的现实性全然源自其自身。例如，在《沉思二》中有如下一段引文：

> 但人们或许会说这些表象是虚假的，又或者我正在做梦。即便如此。无论怎样，能够确定的是，我仿佛看到了光，听到了声音，感受到了热；这不可能是虚假的，这便是我所谓的感知，也就是思维。由此，我开始比以往更加清晰、明确地知晓我究竟是什么。[1]

同样，在《沉思三》中，他讲道：

> ……正如我之前所言，尽管我所感知或想象的事物，或许在我之外毫无踪迹，但我依旧确信，那些我称之为感知与想象的意识形式，只要它们属于意识的

1　引自维奇（Veitch）的译文

范畴，便存在于我之内。

中世纪以及古代世界的客观主义传到科学领域来了。自然界被视作拥有其自身的独立存在，具备自身的相互反应机制。在相对论的近期影响之下，出现了朝向主观主义表述发展的倾向。然而，除了这一近期的例外情况，科学思想中的自然界，其法则在被表述时并未考量对个别观察者的依赖关系。不过，古代与现代对待科学的态度存在着这样的差异：现代人的反理性主义遏制了任何将科学的终极概念与从更为具体的现实全景中所获取的观念进行和谐统一的尝试。物质、空间、时间以及有关物质构型转变的各类法则，均被当作终极性的、难以改变的事实，不容许有任何干预。

这种科学与哲学的对立对哲学与科学产生了同样不利的影响。在本讲座当中，我们所关注的核心是哲学。哲学家属于理性主义者，他们力求超越那些顽固且无法简化的事实：他们期望借助普遍的原则去阐释事物流变过程中各个细节之间的相互关联。与此同时，他们探寻能够消除纯粹任意性的原则；所以，无论假设或者给定的事实为何，其余事物的存在都应当契合某种理性要求。他们执着于追求意义。正如亨利·西奇威克所言：

> 哲学的首要目标是达成完全的统一，使所有理性思维的各个领域能够清晰明确地相互协调，而这一目

标是任何忽视伦理学中重要判断与推理内容的哲学都无法实现的[1]

因此，由于物理科学与社会科学对历史怀有偏见，拒绝在某种终极机械论下对自己的理论再作理性化处理，因而就把哲学从现代生活的有效潮流之中排除出去，从而使哲学丧失了其作为持续批判偏颇理论的恰当作用。由于被科学从物质的客观主义领域驱赶出来，它便只好退缩至心智的主观主义领域。因此，17 世纪思想的演变与从中世纪传承下来的个体人格的增强感相互呼应、彼此促进。我们可以看到笛卡尔立足于他自己最终的心智，这是由他的哲学所予以保障的；并探究它与终极物质（在《沉思二》里借助人体和一块蜡予以呈现）之间的关系，而这些物质乃是科学所假定的。正如亚伦的杖与魔术师的蛇那般，哲学唯一的问题在于，究竟哪个会吞噬哪个；又或者，如同笛卡尔所认为的，它们是否能够和谐共处。在这一思想脉络之中，我们能够寻觅到洛克、贝克莱、休谟、康德的踪迹。有两个伟大的名字并不在其中——斯宾诺莎和莱布尼茨。不过，他们在哲学影响力方面存在着一定程度的孤立性，尤其在科学领域；仿佛他们偏离了安全哲学的边界，斯宾诺莎秉持着更为古老的思想路径，莱布尼茨则因单子论的创新性而独树一帜。

---

[1] 参见亨利·西奇威克（Henry Sidgwick）：《思忆录》，附录 I

哲学史与科学史呈现出奇妙的相似性。在这二者的发展进程中，17 世纪均为其后两个世纪奠定了坚实的基础。然而，步入 20 世纪，一幅全新的思想画卷徐徐展开。将思想潮流中的一般变化完全归因于某一部著作或者某一位作者，显然是夸大其词的做法。毋庸置疑，笛卡尔仅仅是清晰且果断地将他所处时代氛围中已然存在的思想进行了明确表述。同样地，在将哲学的新阶段归功于威廉·詹姆士之际，我们也理应避免忽视他所处时代的其他诸多影响因素。即便如此，将他在 1904 年发表的论文《意识存在吗？》与笛卡尔于 1637 年问世的《方法论》加以对比，依然具备一定的合理性与适当性。詹姆士清理了旧有的思想道具的舞台，或者更为确切地说，他彻底改变了哲学舞台的灯光。例如，可从他的论文中摘取如下两句：

> 决然否定"意识"的存在，乍一看来似乎显得荒谬绝伦——毕竟"思想"无疑是存在的——以至于我担心部分读者会因此而不再追随我的思路。那么我即刻阐明，我仅仅是否定这个词代表一种实体的观点，而坚决坚持它代表的是一种功能。

科学唯物主义与笛卡尔的"自我"同时受到了挑战。前者由科学领域提出，后者则由哲学领域发起，威廉·詹姆士及其心理学领域的先驱们代表了后者。这种双重挑战标志着一个绵延约二百五十年的时期的终结。诚然，"物质"与"意识"在日常经验里显得如此瞩目，以至于任何哲学体系都必须针对它们各自的内涵提供某些阐释。但关键之处在于，就这两者而言，17 世纪所形成的定论被如今正遭受质疑的假定所沾染。詹姆士否认意识是一种实体，却认可它是一种功能。因而，明晰实体与功能之间的区别对于理解詹姆士对传统思想模式的挑战意义非凡。在所讨论的这篇论文里，詹姆士对意识所具备的特征展开了充分的探讨。然而，他并未清晰地阐释他所提及的"实体"概念，也就是他拒绝应用于意识的那个概念。在我之前所引用的那句话之后，他继而说道：

> 我的意思是，意识并非如同物质客体那般，源自某种原始的存在材料或本质；我们的思想并非由这种物质构建而成，而是在经验之中存在一种功能，思想在执行这一功能，为了实现这一功能，便需要这种存在的本质。这个功能便是"知晓"。"意识"被视作是阐释事物不仅存在，而且能够被报告、被认知这一事实所不可或缺的。

因此，詹姆士否定意识是一种"东西"。

"实体"这个词，乃至"东西"这个词，都无法全然表达其确切含义。"实体"的概念过于宽泛，以至于它能够指代任何可以被思考的对象。人们无法思考纯粹的虚无，而作为思考对象的某种东西便可被称为实体。从这个意义上讲，功能亦属于一种实体。① 显然，这并非詹姆士的本意。

与我在这些讲座中暂且提出的自然有机论相契合，为了达成我自身的目的，我将把詹姆士的观点解读为他对笛卡尔在《方法论》和《沉思录》中所主张内容的否定。笛卡尔区分了两种实体，即物质与灵魂。物质的本质特性在于其空间广延性；灵魂的本质特性则是它能思维，这与笛卡尔赋予"思考"一词的完整内涵相一致。例如，在《哲学原理》第一部分第五十三节中，他阐述道：

> 每一种独立实体②均拥有一个主要属性，诸如心灵的思维以及身体的广延。

在第一部分第五十一节里，笛卡尔指出：

---

① 译者注：怀特海在这里所说的"实体"，英文是"entity"，它是指所有可作为思维对象或客体的东西，如数字、图形、颜色、观念等，都可以是这种可作为思维对象的东西。在阅读和理解怀特海著作时，一定要注意区分这两种实体概念的不同。怀特海所反对的是自亚里士多德以来西方哲学中把实体当作孤立的存在的观点，并不反对作为思维对象的实体。他所批评的"实体哲学"主要是前一种实体意义的哲学，包括西方传统的唯物主义和唯心主义和二元论哲学。

② 译者注：笛卡尔在这里所说的"实体"（substance）是指不依赖于任何其他事物就可独立存在的东西。怀特海的过程哲学则坚持认为，世界上根本不存在这样的孤立实体，因为每一个所谓物质性的实体性存在，如日月星辰、花草树木、虫鱼鸟兽等，都不可能脱离世界上其他事物和环境而孤立存在。这与上面怀特海所讲的作为思维对象的"实体"（entity）概念是不一样的。

> 我们所能想象的独立实体只不过是一种以这样的方式存在的事物，即它的存在无须自身以外的任何东西。

此外，笛卡尔还讲道：

> 例如，由于任何停止持续存在的独立实体亦会停止存在，持续性与独立实体的区别仅存在于思想之中；……

由此，我们可以得出结论，对于笛卡尔而言，心灵与身体以彼此独立的方式存在，它们不依赖于其他事物（除了作为万物根基的上帝以外）；心灵与身体二者皆能持续地存续，因为倘若没有持续性，它们便会停止存在；空间广延性是身体的本质属性；思维是心灵的本质属性。

笛卡尔在《哲学原理》中全面探讨这些问题的章节里所展现出的天才智慧，无论怎样赞誉都不为过。这既契合他所处的时代背景，又彰显了法国理智所特有的清晰与深邃。笛卡尔在时间与持续性之间的区分、将时间构建于运动之上的方式，以及物质与广延之间的紧密关联，均预示了在他所处时代能够构想的现代相对论学说或者伯格森关于事物生成的某些观点。然而，这些基本原则的设定依然预先假定了独立存在的实体，它们在时间持续性的共同体中仅仅占据着位置，就身体而言，则在空间扩展的共同体中占据着简单位置。这些原则径直导向了唯物主义、机械主义的自然观，在其中自然为思考着的头脑所审视探究。

17 世纪末，科学接管了物质自然领域，而哲学则掌控了思考的心灵。一些哲学学派承认了终极的二元论；而各类唯心主义学派则主张，自然仅仅是心灵思考的主要外在体现。但所有学派均接纳了笛卡尔对于自然最终元素的分析。我将斯宾诺莎和莱布尼茨的观点排除在外，因为它们隶属于现代哲学的主流——源自笛卡尔的思想脉络；尽管他们受到了笛卡尔的影响，并且反过来也对哲学家们产生了作用。我主要考量的是科学与哲学之间的实际关联。

　　科学与哲学之间的领域划分绝非一项简单易行之事。实际上，它充分彰显了整个假定预设体系的薄弱之处。我们所认知的自然界是由身体、颜色、声音、气味、味道、触感以及其他各类身体感觉相互交织而成的综合体，这些感知以在空间中相互分隔的体积模式呈现出来，且具备独特的个体形态。此外，这一整体又是伴随时间推移而持续变动的动态流变。这种系统性的整体以一系列事物的复合形态展现在我们面前。然而，17 世纪的二元论却径直将这一有机整体予以割裂。科学所界定的客观世界仅仅局限于简单的空间物质，这些物质在空间与时间中具有明确的定位，并遵循特定的运动规则。而哲学的主观世界则将颜色、声音、气味、味道、触感、身体感受等纳入其中，将其视作个体心灵思考的主观内容。两个世界均参与到这一普遍的动态流变之中；但笛卡尔将时间作为测量的对象归属于观察者心灵的思考范畴。显然，这一理论架构存在着致命的缺陷。心灵的思考体现为将某些实体，诸如颜色等，呈

146

现在心灵面前，作为冥想的终极对象。然而在这一理论体系中，这些颜色终究不过是心灵的内在构成要素。因此，心灵仿佛被禁锢于其自身的私密思考世界之中。经验的主体—客体构成全然存在于心灵之内，成为其私人情感经验的一部分。从笛卡尔的理论材料中推导出的这一结论，构成了贝克莱、休谟和康德各自哲学体系的起始基点。而在他们之前，洛克便已将其视作核心议题，集中精力加以探讨。于是，关于如何获取对科学中真正客观世界的认知，便成为至关重要的问题。笛卡尔认为，客观的物体是凭借理智来加以感知的。他在《沉思录》中如此表述：

> 因此，我必须承认，我甚至无法借助想象来理解这块蜡究竟是什么，唯有心灵方能感知它。我所提及的是一块蜡；至于蜡本身，这一点则更为显著。那么，究竟什么是这块唯有通过心灵才能感知的蜡呢？……对它的感知既非视觉、触觉，亦非想象的行为，它从未是这三者，尽管它此前或许看似如此，但它仅仅是心灵的直观……

需要注意的是，拉丁词"直观"在其经典用法中与理论的概念紧密相连，与实践则相对立。

现代哲学的两大关键关注点此刻清晰地呈现在我们眼前。心灵的研究能够细分为心理学，即针对作为自身及其相互关系进行探究的心理功能展开的研究；以及认识论，即有关如何认知共同的客观世界的理论。换而言之，存在着对作为心灵的情感表现的思维的研究，以及对其作为指向客观世界的考察（直观）的研究。这是一种极不稳定的 *147* 划分方式，由此引发了诸多困惑，而对这些困惑的探讨在中间的几个世纪里占据了大量的篇幅。

只要人们依旧运用物理学的概念来思索客观世界，以心理观念来考量主观世界，笛卡尔所构建的问题框架便足以充当起始点。然而，随着生理学的蓬勃兴起，这种平衡态势被彻底打破了。在 17 世纪，人们从物理学的研究领域转向了哲学的研究领域。而到了 19 世纪末，尤其是在德国，人们又从生理学的研究领域转向了心理学的研究方向。这种研究重点的转变具有决定性的意义。当然，在早期阶段，人类身体的介入因素已然得到了充分的考量，例如笛卡尔在《方法论》第四部分中便有所提及。但当时生理学关于本能的研究还尚未充分发展起来。在考量人体时，笛卡尔秉持的是物理学家的思维模式；而现代心理学家则具备了医学生理学家的思维视角。威廉·詹姆士的学术生涯便是这一立场转变的典型例证。他同样拥有清晰、敏锐的天赋，能够瞬间精准地捕捉到问题的核心所在。

我之所以将笛卡尔和威廉·詹姆士相提并论，是因为两人的贡献具有相似性。两位哲学家均未通过彻底解决某个问题来终结一个时代。他们的卓越之处恰恰体现在相反的方面。他们各自为某个时代开辟了全新的思维纪元，通过明确的术语阐述了知识的特定发展阶段中能够有效表达的思想体系，一个适用于 17 世纪，另一个则适用于 20 世纪。在这一点上，他们与圣托马斯·阿奎那形成了鲜明的对比，后者体现了亚里士多德学派的学术巅峰。

在诸多方面，笛卡尔与威廉·詹姆士并非各自所处时代最具代表性的哲学家。我更倾向于将这一地位分别赋予洛克与柏格森，至少就他们与当时科学的关联而言是如此。洛克开拓了那些推动哲学持续演进的思维路径，比如他着重强调了心理学的运用。他开启了以解决有限范畴内紧迫问题为显著特征的时代。毫无疑问，在践行的过程中，他将科学的反理性思维引入了哲学领域。然而，富有成效的方法论基础恰恰是从那些在特定情境下务必视作终极命题的清晰公设出发的。对这些方法公设的评判将留待其他时机再行探讨。洛克察觉到，笛卡尔所遗留的哲学局面所涉及的乃是认识论与心理学层面的问题。

柏格森将生理学的有机观念融入哲学。他毅然决然地背离了 17 世纪的静态唯物主义。他对空间化的抵制，实则是对将牛顿式自然观念视为除高度抽象之外任何事物的反对。他所谓的反智主义应当从这一角度予以理解。从某些层面来看，他回溯至笛卡尔，但这种回溯是伴随着对现代生物学的直觉性领悟的。

还有另一个将洛克与柏格森联系起来的缘由。在洛克的思想体系中能够探寻到自然有机论的萌芽。洛克的自我意识身份观念从本质上类似于鲜活的有机体，这种观念蕴含着对自然与心智的机械观念的真正超越，这一点在他的最新阐释者吉布森教授的表述中有所体现。不过需要注意的是，首先，洛克对这一立场的坚持存在摇摆不定的状况；其次，更为关键的是，他仅仅将这一观点应用于自我意识范畴。生理学的态度当时尚未稳固确立。生理学的影响在于将心智重新纳入自然的范畴之中。神经学家先是追踪刺激沿身体神经的效应，而后是神经中枢的整合作用，最终形成超越身体的投射性反应，并在由此产生的神经兴奋中展现出运动效能。在生物化学领域，微妙的化学成分调整被发现是为了维系整个有机体的生命。由此，心理认知被视作整体的反思性经验，作为一个单元事件来报告它自身是什么。这个整体是其部分事件的综合，而非它们的数值累加。它作为事件具备自身的统一性。这个总体统一性被看作将宇宙事件的各个方面整合成有机体的进程。它对自 *149* 我的认知源自其与所整合事物之间的关联性。它将世界视为一个相互关联的系统，进而在其他事物中看见自身的映射。这些"其他事物"尤其指向其自己身体的各个部分。

区分身体的模式、身体事件以及身体事件的各个部分极为关键。身体的模式具有持续性，而身体事件则被持续的模式所渗透，身体事件的部分同样被其自身持续的模式所贯穿，这些模式在身体模式中构成要素。身体的部分实际上是总体的身体事件环境的一部分，但它们之间的相互关系致使它们的各个方面在相互作用中具备特殊的效力，能够改变彼此的模式。这种关系源于整体与部分之间的紧密关联。因此，身体对于部分而言是环境的一部分，而部分对于身体亦是环境的一部分；它们彼此敏感，能够感知对方的变化。这种敏感性被精心编排得极为精细，使得部分能够自我调适，以维持身体模式的稳定性。这是有利于环境保护有机体的特殊范例。部分与整体的关系具有与有机体概念相关的特殊互惠性，其中部分是为整体而存在；但这种关系贯穿于整个自然界，并非起始于高级有机体的特殊情形。

此外，从化学的角度来看，我们无须借助每个分子与完整有机体模式的独特关系来阐释活体中每个分子的行为。诚然，每个分子会受到该模式在其中映射方面的影响，从而与它处于其他环境时的状态有所不同。同样地，在某些情形下，电子可能呈现为球形，而在其他情形下则可能呈现为蛋形体积。就科学而言，处理这一问题的方式仅仅是探究在活体中分子是否展现出在无机环境中无法观测到的特性。就如同在磁场中，软铁会展现出在其他地方所没有的磁性一样。生物体自我保护的迅速反应，以及我们的身体在意志指令下而采取的物理行为的经验，都暗示着分子在身体中会随着整体模式的影响而发生变化。看起来有可能存在物理定律，用以表述当基本生物体成为具有充分模式紧凑性的高级有机体的一部分时它们所经历的修正过程。然而，这与环境的经验性作用全然相符——倘若整个身体与其部分之间的那些方面的直接效应能够被忽略不计。我们理应期待的是这种效应的传递。通过这种方式，整体模式的修正将借助一系列逐级变化的部分得以传递，最终，细胞的修正会改变分子中的各个方面，从而引发分子或某些更精细实体的相应变化。因此，生理学的问题本质上就是不同性质细胞中分子物理学的问题。

此刻，我们能够明晰心理学与生理学以及物理学之间的关联。私人的心理领域不过是从其自身视域加以审视的事件。这一领域的统一性体现为事件的统一性。但它是一个完整的整体事件，而非各个部分的简单累加。部分之间的关系，以及它们与整体之间的关系，皆是它们相互依存的诸多方面。对于外部观察者而言，身体是整个身体各个方面的聚合，亦是身体各个部分的总和。至少在认知层面，形状与感觉客体的方面占据主导地位。然而，我们也必须考量到，我们能够在自己身上直接感知到高等有机体的心理层面。依据有机体哲学，宣称认知外部心智必然要借助形状与感觉客体的各个方面进行间接推断，是毫无依据的。基本原则在于，任何融入现实之中的事物，都会在每一个个体事件中植入其自身的某些方面。

此外，即便是自我认知，我们自己身体的各个部位在一定程度上也会呈现为形状与感觉客体的某些方面。然而，与认知的心智能力相关联的身体事件的部分，对于其自身而言，便是统一的心理领域。其构成要素并非指向事件本身，而是指向超越该事件的那些方面。因此，身体事件中所固有的自我认知，是对自身作为复杂统一体的认知，其构成要素涉及自身之外的所有现实，但受到其诸方面构成的模式的限制。由此我们认识到我们自身乃是多种事物相 *151*

统一的功能体现。认知将事件揭示为一种活动，即组织外来事物现实聚合的活动。然而，这一心理领域并不依赖于其认知过程，所以，该领域依旧是独立于自我认知的统一事件。

因此，意识将会成为认知的功能。然而，被认知的内容已然是对一个真实宇宙的多个方面的摄入。这些方面是其他事件的方面，它们彼此相互修正。在由这些方面构成的模式中，它们以其自身的模式处于相互关联的状态。

原始材料借助于这些模式会自行编织，其内容包括形状、感觉客体以及其他不依赖于事物流变而具有自身同一性的永恒客体。无论这些客体何时浸入总体的流变之中，它们都会相互诠释每一个事件。它们存在于感知者内部，但当感知者感知它们时，它们会向感知者传递出超越其自身的总体流变的一部分内容。主客体关系起源于这些永恒客体的双重角色：永恒客体对主体会有影响，但仅仅是在它们传递了宇宙共同体中其他主体各方面的特征时，才能起到这种作用。因此，任何个体的主体都不可能拥有独立的实在性，因为它只是对其他主体的有限方面的摄入。

"主体—客体"这个专门术语是描述经验中所揭示的基本情境的糟糕的术语。它实际上会使人联想到亚里士多德的"主词—谓词"结构，并且预设了不同主体以其私有的谓词为特征的形而上学学说。这种学说强调主体拥有私人的经验世界。倘若我们接受这一观点，最终必然会陷入唯我论的困境。关键在于，"主体—客体"一词暗示了某种基本实体存在于这些客体之下。所以，这里所说的"客体"不过是亚里士多德的谓词的幽灵的化身。认知经验中所揭示的基本情境是"客体之中的自我—客体"。我这样说的意思是指，基本事实是超越"此时此地"的不偏不倚的世界，它超越了标志自我—客体的"此时此地"，也超越了作为同时实现的空间世界的"现在"。这个世界还囊括了过去的现实性、未来的有限潜在性，以及永恒客体的完整抽象潜能领域。这个领域不仅超越了实现的现实过程，还在其中找 *152* 到了这种实现并与之进行比较。这种自我—客体，作为"此时此地"的意识，会意识到其自身的经验本质是由其与现实世界和理念世界的内在关系性所构成的。然而，这种自我—客体通过这样的构成，便会位于实在世界之内，并使自身展现为有机体，这种有机体要求理念浸入进来，以便在现实中确立自身的地位。这种意识问题必须留待其他发生再予以详尽探讨。

本次讨论的目的在于指明，有机自然哲学必须从与唯物主义哲学的要求相悖的方向出发。唯物主义的出发点是独立存在的实体，即物质与心灵。在这一理论中，物质所经历的是其外在运动关系的改变，而心灵所经历的是其所思对象的改变。依据唯物主义理论，存在两种独立的实体，每一种实体都被其特定的属性所限定。有机哲学的出发点则是从过程的分析入手，将过程视为由事件构成的、相互交织的共同体的实现。在此处，事件是现实事物的基本单元。由过程产生的持续模式是稳定的实现，成为贯穿过程始终保持自身同一性的事实。值得注意的是，持续性首先并非存在于其自身之外的特性，而是存在于其自身之内。我所指的是，持续性是将其自身的模式在整个事件的时间部分中再现的特性。正是在这种意义上，总体事件承载着持续的模式。整体及其连续的部分具有相同的内在价值。认知乃是涌现，即活动的一般基础进入某种个体化的实在之中，它在自身面前维系着可能性、现实性和目的的平衡。

同样地，若从现代物理学的基本概念切入，而非如前文那般从心理学与生理学出发，我们亦能推导出这一有机世界观。实际上，鉴于我个人于数学及数学物理领域的研究经历，我正是经由这种途径确立了我的信念。数学物理学首先假定存在着弥散于空间与时间之中的电磁活动场。调控这一场域的定律，不过是世界流变的总体活动在事件个体化进程中所观测到的条件。在物理学中，存在着抽象化处理。这门科学忽略了任何事物自身内在的属性。物理学的所谓实体仅仅是从它们的外在实在性方面来考虑的，亦即仅仅是把它们作为其在其他事物当中呈现出来的诸方面来考虑的。然而，这种抽象化还会在此基础上进一步拓展，仅聚焦于它们在其他事物中呈现的这些方面如何改变其他那些事物的时空特性及其生命轨迹。观察者的内在实在性被纳入了这一探讨范畴，也就是说，观察者对自身的界定被间接地引用。例如，观察者目睹红色或蓝色这一事实进入了科学描述。但实际上，观察者所看到的红色并未真实地融入科学。科学所关注的仅仅是观察者的红色经验相对于其所有其他经验的纯粹差异性。因而，观察者的内在特性仅在于确立物理实体的自我同一性。这些实体仅仅被看作确定持续实体在时空中生命轨迹的媒介。

物理学的表述方式源自 17 世纪的唯物主义思想。然而，即便处于其极度抽象的层面，我们也可发现物理学实际上所预设的，正是上文所阐释的关于事件诸方面的有机理论。首先，考量在虚空中的某一事件，这里的"虚空"意指不存在电子、质子或任何其他形式的电荷的空间。此类事件在物理学中具备三种角色。就第一个角色而言，它是能量探险的现实场景，无论是作为能量的栖息之所，还是作为特定能量流的轨迹；不管怎样，在这一角色中，能量就在此处，它要么位于特定时间内的空间之中，要么是穿越空间的能量流。

就两个角色而言，该事件是传递模式中的必然环节。借助于这种模式，每个事件的特性都会因其他每个事件的特性而受到某种程度的影响。

就第三个角色而言，该事件是可能性的承载者，它决定了倘若某个电荷偶然处于该处，其可能会历经的形变或运动方式。

若我们通过设想一个事件本身涵盖了电荷生命历程的一部分来修正假设，那么对其三种角色的分析依旧成立，只是第三种角色中所体现的可能性如今转化为现实。在这种可能性被现实取代的情形下，我们便获得了空事件与有内容占据的事件之间的区别。

现在我们回头来谈谈空事件，我们注意到它们在内在的个体内容方面有缺失。考察空事件的第一个角色，即作为能量的栖息地，我们可以发现，能量既未以静态位置被单独辨识，也未作为流动中的元素被单独辨识。仅有活动的量化确定性，而缺乏对活动本身的个体化界定。这种个体化的缺失在第二种和第三种角色中更为显著。空事件自身是某种存在，然而它无法达成内容上稳定的个体性。就其内容而言，空事件是在组织化活动的总体方案中被实现的元素。

当空事件成为传递特定重复波形序列的场景时，需要对其施加某些限定条件。此时，事件中存在持续的明确模式。在此处，我们察觉到了持续个体性的最初微弱迹象。不过，这种个体性毫无独特的创新性可言，它仅仅是因事件在更大模式化方案中的关联而产生的恒久性。

现在，我们转向对被占据的事件的探究。其中，电子具备明确的个体性，我们能够通过其生命历程中的各类事件对其进行追踪。电子的集合，连同与正电荷相类似的原子电荷，构成了我们通常所感知到的物体。这类最简单的物体是分子，而分子的集合则形成了一块寻常的物质，诸如椅子或石头。因此，电荷是内容具有个体性的标志，它是对事件自身的个体性的补充。这种内容的个体性正是唯物主义学说的优势所在。

然而，这一现象同样能够通过有机论给予圆满的阐释。当我们审视电荷的功能时，会发现它的作用在于标志一种穿越时空而传递的模式的起源。它是某种特定模式的核心要素。例如，任何事件中的力场都需要通过对电子和质子的行为加以关注来构建，能量的流动与分布亦是如此。此外，电磁波的起源能够追溯至这些电荷的振动活动。因此，这种传递的模式可被理解为整个时空中由原子电荷的生命历程所衍生的属性的流动。电荷的个体化源于两个特性之间的结合：首先是它作为模式扩散的关键，其功能模式具备持续的同一性；其次是它的生命历程的统一性与连续性。

　　由此，我们能够得出结论，有机论直接体现了物理学对其最终实体的实际预设。此外，我们还注意到，若将这些实体视为完全具体的个体，其存在则全然无意义。就物理学而言，这些实体完全被用于相互作用，并且在这一功能之外，它们毫无现实存在性可言。尤其是对于物理学来说，这些实体不存在内在的实在性。

　　显然，以有机论为前提构建哲学体系，必须要回溯至莱布尼茨。① 在他的理论体系中，单子被视作最终的真实实体。然而，他沿袭了笛卡尔的"实体及其限定属性"这一概念，以此来表述他对真实事物最终特性的认知。因此，对他而言，并不存在内在关系的具体实在性。于是，他面临着两种截然不同的观点。一种观点认为，最终的真实实体是一种有组织性的活动，它能够将各类成分融合为统一体，进而使这种统一体成为实在；另一种观点则主张，最

① 关于这一思想体系，请参见伯特兰·罗素：《论莱布尼茨的哲学》。

终的真实实体是承载各种特性的独立实体。第一种观点以接受将所有实在相互联结的内在关系为基石，而后者与这些关系的实在性相抵触。为了将这两种观点加以整合，莱布尼茨提出了"无窗口的单子"概念，这些单子的"属性"仅仅借助上帝所设定的预定和谐来反映宇宙。如此一来，这个体系便预设了由独立实体所构成的集合。他未能将"事件"作为经验单元，与稳定化为"重要性"的持续有机体、或者作为更完整个体化呈现的认知有机体加以区分。此外，他也没有认可多项关系，即那些能够将感觉材料以多种方式关联至不同事件的关系。实际上，这些多项关系就是莱布尼茨所承认的"视角"，但前提是它们仅仅是进行组织的单子的纯粹特性。问题的根源实则在于他毋庸置疑地接纳了"简单位置"概念作为时空的根基，并接受了"独立个体的实体"概念作为真实实体的基础。莱布尼茨唯一可行的途径，与后来被赋予某种诠释的贝克莱所采取的道路如出一辙，即求助于"机器神"①，以此来摆脱形而上学的困境。

同样地，正如笛卡尔引入了使后续哲学在一定程度上与科学运动保持关联的思想传统，莱布尼茨引入了另一种传统，即认为最终的真实事物在某种意义上是有机组织的过程。这一传统构成了德国哲学伟大成就的基石。康德将这两种传统在其自己的哲学体系中相互映照。他作为一名

---

① 译者注：指通过神的干预来解决危机。

科学家，同时汲取了这两种思想。然而，以康德为出发点的哲学流派对于科学界的思维方式的影响颇弱。对于本世纪的哲学流派而言，其任务应当是将这两条思想源流融会贯通，以此来表述从科学中所推导出的世界图景，进而终结科学与我们审美及伦理经验所做出的肯定之间的割裂状态。

第十章
论抽象

在前几章的论述中，我始终致力于探究科学运动针对现代思想家所关注的深层次问题所产生的反应。任何个体、任何有限的人类社会或者任何一个时代，都难以同时思考所有的问题。因此，为了说明科学对于思想所施加的各种影响，我们从历史的观点来探讨这一主题。在作这样的回顾时，我始终铭记于心的是，整个故事的最终结局是过去三个世纪以来占据主导地位的科学唯物主义的舒适体系明显瓦解了。因此，我着重对主流观点中的各类批判学派予以强调，同时我也试图提出另一种宇宙论学说。这一学说的内容十分宽广，足以涵盖科学及其批评者所认定的根本性问题。在这一体系之中，原本作为基础的物质概念被有机综合概念所替代。不过，这一探讨始终是从科学思想所具有的实际复杂性以及其所引发的特殊困惑出发而开展的。

在本章以及下一章里，我们将会暂时搁置现代科学的特殊问题，从超脱的立场出发去审视事物的本质，而不涉及对其细节的任何具体探究。这种立场被称为形而上学观点。所以，读者若是面对两章简短的形而上学内容都会感到枯燥乏味的话，不妨直接跳转到"宗教与科学"那一章，*158*该章将会继续讨论科学对现代思想的影响这一主题。

这些有关形而上学的章节纯粹属于描述性的内容。这些描述的合理性可从以下几个方面来探寻：（1）我们对于构成直接经验的现实发生①所拥有的直接认知；（2）它们在对各种类型的经验的系统化描述予以协调方面所取得的成功；（3）它们在提供用于构建认识论的概念方面所达成的成效。关于第三点，我的意思在于，对我们所知道的事物的一般特性进行描述时，必须确保我们能够构建起一种解

①　译者注："现实发生"（actual occasions）是怀特海特意创立的哲学概念，意指现实事物自我生成的新事物、新场景。关于这个概念的详细讨论，请参阅怀特海的代表作《过程与实在》第二章第一节和由杨富斌翻译的中国人民大学出版社 2013 年版《过程与实在：宇宙论研究》（修订版）附录中小约翰·柯布关于这个概念的解释。国内学者有的把这个专门术语译为"实际事态"（何钦、傅佩荣等），有的译为"现实机缘"（李步楼），有的译为"现实事态"（周邦宪），有的译为"实际场合"（参见杨富斌等，中国城市出版社 2003 年版《过程与实在》）。但是，根据我们现在对这个专门术语的理解，参照中国古典诗词中"好雨知时节，当春乃发生"中的"发生"一词的含义，译为"现实发生"更为传神和达意。而且译校者杨富斌在美国加州克莱蒙研究生大学做访问学者期间曾当面请教怀特海过程哲学第三代传人小约翰·柯布，问"actual occasion"这个术语在英语中能否替换成"actual happening"，柯布等美国学者给予了明确的肯定答复，故在中国人民大学出版社出版《过程与实在》（修订版）时，把这个专门术语改译为"现实发生"。同时，在其完成的国家社会科学基金后期资助项目《怀特海过程哲学研究》中也这样使用这个概念，得到了国内哲学界评审专家的认可。

释，可以说明知识如何有可能成为已知事物的内容。

在任何认知事件中，被认知的客体都是一个经验的现实发生，这种发生因涉及超越当下发生的实体领域而呈现出不同的特征，[1] 表现在这些实体与其他经验的发生存在着相似的或者不同的联系。例如，某一种特定的红色色调或许会在某一具体的发生中以某种特定的方式与球形的形状相互联系。然而，这种红色色调以及球形形状均展现出超越该发生的特性，因为它们之中的任何一个都与其他事件具有不同的关系形式。此外，除了相同事物在其他发生中实际出现的情形之外，每个现实发生都被置于由相互联系的其他实体所构成的领域之中。这个领域借助所有能够被显著断言但却并非真实的命题得以展现。它是一个存在多种不同可能的领域，其在现实中的立足点超越了每个现实发生。艺术、浪漫情怀以及通过对理想的批判揭示了假命题与每个现实发生都具有的真正的关联。我所秉持的形而上学立场的基础在于，对现实的理解需要参照理想。这两个领域是整个形而上学的立场内在固有的。如果关于现实发生的某个命题是假的，那这个事实或许恰好能表达出其审美成就具有至关重要的真理性。这表明"伟大的否定"乃是它的主要特性。一个事件的重要性与它的假命题（对它）的意义是成正比的，这些假命题对于事件的相关性，无法与事件本身通过其成就所展现出的方式加以区分。这

159

---

1 参见我的《自然知识原理探究》，第五章第13节。

些超越性的实体被称作"共相"。① 为了摆脱这一术语因漫长的哲学史所附带的各种预设，我更倾向于运用"永恒客体"② 这一术语。永恒客体因其本质属性而具备抽象性。所谓"抽象性"，是指永恒客体自身的特质——其本质——能够在不参照某个特定经验发生的情况下被理解。抽象性意味着超越具体的现实发生的场景。但是，超越某个现实发生并不意味着与之相脱离。相反，我认为，每个永恒客体都与每个这样的发生存在着其自身特定的联系，我将称这种联系为该客体对该发生的浸入方式。③ 因此，永恒客体可通过以下几方面来理解：（1）它有其自身特殊的个体性；（2）它与其他永恒客体在现实发生中有适宜于实现的一般关系；（3）它体现了其自身可浸入各种特殊的现实发生之

---

① 译者注："共相"（universals）是西方哲学中的一个重要概念，主要是指事物的普遍性或一般性。它通常与"殊相"（particulars）相对，指的是一类事物的共同特征或一般属性。例如，"马"这个概念就是所有具体的马的共相。西方哲学史上的实在论（Realism）通常认为共相是真实存在的，它独立于具体的个别事物。柏拉图的理念论就是这种典型的实在论观点，它认为理念世界中的共相是真实的，而我们所感知的个别事物只是这些共相的影子。而唯名论（nominalism）认为共相只是名称或概念，没有独立的实在性，只有个别事物才是真正实在的。温和唯名论或概念论则认为，共相是存在于人的心灵中的概念，是通过对个别事物的观察和抽象而形成的。

② 译者注："永恒客体"概念是怀特海创造的一个专门术语，也是怀特海哲学中最有争议的一个术语。但怀特海认为，没有永恒客体，就无法合理地解释现实存在的自我生成、变化和永恒性。可参见怀特海《过程与实在》第一篇第二章"范畴体系"中的相关解释。

③ 译者注："浸入"（ingression）是怀特海特意选择的一个概念，并在其著作中对这个概念有专门的说明和特殊用法。

中的普遍原理。[1]

　　这三个方面表达了两个原理。第一个原理是，每一个永恒客体都是一个个体，都会以其自身的特殊方式如其所是。这种特殊的个体性便是该客体的个体性本质，除了将其描述为其自身之外，无法采用其他方式加以描述。因此，个体本质仅仅是从其独特性视域加以考量的本质。进一步来讲，永恒客体的本质仅仅是该客体被视作对每个现实发生做出其独特贡献的存在。这种独特的贡献对于所有此类发生而言是相同的，因为该客体在所有浸入方式中始终维持其相同的自我。然而，在不同的发生中它都会因其浸入方式的不同而有所变化。因此，永恒客体的形而上学地位乃是现实性的可能性存在。每一个现实发生的特性都是由这些可能性在该发生中被实现的方式所界定的。因此，实现在本质上乃是对可能性的选择。更确切地说，实现作为选择，乃产生于在该发生中对它们实现的可能性进行分级。这一结论导出了第二个形而上学原理：作为抽象的实体，永恒客体不能与其对其他永恒客体的关联相分离，也不能与其对现实总体的关联相分离，尽管它与其在具体现实发生中的浸入方式没联系。这一原理可通过以下陈述来表达：每个永恒客体都有一种"关系本质"。这种关系本质决定了该客体如何可能浸入到现实发生之中。

　　换言之，倘若 A 为一个永恒客体，那么 A 自身的存在

　　1　译者注：在这里怀特海指明了如何理解永恒客体的三个方面。

便蕴含了 A 在宇宙之中的地位，且 A 无法与这种地位相分离。在 A 的本质当中，存在着 A 与其他永恒客体之间关系的确定性，以及 A 与现实发生之间关系的不确定性。鉴于 A 与其他永恒客体的关系在 A 的本质中具有确定性，因此这些关系属于内在关系。我所表达的意思是，这些关系构建了 A 的本质；对于一个具备内在关系的实体而言，它的存在离不开这些关系。也就是说，一旦存在内在关系，便始终存在内在关系。A 的内在关系共同构成了其意义之所在。

同样地，一个实体不能处于外在关系之中，除非其本质中包含着不确定性，即它可以容忍这种外在关系。"可能性"这一术语在用于描述 A 的意义时，仅仅是指根据 A 的本质，它可以容忍与现实发生的关系。A 与某个现实发生的关系，仅仅是 A 与其他永恒客体之间的永恒关系在该发生中被分级到它们的实现之中而已。

因此，表达 A 浸入特殊的现实发生 α 之中的一般原理为：A 的本质中所存在的其浸入 α 的不确定性，以及 α 的本质中所存在的 A 进入 α 的确定性。由此，这种综合摄入，即 α，便把 A 的不确定性转化为 α 的确定性。所以，A 与 α 之间的关系对于 A 而言是外在的，而对于 α 而言是内在的。每一个现实发生 α 都会把所有的样态转化为现实的分类性的浸入：真与假取代了可能性。A 完全地浸入 α 的过程表达所有的关于 A 和 α 的真命题，同时这些命题——或许——也会涉及其他事物。

永恒客体 A 与每一个其他永恒客体之间的确定联系，
彰显了 A 依据其本质必然与每一个其他永恒客体所具有的
系统性关系。这种联系代表着实现的可能性。然而，关系
乃是关涉所有相关的关系项的事实，不能把它孤立地视为
只关涉其中某一个关系项。因此，在可能性的特性之中，
内在地存在着系统性的相互联系的普遍事实。永恒客体领
域之所以被恰当地描述为一个"领域"，乃是因为每一个永
恒客体都在这一普遍的系统性相互联系的复杂结构中占据
着其自身的地位。

关于 A 浸入现实发生 α，A 与其他永恒客体的相互关系
在实现中的分级表达需要参照 A 及其他永恒客体在时空关
系中的地位。同时，为了达成这一目的，这种地位的表达
离不开对 α 及其他现实发生在同一时空关系中的地位的参
照。因此，用来表达现实发生进程的时空关系无非是永恒
客体之间普遍的系统性关系中一种选择性限制。所谓"限
制"，在应用于时空连续体时，是指那些基于事实的确定
性，诸如空间的三维和时空连续体的四维——它们内在于
现实发生的进程之中，但从更为抽象的可能性视域来看则
显得较为任意。这些作为实际事物基础的一般限制，与每
个现实发生所特有的限制有所不同，这将在"上帝"一章中
予以更为详尽的探讨。

此外，所有与现实相关的可能性的地位都需要与这一
时空连续体有关联。在对某种可能性进行具体考量时，我
们能够设想超越这一连续体。但只要有与现实性的任何明

确关联，就需要清晰地界定如何超越这一时空连续体的方式。因此，时空连续体首先是一个关系性的可能性的场所，是从更广泛的系统性关系领域中选取出来的。这个有限的关系性的可能性的场所表达了在实现过程的一般系统中所固有的可能性限制。凡是与这一系统总体一致的可能性，均落入这一限制范围之内。同时，凡是与事件的一般进程相关的抽象的可能性——不同于特殊发生中所引入的特殊限制——均渗透于时空连续体中每一种可能的空间位置以及所有可能的时间点。 *162*

从根本上说，时空连续体是所有可能性关系的一般系统，只要该系统受其与现实的普遍事实的关联性所限制。此外，可能性的本质应当包含这种与现实的关联性。因为可能性之中蕴含着可实现性，而可实现性是从实际成就中抽象出来的。

此前我们已经着重强调过，现实发生（例如 α）应当被理解为一种限制；并且这一限制过程还能够进一步被描述为一种分级。现实发生（例如 α）的这种特性有待于进一步阐释：在任何永恒客体（例如 A）的本质之中，皆存在某种不确定性。而现实发生 α 会在自身之中综合每一个永恒客体。在这一综合过程中，它涵盖了 A 与每一个其他永恒客体或者永恒客体集合之间完整的确定性关系。这种综合乃是对实现的限制，而非对内容的限制。每一种关系均维持着其固有的自我同一性。然而在每一个现实发生当中（如 α），这种综合内在地包含了进入综合的不同层级。

这些层级唯有借助于与价值的关联性才能得以表达。这种价值的关联性随着不同的发生的相互比较而会产生变化，其范围从将 A 的个体本质作为审美综合中的元素予以纳入（处于某个包含层级之中）直至最低层级，也就是将 A 的个体本质作为审美综合中的元素予以排除。在这个最低层级里，A 的每一种确定性关系仅仅作为发生的构成成分而存在，它们决定着这些关系何以是未实现的可能性，而对审美价值并无贡献，仅仅是构成未实现内容的系统性基底的要素而已。在更高的层级中，即便这些关系尚未实现，也依然具备审美上的关联性。

因此，唯有在其与其他永恒客体的关系之中，A 才能够被理解为"非存在的 A"。其中"非存在"意味着"从包含与排除现实事件的确定事实当中抽象出来"。同时，"A 相对于 α 来说是非存在"，这意味着 A 在其自身所有的确定关系中都被排除在 α 之外。再者，"A 相对于 α 来说是存在"，这意味着 A 的某些确定关系被包含在 α 之中。然而，任何发生都无法在其所有的确定关系当中包含 A，因为其中部分关系是相互对立的。所以，就被排除的关系而言，A 在 α 中将是非存在的，即便就其他关系而言 A 在 α 中是存在的。从这个意义上讲，每一个发生均是"存在"与"非存在"的综合。此外，尽管一些永恒客体在某个发生 α 中仅仅是作为"非存在"而被综合进来的，但每个作为存在而被综合进来的永恒客体同时会作为非存在而被综合进来。这里的"存在"意味着"在审美综合中作为个体发挥着有效作用"。同时，"审美综合"即是将"经验综合"视作在与所有其他现实发生的内在关联所施加的限制之下的自我创造。由此，我们得出已在上文提及的结论：所有永恒客体在每个发生之中的综合摄入这一普遍事实呈现出两面性，即每个永恒客体与一般的发生之间具有不确定的联系性，同时，它与每个特殊的发生之间具有确定的联系性。这一陈述概括了外在关系如何可能的说明。但是，这一说明依赖于将时空连续体从其仅仅作为现实发生中的隐含关系之中解脱出来（依据通常的解释），并展现了其源自抽象可能性的普遍性质，同时会受到现实的事件进程一般特征的限制。

把握内在关系的难点在于说明任何特殊的真理如何才是可能的。倘若确实存在着内在关系，那么所有事物都必定会依存于其他一切事物。然而，倘若果真如此，我们便无法在认识所有的其他事物之前认识任何事物。所以，从表面上看，我们似乎有必要同时说出所有的事物。然而，这种假定的必要性显然是不正确的。因此，我们有责任去说明，在承认有限真理的情形下，内在关系如何才是可能存在的。

由于现实发生是从可能性领域当中进行抉择的，所以，关于现实发生为何具备其一般特性的最终说明，必须借助对可能性领域的一般特性的分析来达成。

永恒客体领域的分析特性乃是关于它的基本的形而上学真理。这种特性意味着，任何永恒客体 A 在该领域当中的地位都能够被分析为无数个范围有限的从属关系。例如，倘若 B 和 C 是其他两个永恒客体，那么便存在某种完全确定的关系 R（A、B、C），它仅仅涉及 A、B、C，无须提及其他具体的永恒客体作为关联项。当然，关系 R（A、B、C）可能包含其本身也是永恒客体的从属关系，而 R（A、B、C）自身也是一个永恒客体。此外，还会有其他同样只涉及 A、B、C 的关系。此刻我们需要探究，在考量永恒客体的内在关联性的状况下，这种有限的关系 R（A、B、C）是如何得以可能的。

永恒客体领域中的有限关系存在的缘由在于，这些客体之间的关系全然不具备选择性，并且在系统性上是完备的。我们所探讨的是可能性，因此，每一种可能的关系皆隶属于可能性领域。每个永恒客体的每一种这样的关系均基于该客体作为一般关系体系中的关系者的完全确定的地位。这种确定的地位便是我所说的永恒客体的"关系本质"。这种关系本质能够仅仅通过参照该客体本身来确定，而无须参照任何其他客体，除非这些客体具体涉及其复杂的个体本质（这一点将会即刻予以阐释）。"任何"和"某些"这些词汇的含义，也就是说，逻辑当中的"变量"概念的意义，便源自这一原则。这一原则的全部核心要义在于，对某个特定永恒客体 A 与其他有限数量的永恒客体 n 之间何以会有某种确定的关系，我们能特殊地予以确定，而无须对这些 n 个客体 X_1、X_2、……X_n 进一步予以确定，除了它们各自会拥有参与该多重关系的必要地位以外。这一原则依存的事实是：永恒客体的关系本质并非该客体所独有的。每个永恒客体的单纯的关系本质决定着完整而统一的关系性本质的体系，因为每个客体在其所有可能的关系当中均具有内在性。因此，这种可能性领域提供了统一的关系性体系，这种体系是处于有限集合的永恒客体之中的体系；只要每一种永恒客体的状态许可，所有的永恒客体都处于所有的这些关系当中。

因此，这些关系（在可能性上）并不包含永恒客体的 165 个体本质。它们仅仅包含作为关系项的任何永恒客体，前提是这些关系项须具备必要的关系本质（正是这一前提凭借其自身性质自动地限定了"任何永恒客体"中"任何"的含义）。这个原理被称作可能性领域中的永恒客体的孤立原理。永恒客体是相互孤立的，因为其作为可能性的关系能够在不参照其各自个体本质的情况下得以表现。与可能性领域形成对照的是，将永恒客体纳入现实发生之中，意味着在它们的某些可能关系中，它们的个体本质存在着共在性。[①] 这种实现了的共在性是由实在的共在性所取得的确定的永恒关系所界定或塑造的突现价值成果。因此，这种永恒的关系即是形式（εἶδος[②]）；而这种突现的现实发生则是被赋予形式的价值的超体；[③] 从任何特殊的超体之中抽象

---

① 译者注："共在性"（togetherness）是怀特海哲学中使用的一个特殊用语。

② 希腊语，即"形式（Form）"。

③ 译者注："超体"（superject）是怀特海哲学使用的一个新术语。对这一术语较为详细的解释，请参阅怀特海《过程与实在》第一部分第二章"范畴体系"中的有关说明。

出的价值，乃是所有现实发生共有的抽象质料（ΰλη[1]），而将无价值的可能性摄入为具有形式约束的价值的合成活动乃是实体的活动。这种实体的活动在分析形而上学情境的任何静止因素时都被忽略了，所分析的这种状态中的因素只是这种实体活动的各种属性。[2]

因此，永恒客体之间有限的内在关系概念所固有的难题可凭借以下两个形而上学原理得以规避：（1）任何永恒客体 A 的各种关系，作为 A 的构成部分，仅涉及其他永恒客体作为纯粹的关系项，而与它们的个体本质无关；（2）A 的一般关系可分解为 A 的多个有限关系，这种可分性因此位于该永恒客体的本质之中。显然，第二个原理依存于第一个原理。理解 A 就是要理解其一般的关系体系是"怎样"的。这个关系体系无须其他关系项的个体独特性即可被领会。同时，这一体系呈现为能够解析为多个有限关系的形式。这些有限关系既具有其自身的个体性，又预设了可能性中的一般关系。就现实性而言，首先是这些关系的一般限制，这种限制将这个一般的无限关系体系缩减为四维的时空体系。这个时空体系可以说是所有永恒客体所固有的关系体系（由现实所限定）的最大公约数。也就是说，在任何现实发生中，永恒客体（A）中选定的某些关系如何实现自身，总是能通过在这个时空体系中表现为 A 的状态，并在这个体系中表现为该现实发生与其他现实发生之间的关系来予以说明。包含着有限集合中确定的永恒客体的确定的有限关系本身就是永恒客体，它是这些永恒客体在该关系之中的体现。我将这样的永恒客体称为"复合客体"。作为复合永恒客体之中的关系项的永恒客体，将被称作该永恒客体的"组成部分"。此外，倘若这些关系项中的任何关系项本身也是复合客体，那么它们的组成部分将被称为原始复合客体的"派生组成部分"。派生组成部分的组成部分亦可被称为原始客体的派生组成部分。因此，永恒客体的复杂性意味着它能够被解析为由有组成部分的永恒客体所构成的关系。同时，对永恒客体一般关系体系的分析意味着，它能被展现为众多复合的永恒客体。像某种确定的绿色这种无法解析为组成部分之间关系的永恒客体，将被称为"简单客体"。

现在，我们就可以说明永恒客体领域的分析特性如何允许将该领域解析为若干层级。

有些永恒客体由于其个体的本质简单，应当被列入最低层级的永恒客体。这一层级的复杂性为零。接下来我们将考量任何这样的客体所构成的集合，其成员数量可以是有限的，也可以是无限的。例如，考虑三种永恒客体 A、B、C 的集合，其中没有一个是复杂的。我们用 R（A，B，C）来表示 A、B、C 之间某种确定的可能关系。举一个简单的例子，A、B、C 可以是三种确定的颜色，它们在时空上彼此关联，无论在何时何地，都如同正四面体的三个面一般。这样，R（A，B，C）便是另一个最低复杂层级的永恒客体。同样地，也有层级逐步增高的永恒客体。关于任何复杂的永恒客体 S（D_1，D_2，……D_n），构成 S（D_1，D_2，……D_n）的个体本质的永恒客体 D_1、……D_n 可被称作 S（D_1，D_2，……D_n）的组成部分。显然，赋予 S（D_1，D_2，……D_n）的复杂性层级应当被视作高于其组成部分中复杂性等级最高的级别。

因此，可能性的领域能够被分析为简单的永恒客体以及不同层级的复杂永恒客体。复杂的永恒客体代表一种抽象情境。在涉及确定永恒客体的抽象过程中，存在着"双重抽象"的内涵，即这种抽象属于非数学意义上的抽象。这种抽象有两种：从现实性中做出的抽象以及从可能性中做出的抽象。例如，A 与 R（A，B，C）均是从可能性领域中抽象出来的。需注意，A 必须表征 A 在其所有可能关系中的状态，涵盖 R（A，B，C）。同样地，R（A，B，C）体现着 R（A，B，C）在其所有关系中的状态。然而，R（A，B，C）的这种意义排除了 A 能够介入的其他关系。因此，A 在 R（A，B，C）中的状态相较于单纯的 A 更为抽象。因此，随着我们从简单永恒客体的层级朝着更高的复杂性等级迈进，实际上是在对可能性的领域进行更高程度的抽象操作。

现在，我们能够设想从可能性领域逐步地抽象出某种特定模式的流程，这一流程涉及通过连续的、复杂度渐次递增的等级展开（思想）层面的推进。我将把这种推进路径命名为"抽象层次结构"。任何抽象层次结构，无论是有限的还是无限的，均基于某一确定的简单永恒客体的组合。这一组合将被称作"层次结构的基础"。因而，抽象层次结构的基础是零复杂度的客体集合。抽象层次结构的正式定义如下：

以"g"为基础的"抽象层次结构"，其中"g"是一组简单的永恒客体，是满足以下条件的一组永恒客体：（1）g的成员隶属于该层次结构，并且是该层次结构中唯一的简单永恒客体；（2）该层次结构中任何复杂永恒客体的组成部分同样隶属于该层次结构；（3）任何属于该层次结构的永恒客体集合，无论是同一层级的所有客体，还是在层级上有所差异的客体，至少共同属于那些也属于该层级的永恒客体的组成部分或派生组成部分。

需要注意的是，永恒客体的组成部分必然要比其自身具有层级更低的复杂度。因此，处于这种层次结构中的第一复杂等级的任何成员，仅能以来自"g"组的成员作为其组成部分；而处于第二复杂等级的任何成员，仅能以第一复杂等级的成员以及"g"组的成员作为其组成部分。以此类推，对于更高的等级亦复如此。

抽象层次结构所需满足的第三个条件将被称为"联系性条件"。所以，抽象层次结构起始于其自身的基础层级，它涵盖从基础层级起始的每一个连续层级，要么无限地延伸，要么抵达其最大层级；并且它是"相联系的"，可借助

168

在更高层级中再次出现的任何属于较低层级的成员，作为至少一个层次结构成员的组成部分或衍生组成部分来维系这种联系性。

倘若抽象层次结构在有限的复杂等级处停止，我们则称其为"有限的"。若它包含分别属于所有复杂等级的成员，则称其为"无限的"。

需要注意的是，抽象层次结构的基础之中可包含任意数量的成员，无论是有限的还是无限的。此外，基础的成员数量的无限性与该层次结构是有限的还是无限的并无直接关联。

有限的抽象层次结构依据定义具有最大的复杂等级。该等级的特性在于其中的成员不作为其他任何层级中永恒客体的组成部分。同时，显然最大复杂等级必须仅有一个成员；否则，联系性的条件将无法达成。反之，任何复杂的永恒客体均界定了有限的抽象层次结构，该层次结构能通过分析过程予以揭示。我们起始分析的这个复杂永恒客体将被称为抽象层次结构的"顶点"——它是最高复杂等级的唯一成员。在分析的初始阶段，我们获取顶点的组成部分。这些组成部分可能具有不同的复杂度，但其中至少有一个成员的复杂度比顶点低一级。比给定永恒客体低一级的复杂等级将被称为该客体的"临近等级"。随后我们选取属于该顶点的临近等级的组成部分；在第二阶段，我们可将它们进一步分析为组成部分。在这些组成部分中，必定有一些属于这些分析客体的临近等级。接下来，我们把顶点的组成部分与这一"第二临近"等级的组成部分相加；

在第三阶段，我们可再以相同的方式进行分析。通过这种方式，我们历经持续的阶段，直至抵达简单客体的等级。这个等级构成了该层次结构的基础。

需要注意的是，在对层次结构进行处理时，我们全然处于可能性领域之中。因而，永恒客体之间缺乏真实的交融，它们始终处于各自的"孤立"状态。

亚里士多德用于将实际事实拆解为更为抽象元素的逻辑工具，是将其归类为种类与属。这一工具在科学的筹备阶段有着极为重要的应用。然而，若在形而上学的描述中运用它，便会歪曲我们对形而上学状况的真实认知。"共相"这一术语与亚里士多德的分析联系紧密，尽管近年来其内涵有所扩展，但它依旧容易让人联想到分类分析。正因如此，我刻意避免使用这一术语。

在任何现实发生 α 里，都会存在一组简单的永恒客体"g"，它们以最为具体的方式构成该组客体中的组成部分。在某个发生之中的这种完全的成分，在形成个体的突现发生时，促成了个体本质与其他永恒客体最为完整的融合，其显然地独具特性，无法通过其他任何事物来进行定义。不过，它具备一个特殊的特征，且这种特征必然地与之相伴随。这一特征便是，基于 g 存在着无限的抽象层次结构，在这个结构中，所有成员均同等地参与到 α 的这个完全的包含之中，进而成为 α 的一部分。

这种无限的抽象层次结构的存在正意味着如下陈述：通过概念不可能完成对现实发生的描述。我将与事件 α 相 *170*

关的这种无限抽象层次结构称作"α的相关层次结构"。它同样关乎现实发生的联系性这一概念。现实发生的联系性对于其综合的统一性以及可理解性而言是必不可少的。有一些相互联系的层级概念，包括所有的各类复杂性概念，都适应于这种现实发生。同时，在这种现实发生里，包含在这些复杂概念里的永恒客体，它们的个体本质会实现审美综合，会因其自身缘故而产生这种作为经验的发生。这一相关的层次结构便是该发生的形状、模式或者形式，由此该发生的构成会使其自身达到最充分的实现。

我们在思维中的某些混乱是由这样的事实造成的：根据可能性做出抽象与根据现实性做出抽象，两者在抽象的程度方面是背道而驰的。显然，在描述现实发生α时，当我们对其做出关于高复杂度的相关层次中的某个成员的论断时，我们便更趋近于事件的完整具体的事实。此时，我们关于α所阐述的内容也就更多。所以，高复杂度的描述能让我们更贴近α的完全具体性，而低复杂度的描述则会使我们与之渐行渐远。因此，简单的永恒客体代表着从现实发生中做出抽象的极致情况，同时也代表着从可能性领域中做出抽象的最低限度。我认为，可以发现，当我们提及程度高的抽象时，通常所指的便是从可能性领域做出的抽象，换言之，是一种复杂的逻辑构造。

截至目前，我仅仅考察了现实发生的完全具体的方面。正是基于发生的这一方面，事件才得以成为自然界的事件。然而，从这个意义上说，一个自然事件仅仅是对一个完整的现实发生的抽象。一个完整的发生涵盖了那些在认知经验中呈现为记忆、预期、想象以及思想的各种元素。经验事件中的这些元素同样也是将复杂的永恒客体作为突现的价值中的元素纳入综合摄入的方式。它们与完全包容的具体性有所不同。从某种意义上讲，这种差异是难以解释的，因为每一种包容方式都独具特性，无法用其他事物来阐释。*171* 但是这里有一种共同的差异，这种差异能将这些包容方式与前文所讨论的完全具体的浸入区分开来。这种差异即是"突然性"。所谓"突然性"，是指那些被记住、被预期、被想象或者被思考的事物，皆可由有限的复杂概念穷尽其内涵。在每种情形下，都存在一个有限的永恒客体在发生中作为有限层级的顶点被摄入。这种从实际的无限性中产生断裂的现象，便是在任何发生中标定出"精神的"与"物理的"之间区别的依据，其中精神功能所指向的是物理事件。

通常而言，对有关永恒客体的理解似乎会丧失一定的生动性。例如，休谟就曾谈到过"微弱的摹本"。但是，这种微弱性似乎并非十分可靠的区分依据。通常在思想中所认识的事物，要比在漫不经心的物理经验中所认识的同一事物更加生动清晰。不过，在精神层面所认识的事物始终受到这样一种条件的制约——当我们试图探寻其所实现的关系中更高层次的复杂性时，总会戛然而止。我们总会发觉，自己仅仅想到了这一点——无论它具体是什么——而不会再有更多进展。这里存在一种界限，它将有限的概念与更高层次的无限复杂性分隔开来了。

因此，现实发生乃是对无限层次结构（即与它有关联的层次结构）以及若干有限层次结构的摄入。将这种无限层次结构综合到该发生之中的方式，是依据其特定的实现模式进行的，而对有限层次结构的综合则是依照其他各类具体的实现模式进行的。这里有一个形而上学原理，这个原理对于关乎经验发生的一般特征的这种说明在理性上是否有融贯性起着至关重要的作用。我将这一原理称作"实现的透明性"。我的意思是，任何永恒客体在它所涉及的任何实现方式中，均保持其自身的特性。这里不存在任何扭曲个体本质的可能性，否则便会产生不同的永恒客体。在每个永恒客体的本质之中，都存在着不确定性，这种不确定性表现为，它能不加区别地容忍对任何现实发生的任何浸入方式。[1] 因此，在认知经验中，我们能对同一个永恒客体在同一个发生中以多种不同等级的实现方式进行认知。实现的透明性以及进入同一发生之中的多重实现模式的可能性，共同构成了关于真理的符合论[2]的基础。

172

在我们依据现实发生同永恒客体领域相联系所作的这种说明中，我们就回到了第二章所讲述的思想路线上来了，

---

1 译者注：这一观点对于正确理解永恒客体浸入现实发生的方式有重要作用。也就是说，永恒客体浸入现实发生之中的方式具有无限的可能性，因而具有不确定性，由此导致最终生成的现实事物也是各不相同的。

2 译者注：西方哲学在关于真理的性质问题上，存在着真理的符合论、实效论和融贯论之分。怀特海在这里论述的是真理的符合论，即一个理论体系所坚持的观念与实在相符合，即为真理。

在那里我们讨论的是数学的本质问题。而毕达哥拉斯所创立的观念在这里已经被扩大了，并被列为形而上学的第一章。在下一章我们将会探究一个令人困惑的事实，即世界上存在着现实的事件进程，其本身是有限的事实，而从形而上学意义上却并非如此。但是，对其他诸多形而上学问题的探讨，诸如对认识论以及针对无限的可能领域中部分元素的分类研究，只能忍痛割爱，无法加以探讨了。最后这个论题使形而上学与各种科学的专门论题不期而遇。

第十一章
论上帝

173　　亚里士多德主张，要完成他的形而上学体系，就有必要引入"第一推动者"——上帝。这一观点在形而上学史上意义非凡，其理由主要有两点。其一，倘若我们要挑选出一位在形而上学领域极具深邃洞察力的伟大哲学家，综合考量其敏锐的洞察天赋、广博的知识根基以及深厚的形而上学渊源来看，那么亚里士多德无疑是不二人选。其二，在他针对这一形而上学关键问题的深入思考历程中，始终秉持着全然冷静且客观的态度；他堪称欧洲哲学史上最后一位能够宣称以如此冷静的态度进行这种思考的顶尖形而上学家。自亚里士多德之后，伦理与宗教层面的兴趣开始对形而上学的结论产生影响。犹太人先是自愿地，而后被迫地散居各地，犹太—亚历山大学派亦随之兴起。紧接着，基督教与伊斯兰教相继介入其中。环绕于亚里士多德周围的希腊神祇，在其形而上学体系里属于从属性的实体，处于自然界的范畴之内。因此，就其"第一推动者"这一问题而言，他并无任何动机去引入其他非形而上学的考量因素，只是单纯地遵循形而上学自身的思想脉络一路探寻。他的思路并未延伸至足以塑造出可服务于宗教目的之神的程度。或许有人会质疑，任何真正意义上的普适性的形而上学体系，在未引入其他不合理考量的情形下，是否能够比亚里士多德的探索走得更远。然而，他的结论无疑代表了关键的第一步，倘若缺失这一初始步骤，我们便难以在相对狭隘的经验基石之上获取任何有关"万物之根源"存在的有力证据，毕竟任何有限类型的经验均无法赋予我们足够的智慧，使我们得以构建出针对所有现实事物根基中的任何实体的概念，除非事物的一般性质要求存在这样的 *173* 实体。

"第一推动者"这一表述使我们意识到，亚里士多德的思想受到了错误的物理学与错误的宇宙学的束缚。在亚里士多德的物理学体系里，需要特定的原因去维系物质性事物的运动状态。这些原因能够较为顺畅地融入他的整个体系之中，前提是普遍的宇宙运动能够得以维持。如此一来，相对于整个运行系统而言，每一个事物均可被赋予其确切的目的。于是，维持天体运动的第一推动者的必要性便应运而生。这些运动与事物的调整息息相关。如今，我们已然摒弃了亚里士多德的物理学与宇宙学理论，因而上述论证的具体形式显然已难以为继。不过，倘若我们的整体形而上学体系与前面的章节所概述的内容相近，那么便会浮现出相似的形而上学问题，而唯有借助类似的途径方可予以化解。在亚里士多德所提出的上帝作为第一推动者的位置上，我们当下所需的乃是作为"具体化之原理"的上帝。这一立场唯有通过深入探讨现实发生进程的普遍内涵，换而言之，通过对实现过程的详尽研讨——方可得以证实。

我们将现实性视作与深不可测的可能性存在着本质性的紧密关联。永恒客体借助分层的模式架构，使得现实发生充盈着每一种分类中所蕴含的包含与排除形式。换一种表述方式来阐释相同的真理：每一个现实发生均是对可能性的限定，正是凭借这一限定，事物独特的价值方能得以彰显。通过这种方式，我们既阐述了如何从可能性的视域去审视单个事件，又诠释了如何从单个现实发生的视域去考量可能性。然而，在现实世界中，实际上并不存在全然孤立的事件。现实性始终贯穿于共在性之中——这里的共在性既涵盖原本相互孤立的永恒客体的有机融合，也囊括所有现实发生的协同整合。本章的核心任务在于详尽描述现实发生的统一性。上一章的关注点侧重于抽象层面，而本章聚焦于具体层面，即那些已然共同发展生长的事物。

考察一个现实发生 α：我们有必要逐一列举其他现实发生在 α 之中的存在方式，从它们与 α 之间的关系如何构成 α 的本质这一视域出发。α 自身究竟为何物？它是一个业已175 实现的经验单元，因而，我们需要探究其他事件是怎样存在于 α 所展现的经验之中的。同时，在此处我暂且排除认知经验的相关探讨。针对此问题的完整回应是，现实发生之间的关系在类型上与永恒客体在抽象领域中的关系同样复杂难明且丰富多样。不过，确实存在一些基础性的关系类型，借助这些类型，我们就能够对整个复杂多元的关系网络进行较为全面的描述。

理解这些类型的进入关系（即一个现实发生如何融入另一个现实发生的本质之中）的先决条件，乃是要注意到它们涉及前一章所探讨的抽象层次结构的实现模式。那些在 α 中得以实现的层次结构所涉及的时空关系，均可借助 α 及其所涵盖的现实发生予以界定。因此，参与进来的现实发生将其自身的诸方面赋予这些层次结构，从而把时空的模态转化为确定性的范畴；这些层次结构则将它们的形式赋予现实发生，进而限制了这些参与进来的现实发生仅能在这些形式之下作为参与者而存在。所以，正如在前一章中所揭示的那般，每个现实发生皆是在现实层级的限定之下对所有永恒客体的综合，同样地，每个现实发生也是在这一类进入的层级限制之下对所有现实发生的综合。每个现实发生都在其自身的模式约束下整合了所有内容的总和。

关于 α 与其他现实发生之间的这些类型的内在关系，这些其他现实发生（作为 α 的组成部分）能通过多种不同方式加以分类。这些分类均与过去、现在和未来的不同界定相关。在哲学领域，通常假定这些不同的界定必然是等同的。然而，物理科学的当下状况清晰地表明，这种假定缺乏形而上学的合理性依据，尽管在物理科学中任何此类区分可能会被视作多余。这一问题已在论"相对论"的一章中予以讨论。但是，物理学中的相对论仅仅触及在形而上学层面切实可行的各种理论的边缘。对我而言，关键在于坚持一种无限的自由，其中，现实的东西只是独特的规定范畴。

每一个现实发生都会把自身呈现为一个过程：它就是一种生成性。[1] 在如此自我展现之际，它将其自己置身于众多其他现实发生中的一个，倘若脱离这些其他现实发生，它便无法成为其自身。它还将自身界定为特殊的个体性成就，以其自身的有限方式汇聚在无限的永恒客体领域之中。[2]

任何一个现实发生 α 皆源自其他现实发生，这些其他发生共同构成了它的过去。它向其自身展现出其他发生，这些发生共同构成了它的现在。正是凭借其自身的相关层次结构，随着它们展现在这一直接现在之中，现实发生便找到了其自身的原创性。正是这种展现铸就了它自身对现实性之产生的贡献。它或许是受到条件制约的，甚至全然是由其据以产生的过去所决定的。但是，它当下在这些条件下的展示，恰是它通过其自身的摄入活动径直涌现而出的结果。现实发生 α 亦在其自身内部蕴含着不确定性，这种不确定性以未来的形式呈现出来，这种未来部分地由它对自身的包含而确定，并且在时空层面与现实发生 α 以及从现实发生 α 的过去和现在衍生的现实发生存在着确定的

1　译者注：根据怀特海在这里的说明，过程就是生成。

2　译者注：这里怀特海描述了一个现实发生与其他现实发生和永恒客体的关系。

关系。

这个未来就是作为非存在的永恒客体在 α 中的综合，并且它还会要求从 α 向其他（与 α 具有确定的时空关系）的个体化存在流变，在这种流变中，非存在生成为存在。

在 α 中，还存在我在前一章所说的有限的永恒客体的"突然"实现。这种突然实现要求，要么参照有限层次的基本客体来确定 α 之外（在过去、现在或未来的背景之下）的其他现实发生；要么要求这些永恒客体在确定的关系中得以实现，但是以超脱于被纳入现实发生之间的时空关系的方式来达成。永恒客体在每个现实发生之中的这种突然的综合，是永恒领域的可分析特性在现实中的纳入。这种纳入具有有限的现实层级，并由于其本质上的局限而标志着每一个现实发生的特征。正是由于这种超越现实发生之间的相互关系的永恒关系实现了扩展，因而便将充分的永恒关系摄入到每个现实发生之中。我将这种突然的实现称作"等级展示"，每个现实发生都会将其摄入自身的综合体之中。这个等级展示便是现实发生如何将（在某种意义上的）"非存在"作为肯定因素包含在其自身成就之中的过程。这就是错误、真理、艺术、伦理和宗教的根源。由于它，事实才会有不同的可能。

把事件看作过程，这个一般概念的产物便是一种经验单位——它把事件分析为：（1）实体性的活动；（2）可供综合的有条件的潜能；（3）通过综合所实现的产物。所有现实发生的统一体禁止将实体性的活动分解为独立的实体。

每一种个体活动不过是一般活动通过施加各种条件而得以个体化的表现形式而已。进入这种综合之中的展示亦是一种特性，它决定了这种综合活动的方式。一般活动并不是实体，意思是它们并非如同事件或永恒客体那样的实体。它是一般的形而上学特征，支撑着所有的现实发生，并以特殊的方式于每一个现实发生之中彰显。并不存在可与之相比较的东西，它就是斯宾诺莎的唯一无限实体。它的属性就是它在多种模式之中的个性化特征，以及以各种方式被综合在这些模式之中的永恒客体领域。因此，永恒的可能性和通过个体的多样性来区分的方式就是这种唯一实体的属性。事实上，形而上学情境中的每个一般元素都是这种实体性活动的属性。

形而上学情境中的另一个元素在考察一般模式的属性具有有限性时可彰显出来。这个元素必须被视作实体性活动的属性。就其本质而言，每一种模式均是有限的，以免与其他模式相混同。然而，除了这些具体的局限之外，一般模式的个体化还在两个方面存在着局限：首先，它是现实的事件进程，同永恒的可能性相比较而言，它本可能呈现出不同的态势，但它实际上就是如此这般的进程。这种局限呈现出三种形式：（1）所有事件都需要遵循的特殊的逻辑关系；（2）事件所需要遵循的选择关系；以及（3）即使在这些一般的逻辑与因果关系中也会影响该进程的特殊性。因此，第一种局限乃是先行选择的局限。就一般形而上学情形而言，或许存在一种无差别的多元模式，超脱于逻辑或其他局限。然而，倘若如此，这些模式便不会存在了，因为每一种模式都代表着对现实事物的综合，而这些现实事物受到了限制，必须符合标准。其次，限制乃是价 *178* 值付出的代价。若无先行的价值标准，价值便无从谈起，因为这种标准旨在区分展示在活动模式之前的东西是接纳还是摒弃。因此，在价值之中存在一种先在的限制，它引入了矛盾、等级与对立。

依据这一论点，这里存在着两个事实：（1）现实发生都有一个过程；（2）这些现实发生即是价值的突显，这些价值需要这样的限制。这两个事实都要求事件的进程应当在由各种条件、特殊化与价值标准构成的先行限制中发展。

因此，作为形而上学情境中的又一个元素，这里必然会要求有一个限制原理：如果某种特殊方式是必然的，那么事实中所包含内容的某种特殊化也是必然的。如果不承认这一原理，那就只能否定现实发生的实在性。它们表面上的非理性限制必须被视为幻象的表征，我们必须在这种表象之下寻找实在性。倘若我们拒斥表象背后有实在性，那我们就必须为实体活动的属性中存在限制提供根据。这些属性提供了无法给出理由的限制，因为所有的理由皆源于这种限制。上帝就是这种终极的限制，他的存在乃是最终的非理性因素。因为不存在任何理由能够诠释他的本性所施加的限制。上帝并不是具体的，但他是具体现实性的基础。我们无法为上帝的本质提供依据，因为这种本质乃是理性的根据。

这一论证中值得注意的要义是，尽管从形而上学视域来看某些事物是不确定的，但它们在范畴上依然必定是确定的。我们已经抵达了理性的边界。因为这里有一种范畴性的限制，它并非源自任何形而上学的缘故。就形而上学而言确实需要某种决定原理，但无法给出关于被决定事物的形而上学依据。倘若存在这样的依据，那么便无须进一步的原理了，因为形而上学已经提供了这一决定。经验主义的一般原理依存于这样的学说：存在一种无法借助抽象理性发现的具体化原理。而关于上帝的进一步认知则必须从具体的经验领域中去寻找，因此是建立在经验的基础之上的。至于对这些经验的诠释，人类在这方面存在着深刻的分歧。神的名字分别被称作耶和华、安拉、梵天、天父、天道、第一因、至高存在、偶然性等。每个称谓皆对应着由使用这些称谓的人的经验所衍生出的思维体系。

在中世纪与现代哲学家中，为确立神的宗教意义，有一种颇为不幸的习惯做法，即向他奉上形而上学的溢美之词。他被视作形而上学情境的基石与最终活动的源泉。若是秉持这一观念，那么唯一的选择便是认定神既是所有恶的源头，也是所有善的源泉。如此一来，神便成为这一场宏大戏剧的至高创作者，所有的缺陷与成就都要归之于他。倘若他被视为限制的至高根源，那么在他的本质之中就必然蕴含着区分善恶的准则，并且在"她所主宰的领域"中可确立理性的至高无上地位。

第十二章
宗教与科学

在探讨宗教与科学之间的关系这一问题时，其难点在于，我们必须对"宗教"与"科学"这两个术语的内涵有清晰且准确的理解。此外，我期望能以最一般的方式来研讨这个问题，极力避免对具体信条作比较，无论是科学理论层面还是宗教信仰层面。我们务必理解这两个领域之间所存在的联系类型，进而针对当下世界所面临的实际状况得出一些确凿明晰的结论。

当我们对这一问题加以思索时，宗教与科学之间的冲突便会自然而然地浮现于脑海。在过去的半个世纪里，科学的成果与宗教的信仰仿佛已经处于公然的对立态势，似乎除了舍弃科学的明确论断或宗教的明确教义之外，再无其他化解之途。这一结论被争论双方的部分人士所提出。当然，并非所有的争论者都秉持这一观点，但在每一场争论中，持有这种立场的尖锐智者往往会崭露头角。

敏感心灵所遭受的痛苦、对真理的热忱以及对这些问题之重要性的深刻认知，必然会引发我们诚挚的同情。当我们考察宗教对人类的意义以及科学的本质时，可以毫不夸张地说，历史的未来走向取决于这一代人对二者关系的判定与抉择。在此，我们所面对的是两种对人类产生最为强大影响力的普遍力量（除了纯粹的各种感官冲动之外），而这两种力量似乎是相互对立的——一种是我们宗教直觉的力量，另一种则是我们追求精准观察与逻辑推理的冲动力量。

一位伟大的英国政治家曾提议其国民运用大尺度地图来观察问题，以此作为预防恐慌、惊慌情绪以及对国家之间真实关系产生误解的有效手段。同样，在应对人类天性中永恒元素之间的冲突时，我们也应当将历史绘制于大尺度的地图之上，以使我们自己超脱于眼前的冲突。当我们如此行事时，将会即刻察觉到两个至关重要的事实。其一，宗教与科学之间始终存在着冲突；其二，宗教与科学始终处于持续演变发展的进程之中。在基督教创立初期，基督徒普遍坚信世界将会在当时世人的有生之年走向终结。我们仅能间接推测这种信仰在多大程度上是由权威所宣扬的，但我们能确定的是，这种信仰极为普遍，并且构成了流行宗教教义的关键部分。最终，这种信仰被证实是错误的，基督教教义也随之进行了相应的调整。同样，在早期的教会中，个别神学家也曾经极为笃定地依据《圣经》来推断有关物理宇宙的观点。公元535年，一位名叫科斯马斯的修道士撰写了一本名为《基督教地理学》的书籍，他是一位旅行家，曾游历印度和埃塞俄比亚；最终，他在亚历山大的一座修道院生活，那时亚历山大是文化汇聚的中心。在这本书中，他依据对《圣经》文本的字面理解，径直否认了南北两极的存在，并坚称世界是长宽比为二比一的平坦平行四边形。

在 17 世纪，地球运动的学说曾经遭到天主教法庭的谴责。一百年前，地质科学对时间广延的要求令宗教人士——无论是新教徒还是天主教徒——深感困扰。而在当下，进化论同样成为引发争议的焦点。这些仅仅是用以阐释一个普遍事实的若干例证而已。

然而，倘若我们认为这种反复出现的困扰仅仅局限于宗教与科学之间的矛盾，并且在这些争论中宗教总是错误的一方，而科学总是正确的一方，那么我们所有的观点都将是片面且狭隘的。事实的真相远比这种情况更为复杂，绝非如此简单的概括所能涵盖。 *183*

神学本身亦展现出逐步演进发展的特性，这种发展源于其自身内部观念之间的冲突。这一事实对于神学家而言是习以为常的，但在争论趋于激烈之时往往容易被遮蔽。我并不想过度夸大自己的观点，因此仅以罗马天主教作家为例加以说明。17 世纪，一位学识渊博的耶稣会士佩塔维乌斯神父指出，基督教最初三个世纪的神学家们所使用的某些措辞和表述，自第五世纪起便会被视作异端。同样，纽曼主教撰写了一篇专论，深入探讨教义的发展。他在成为一位伟大的罗马天主教高阶神职人员之前完成了这篇文章，并且终其一生，他也未撤回这一论点，这篇专论也不断得以再版发行。

科学相对于神学而言更具多变性。任何一位科学家都无法毫无保留、全然认同伽利略的信念，抑或牛顿的信念，甚至是自己十年前所秉持的全部科学信念。

在这两种思想领域之中，都会不断地引入新的补充内容、区分方式以及修正意见。因此，即便当下所做出的某些论断与一千年前或一千五百年前的论断相同，这些论断也已附加了当时难以预见的意义层面的限制或拓展。逻辑学家告知我们，一个命题必定非真即假，不存在中间情形。然而在实际情况中，我们或许知晓一个命题表达了一项重要的真理，但这一命题受到目前尚未察觉的限制与修正。这是我们知识的普遍特性：我们始终坚守对重要真理的认知，然而我们所能给出的这些真理的表述预先假定了可能需要修正的一般性概念立场。我将列举两个源自科学领域的实例：伽利略宣称地球在运动，太阳处于静止状态；宗教法庭则判定地球是静止的、太阳在运动；而牛顿的天文学家们采纳绝对空间理论，主张太阳和地球皆在运动。但如今我们认为，这三种说法中的任意一种皆为正确，只要依据所采用的说法界定了"静止"与"运动"的内涵。在伽利略与宗教法庭争辩的时期，从科学研究的视域审视，伽利略的表述形式无疑是最具成效的。然而，这种表述本身并不比宗教法庭的表述更为真实。只是在那个时代，相对运动的现代概念尚未浮现于任何人的脑海之中，因而这些表述是在对更为完备的真理所需的限定条件毫不知情的状况下做出的。不过，关于地球和太阳运动的问题彰显了宇宙中的真实事实，各方皆捕捉到了其中的关键真理。但在当时的知识水平下，这些真理似乎相互矛盾。

我再为诸位列举一个取自现代物理科学状况的例子。自17世纪牛顿与惠更斯的时代起，关于光的物理本质便存在两种理论。牛顿的理论主张，一束光由极其微小的粒子或"微粒"流构成，当这些微粒撞击我们的视网膜时，我们便对光产生了感觉。惠更斯的理论则认为，光由一种无处不在的以太中的微小波动组成，这些波沿着光束传播。这两种理论相抵触。在18世纪，人们信奉牛顿的理论；至19世纪，人们转而相信惠更斯的理论。而在当下，有一大类现象唯有借助波动理论方能阐释，另一大类现象则只能依靠微粒理论来解释。科学家们不得不接纳这一现状，静候未来某种更为广阔的视野来调和这两种理论。①

我们也应当将这些原则应用于科学与宗教之间存在分歧的问题之上。在任何一个思想领域中，我们都不应轻信那些未经自身或权威人士严谨探究且被确凿理由证实的事物。然而，倘若我们的确能切实秉持这种审慎态度，那么在两者的重叠领域内，针对细节的冲突便不应使我们仓促舍弃那些已有坚实证据支撑的学说。或许我们对某一组学说较另一组学说更感兴趣，但倘若我们具备思想的广度与

---

① 译者注：今天我们已经知道，科学界后来提出了"波粒二相性"理论。

185 对历史的理解，那我们便应当保持耐心，避免相互间的谴责与排斥。

我们应当等待，但不应当消极地等待，也不可心生绝望。这种冲突乃是一个信号，表明在更为广阔的真理与更为细腻的视域中，将探寻到更为深邃的宗教与更为精细的科学之间的和解。

因此，从某种意义来讲，科学与宗教之间的冲突是被过度渲染的微小问题。这些问题仅仅是逻辑上的矛盾本身，仅仅表明双方需要进行某些调整，或许这些调整仅处于极为细微的层面。我们需要牢记，科学与宗教分别聚焦于事件截然不同的方面。科学侧重于观测到的物理现象的普遍规律，而宗教全然专注于道德与审美价值的思索。一方洞察到的是万有引力定律，另一方则沉浸于圣洁之美的沉思。一方所察觉到的现象，另一方则有所错失；反之亦然。

例如，考察一下约翰·卫斯理与圣方济各·阿西西的生平。从物理科学的视域审视，这些生平不过是生理化学原理与神经反应动力学的寻常例证；而从宗教的视域来看，它们却是世界历史中极具深刻意义的生平事迹。在缺乏完备且详尽的科学原理与宗教原理表述以阐释这些具体事例的情形下，源自这两种截然不同立场对这些生平的描述存在差异，难道会令人感到诧异吗？若并非如此，那才堪称奇迹。

然而，倘若认为我们无须为科学与宗教之间的冲突而烦忧，那就误解了问题的关键所在。在知识的时代，任何积极的兴趣都不应当摒弃对真理和谐愿景的所有期望。对不一致的顺从会侵蚀坦诚与道德的纯粹性。穷究思想的每一处复杂纠葛，直至其最终得以化解，此乃智力自尊的彰显。若是抑制了这种冲动，那我们便无法从觉醒的深思中领悟宗教与科学的真谛。重要的问题在于，我们将以何种态度来应对这个问题？在此处，我们触及了问题的核心要义。

教义的冲突并非灾祸，而是契机。我将借助一些科学 *186* 实例来阐释我的观点。氮原子的重量广为人知。并且，科学界所公认的理论表明，任何大量氮原子的平均重量始终保持一致。两位实验者，即已故的雷利勋爵与已故的威廉·兰姆齐爵士，在实验中发现，倘若他们运用两种不同的方法获取氮气，且每种方法均同等有效，那么他们总会观测到两种情形下原子平均重量之间存在持续的细微差异。此刻我想问诸位，雷利与兰姆齐是否应当因化学理论与科学观测之间的这种冲突而陷入绝望呢？假定在某个地区，化学学说因其在社会秩序里的基础性地位而备受尊崇——在此情形下，禁止披露实验结果不一致的事实，这是否明智、诚实且合乎道德呢？又或者，兰姆齐爵士与雷利勋爵是否应当宣称化学理论已被揭露为骗局呢？我们即刻便能察觉，这两种应对方式均是秉持了完全错误的态度。雷利与兰姆齐所采取的行动是：他们当即意识到，他们发现了一条能够揭示化学理论中此前未曾被观测到的细微差异的研究路径。这种差异并非灾难，而是拓展化学知识领域的契机。诸位都知道这个故事的结局：最终氩气被发现了，这是一种此前未被察觉而混合于氮气之中的化学元素。然而这个故事尚有后续，这便是我的第二个实例。这一发现引发了人们对于通过不同方法所获取的化学物质中细微差异的精确观测的高度重视。更为深入、极为精准的研究随之展开。最终，另一位物理学家 F. W. 阿斯顿在英国剑桥大学的卡文迪许实验室开展研究工作时，发现即便对于同一元素，也可能呈现出两种或更多不同的形态，即所谓的同位素，而平均原子重量恒定法则适用于这些形态，但在不同的同位素之间会略有差异。此项研究极大地推动了化学理论的进步，其重要性远远超越了发现氩气所带来的突破。这些故事的寓意不言而喻，我将把它们在宗教与科学关系中的应用留待诸位读者自行思索。

187

在形式逻辑中，矛盾是失败的表征，但在真实知识的演进历程中，矛盾却标志着迈向胜利的第一步。这便是对各种观点予以最充分宽容的关键缘由。一次又一次，这种宽容的责任被总结为"让二者共同生长，直至收获之时"。基督徒未能遵循这一至高权威的教诲，堪称宗教历史中的一大奇特现象。但我们尚未充分探究追求真理所必需的道德品性。确实存在捷径，然而它们仅仅通向虚幻的成功。构建一个逻辑上和谐且在事实领域具备重要应用的理论并非难事，只要你甘愿忽视一半的证据。每个时代都会涌现出一些具备清晰逻辑思维、对某一领域经验有着深刻理解的人物，他们已然构建或继承了一个思想体系，而该体系恰好适用于他们所关注的经验领域。这类人往往执意忽视，或者对所有与他们的体系相互矛盾的证据进行牵强附会的解释。对于他们而言，无法融入其体系的事物便是无稽之谈。唯一能够使我们避免被时尚观点的极端波动所左右的方法，便是毫不妥协地将所有证据都纳入考量范围。这一建议看似简易，实则极难践行。

造成这种困难的缘由之一在于我们无法先进行思考，而后再付诸行动。自出生的那一刻起，我们便深陷于行动之中，仅能凭借思考偶尔予以引导。因此，在各类经验领域里，我们不得不采用那些在这些领域内看似有效的思想。即便我们知晓存在诸多超出我们理解范畴的微妙之处与各种差异，我们仍然必须信赖那些普遍有效的思想。此外，除了行动的需求之外，我们甚至无法将所有证据完整地呈现在眼前，除非借助那些并非完全和谐的学说。我们无法在无限的细节中进行思考；唯有当我们的证据以一般思想的形式加以排列时，应有的重要性才得以彰显。我们所继承的这些思想构成了我们文明的传统。这一类传统思想绝非一成不变。它们要么在沦为毫无意义的公式的过程中逐渐式微，要么因更为细致的理解所带来的新曙光而获得力 *188* 量。它们会被批判性的理性、情感经验的生动证据以及科学感知的冷静确定性所转化。有一点确凿无疑，那便是你无法使它们保持静止不变。任何一代人都无法仅仅复制他们的先辈。你可以在形式的流变中维系生命，或者在生命的退潮中保留形式，但你无法永久将相同的生命禁锢于相同的模具之中。

欧洲各民族当下的宗教状况表明了我所提出的论点。现象错综复杂，其间存在着反动与复兴。但总体而言，在历经诸多世代之后，欧洲文明中的宗教影响力逐步衰退。每一次复兴所触及的高峰都低于前一次，而每一段松懈时期所触及的低谷也更低。平均曲线清晰地表明宗教氛围在稳步下降。在某些国家，宗教兴趣相对较高，但即便在这些国家，随着世代的更迭，这种兴趣依旧呈下降趋势。宗教正渐趋沦为一种用以装点舒适生活的体面形式。如此规模宏大的历史运动乃是多种因素相互交织的结果。我期望提出其中两个与本章讨论的范畴相关的因素以供诸位读者思索。

首先，在过去的两个多世纪里，宗教始终处于守势，且这种防守颇为脆弱。这一时期是知识进步空前迅猛的阶段。在此情形下，一系列全新的思考情境便应运而生。每当这样的情境出现时，宗教思想家们皆措手不及。那些曾被宣称至关重要的观念，历经纷争、困扰与诅咒之后，最终会被修正并以别样的方式加以阐释。下一代的宗教辩护者们便会向宗教界道贺，宣称他们已获取更为深邃的洞察力。历经许多代人如此这般毫无尊严的退缩之后，宗教思想家的知识权威几乎已被彻底摧毁。相比较而言，当达尔文或爱因斯坦提出改变我们的观念的理论时，于科学而言这是一次凯旋。我们不会声称，科学又遭遇了一次挫败，只因它摒弃了旧有的观念。我们深知，这意味着科学又迈进了崭新的认知阶段。

　　宗教若要重拾往昔的力量，就必须秉持与科学相同的 *189* 精神去直面变化。宗教的原则或许具有永恒性，但这些原则的表达需要持续地发展演进。宗教的演变主要在于将其自身的理念从因受过往时代世界观表达方式的束缚而渗入其中的外来观念里解放出来。宗教从不完备的科学桎梏中解脱出来实乃幸事，这凸显了其真正的内涵。需铭记的关键要点在于，通常科学的进步会表明各类宗教信仰的表述需要一定程度的修正。或许这些信仰需要被拓展、阐释，甚至全然重新表述。倘若宗教是对真理的准确表达，那么这种修正只会更为充分地展现其核心要义。这一过程是有益的。因此，只要任何宗教与物理事实存在关联，便可预见随着科学知识的推进，对于这些事实的观点必然要持续加以修正。借此途径，这些事实与宗教思想之间精确的关联性将会愈发清晰。科学的进步势必引发宗教思想的不断修正，进而极大地推动宗教的发展。

　　16 世纪与 17 世纪的宗教论争致使神学家们陷入极为不利的精神状态之中。他们始终处于进攻与防守的态势，常常将自身描绘成被敌对势力重重围困于堡垒之中的驻军。所有这些意象皆表达了部分真相，这便是他们广受欢迎的缘由。然而，他们的做法中也潜藏着危险。这一特定意象滋生了一种好斗的党派精神，实际上这折射出一种归根结底缺乏信仰的状态。他们不敢进行修正，因为他们回避了将自身的精神信息从特定意象的关联中解脱出来的使命。

让我借助一个实例来阐释我的观点。中世纪早期的信仰认为，天堂位于天上，地狱处于地下；火山乃是地狱的巨口。我并非意指这些信仰融入了官方的教义体系，但它们确实渗透进了大众对天堂和地狱教义的普遍认知里。这些观念是每个人认为未来状态的教义所暗含的内容。它们出现在极具影响力的基督教信仰阐释者的诠释之中。例如，

190 这些观念现身于教皇格雷戈里一世的《对话录》[1] 里，他在职位上极为崇高，在为人类服务方面亦有着卓越的贡献。我并非表明我们应当信奉某种关于未来状态的教义，但无论正确的教义为何，在这种情形下，宗教与科学之间的冲突——这种将地球贬低为附属于二流太阳的二流行星的宗教与科学之间的冲突，实际上有益于宗教的精神性，因为它驱散了这些中世纪的幻想。

另一种审视宗教思想演变问题的视域要注意到，任何在世间流传了一段时间的语言表述都会暴露出模糊性，而这些模糊性往往触及意义的核心。过去一种教义被接纳的有效意义，无法仅仅通过对语言表述的逻辑分析来判定，因为这种分析常常会忽略逻辑陷阱。我们必须考察人类对思想体系的整体反应。这种反应是复杂多元的，涵盖了源自我们较低本能的情感元素。正是在这一点上，科学与哲学的非个人化批评助力了宗教思想的演变。能够列举出诸多实例来阐明这一推动力量的发展。例如，关于借助宗教

---

[1] 参見格雷戈罗维乌斯（Gregorovius）的《中世纪罗马史》第二卷第三章第二卷英文译本。

力量来净化人类本性的教义中存在的逻辑困境，在佩拉吉乌斯与奥古斯丁时期（即公元 5 世纪初）撕裂了基督教。这场论争的余音至今仍在神学领域中回荡。

截至目前，我的论点为：宗教是人类基本经验的呈现形式之一；宗教思想在表达上日益精准，并逐渐摆脱了附带的意象；宗教与科学之间的相互作用是推动这一发展的关键要素。

现在，我将阐述我所认为的现代宗教兴趣衰退的第二个缘由。这关联到我在开篇提及的根本性问题：我们必须明晰宗教的内涵究竟是什么。教会在回应这一问题时，提出了宗教的某些方面，这些方面要么是以往时代的情感回应为根基，要么旨在激发现代非宗教性质的情感兴致。我所提及的第一个方面是，宗教的诉求部分在于激起对暴君愤怒的本能畏惧，这种畏惧在古代专制帝国饱受苦难的民众心中根深蒂固，尤其是对自然界那些未知力量背后无所不在的暴君的恐惧。这种对野蛮恐惧本能的诉求正逐渐地丧失其效力。它难以引发直接的共鸣，因为现代科学与现代生活条件教导我们通过批判性地分析恐惧的成因与条件来应对恐惧。宗教是人类本性对追寻上帝的回应。将上帝塑造为力量的形象会唤起现代社会的批判性反应本能。这是极为致命的，因为宗教将会崩塌，除非其核心立场能够即刻获得认同。在这一方面，传统的表达方式与现代文明的心理学不相契合。心理学的这种转变在很大程度上是由科学所驱动的，亦是科学进步削弱传统宗教表达形式的主要途径之一。渗入现代宗教思想的非宗教动机是对现代社会和谐秩序的渴望。宗教被描绘成有利于生活秩序的工具。它的主张建立在其作为行为规范的约束力量之上。然而，正确行为的目标很快便会退化为构建令人愉悦的社会关系。在此，我们目睹了宗教思想因在更为敏锐的伦理直觉影响下逐渐净化而产生的微妙退化。行为是宗教的附带产物——虽为必然的附带产物，但并非宗教的核心所在。每一位伟大的宗教导师均反对将宗教仅仅视作行为规范的约束力量。圣保罗斥责律法，清教徒神学家论及正义的污秽。对行为规范的执着标志着宗教热忱的消退。最为关键的是，宗教生活并非为了追求舒适安逸。此刻，我必须谦逊地阐述我所认定的宗教精神的本质特性。

宗教是对眼前瞬息万变的事物之中、之后以及之上的某种事物的憧憬；它是切实存在的，却又有待实现；它是遥远的可能性，同时也是当下最为重大的事实；它赋予所有过往事物以意义，却又难以被全然领悟；它的拥有是终极的善，却又超越一切所能获取之物；它是至高无上的理想，亦是毫无希望的探寻。[1]

人类对宗教憧憬的直接反应是崇拜。宗教在与最为粗陋的野蛮想象相互交融的人类经验中诞生。随着时光的流转，这一憧憬在历史进程中逐步、缓慢且稳健地以更为高贵的形式和更为明晰的表达再次现身。它是人类经验中唯

192

---

[1] 译者注：这一段话是怀特海对宗教的本质所给予的经典描述。

一持续展现出上升态势的元素。它会有所黯淡，而后再度闪耀。但当它重新焕发生机时，总是伴随着更为丰富与纯粹的内涵。宗教憧憬的事实及其持续拓展的历史是我们唯一的乐观依据。除此之外，人类的生活不过是短暂的欢愉，点亮了一片痛苦与磨难的汪洋，仿若转瞬即逝的琐事。

　　这一憧憬所求唯有崇拜；而崇拜正是对同化诉求的屈从，它以互爱为驱动而推进。这一憧憬从不强迫。它始终存在，以爱的力量展现出那个唯一目的，即永恒的和谐。我们在自然中所察觉的秩序绝非强制的——它呈现出复杂细节的和谐调适。恶则是碎片化目的的粗暴动力，它漠视永恒的愿景。恶是专横跋扈的、停滞不前的、具有伤害性的力量。上帝的力量便是他所激发的崇拜。宗教是强大的，它的仪式与思维方式能唤起人们对这一庄严愿景的体悟。对上帝的崇拜并非一条安全准则——它是心灵的探险，是追寻遥不可及之境的翱翔。当探险的崇高希望遭到压制时，宗教便趋于消亡。

第十三章
社会进步的必要条件

　　这些讲座旨在分析科学在构建左右连续数代人活动的本能观念背景时所发挥的作用。这一背景以某种朦胧的哲学形态呈现，仿若对事物终极真相的阐释。近三个世纪——现代科学的时代——始终围绕着上帝、心灵与物质的观念，以及空间和时间作为物质的简单位置的属性而展开探讨。总体而言，哲学更为侧重心灵层面，因此在过去的两个世纪里与科学渐行渐远。然而，随着心理学的兴起及其与生理学的融合，哲学正逐步地重拾其自身的重要性。再者，这种哲学的复兴亦得益于17世纪物理科学原则的瓦解。但直至此次崩溃之前，科学一直牢固地扎根于物质、空间、时间以及后来引入的能量概念之上。此外，还存在若干决定运动的自然规律。这些自然规律源于经验观测，却因某种含混的缘由被视作具有普遍性。任何在实践或理论上对这些规律有所忽视之人，都会遭受毫不留情的批判。倘若认为科学家们当真坚信他们自身的陈述，那么这种立场纯粹是虚张声势。因为那时他们的哲学全然无法证实一个前提：任何当下发生中内在的直接知识能够对其过去或未来予以任何启示。

我也勾勒出另一种科学哲学，在这种哲学体系中，有 194 机体取代了物质的地位。据此，唯物主义理论中的心灵被消解为有机体的功能。心理学领域随之展现出事件自身的真实面貌。我们的身体事件通常是极为复杂的有机体类型，因此它包括了认知。此外，空间和时间在其最为具体的意义上，成为事件的场域。有机体是某种特定价值形态的具体实现。某个实际价值的涌现依赖于排除中和性干扰因素的限制。因此，事件即是事实，它因其自身的限制而本身即为价值；但因其自身的固有本性，它也需要整个宇宙方能成为其自身。

重要性取决于持久性。持久性即是要对成就价值所历经时间的维系。持久存在之物是自我继承的模式同一性。持久性需要有利的环境条件。整个科学便是围绕着具有持久性的有机体的相关问题而展开的。

科学在当下时刻的一般影响可从以下若干方面加以分析：关于宇宙的一般概念、技术的应用、知识的专业化，以及生物学理论对行为动机的影响。我在先前的讲座中已尝试对这些要点予以概述。在这最后一次总结性的讲座中，我要考察一下科学对文明社会所面临的某些问题的反应。

科学引入现代思想的一般观念与笛卡尔所阐述的哲学

理论紧密相连。我的意思是指这样一种假设：身体与心灵作为相互独立的个体实体，各自独立存在，完全无须涉及对方。这样的观念与中世纪道德教化中衍生而出的个人主义高度契合。然而，尽管这一思想易于被接纳的缘由可作如此解释，但其自身的起源存在着混淆，这种混淆虽属自然，却无可避免地令人感到遗憾。道德教化着重强调了个体存在的内在价值。这种强调将个体及其经验的概念推至思想的前沿。就在此时，混淆悄然滋生。每个实体所突现的个体价值被转化为每个实体的独立的实体性存在，而这是一种全然不同的概念。

我并非指笛卡尔经由明确的推理完成了这种逻辑上的，或者更确切地说是非逻辑的转化。恰恰相反，他所做的是率先聚焦于其自身作为独立心智世界中的事实的有意识的经验。他如此推测，乃是受到当时对个体的整体自我价值强调的启迪。他隐晦地将这种内在于自身实在的个体价值转化为私人化的激情世界，或者说是独立的实体模式。

此外，赋予身体实体以独立性的观念使实体彻底脱离了价值领域。身体蜕变为毫无价值的机械装置，除非这种机械装置能暗示某种外在的精巧设计。天国亦丧失了上帝的荣耀。这种心灵状态可借由新教对依赖物质媒介的审美效果的畏避予以阐释。人们认为这会导致对本身无价值之物赋予价值。这种畏避在笛卡尔之前便已充分发挥效力。因此，笛卡尔的科学学说中关于无内在价值的物质碎片的理论，不过是对在其进入科学思维或笛卡尔哲学之前便已存在的学说的清晰表述。该学说或许在经院哲学中便已潜在地存在，但直至它与 16 世纪北欧的思维方式相互碰撞时，才引发了相应的后果。然而，笛卡尔赋予的科学武器，为这一观点提供了稳定性与智力地位，这对现代社会的道德假设产生了复杂的影响。其正面影响源于它作为一种方法，在当时适宜探索的有限领域内开展科学研究时所展现出的高效性。其结果是，欧洲人的思想普遍挣脱了远古野蛮时代遗留的历史污痕。这一切均为积极的影响，且在 18 世纪展现得尤为显著。

　　然而在 19 世纪，随着社会逐步向制造业体系转型，这些学说所产生的负面影响变得极具毁灭性。心灵作为独立实体的学说，径直催生了不仅是私人经验的世界，还有私 *196* 人道德的世界。道德直觉被视作仅能适用于严格意义上的私人心理经验范畴。于是，自尊以及个人机会的最大化，共同构成了那个时期工业界领袖们奉行的高效道德准则。如今，西方世界正在饱尝前三代人狭隘的道德视野所带来的苦果。

　　此外，物质本身毫无价值这一假设观念，致使人们在对待自然或艺术之美时丧失了敬畏之情。正当西方世界的城市化进程加速推进，且此时对崭新物质环境的审美特质亟须最为精妙与审慎的考量之际，这种与美无涉的学说却盛极一时。在最为发达的工业化国家，艺术被视为一种轻佻之物。19 世纪中期，在伦敦便能目睹这种心态的显著例证，泰晤士河蜿蜒穿城而过的壮丽景致被查令十字铁路桥无情地破坏，而这座桥在建造之时全然未曾顾及审美价值。

由此产生的不良后果有两种：其一，忽视了每个有机体与周边环境之间的真实关联；其二，忽视了环境的内在价值，而在任何关乎最终目的的考量中，都必须对这种价值予以应有的重视。

现代世界所面临的另一重大情形是专业人才培养方法的发现。这些人才专注于特定的思维领域，从而在各自学科的有限范围内逐步累积知识总量。鉴于这种专业化知识所取得的成功，有两个将我们所处时代与过往区分开来的关键要点务必牢记。首先，发展的速度极为迅猛，以至于一个拥有普通寿命的人不得不面对诸多全新的状况，而这些状况在其过往经历中毫无相似先例。往昔，固定不变的个体承担固定职责，在旧社会堪称福祉，然而在未来，这样的人会成为公共危害。其次，现代知识的专业化在智力领域产生了相反的效应。现代化学家或许在动物学方面较为薄弱，对伊丽莎白时代戏剧的总体认知更是匮乏，对于英语韵律诗的节奏原理则几乎一无所知。他对古代历史的了解或许可以忽略不计。当然，我所阐述的是一般趋势，因为化学家相较于工程师、数学家或古典学者而言，情况并未更糟。有效知识即专业知识，以对所属有用学科的有限认知为依托。

这种情形蕴含着风险，导致了思维的僵化守旧。各个行业均在进步，但这种进步仅仅局限于自身的轨道之内，如今，思维局限于轨道意味着人们沉浸于对特定一组抽象概念的思考之中。轨道限制了思维的跨越拓展，而这些观念往往仅抽取了部分事实，对其余部分则不再关注。然而，任何一种抽象的思维轨道都无法充分地理解人类生活。因此，在现代世界中，中世纪学术阶层的"独身主义"已被"智力上的独身主义"所取代，这种智力状态脱离了对完整事实的具体审视。当然，没有人仅仅是数学家，或仅仅是律师，所有人在职业或工作之外皆有生活。但问题的关键在于，严肃的思考被禁锢于固定的轨道之内。其余的生活则被敷衍对待，运用的是从某一职业中衍生出的不完备的思维范畴。

这种专业化所带来的危害是极为巨大的，尤其在我们的民主社会之中。理性引领的力量遭到削弱，起领导作用的知识分子缺乏平衡。他们能够洞察这一组情况或那一组情况，但无法同时兼顾两者。协调的任务被交付给那些缺乏足够能力或坚毅品格以在某一特定事业中取得成功的人。简而言之，社会的专业化职能得以更为出色、更具进步性地履行，但总体的发展方向缺乏远见卓识。细节层面的进步只会加剧因协调不力而引发的危险。

这种对现代生活的批判在所有层面均普遍适用，无论你如何诠释"共同体"的含义。无论是一个国家、一座城市、一片区域、一个机构、一个家庭，乃至一个个体，这种批判皆能成立。某些特定的抽象概念得以发展，而对具体事物的理解却渐趋萎缩。整体被其某一方面所掩盖。为了支撑我的观点，我并非执意认为我们无论是作为个体还是作为共同体，其指导性智慧如今相较于过去更为匮乏。或许它略有提升，但快速发展的步伐要求具备更为强劲的引领力量，以规避灾难。关键在于，19世纪的发现趋向于专业化方向，其结果是，我们的智慧未能得到拓展，而我们对智慧的需求却与日俱增。

智慧乃是平衡发展结出的硕果。教育的宗旨理应是确保个体性达成这种平衡的成长。对于即将来临的未来而言，最为有益的发现将会是推动这一目标的实现，同时又不会损害必要的知识专业化进程。

我对我们的传统教育方式的批判在于，这种教育方式过度聚焦于智力分析以及对公式化信息的获取。我的意思是，我们忽略了培育对各个事实在其所呈现的价值的充分相互作用中的具体理解的习惯，仅仅着重于抽象的表述，却忽视了不同价值观是相互作用的这一方面。

各个国家都在探讨通识教育与专业教育平衡的问题。我无法凭借第一手资料来谈论其他国家的状况，仅能就我自己国家的情形加以阐述。我知晓，在我自己的国家，众多实际从事教育工作的人员对现行的教育实践深感不满。此外，整个教育体系如何契合民主社会的需求，至今仍远未得到妥善解决。我认为，解决方案的关键并非在于彻底的专业知识与宽泛的通识教育之间的对立。平衡专业知识深度的"调剂"应当与纯粹的智力分析知识有着本质区别。当下，我们的教育融合了对少数抽象概念的深入研习与对大量抽象概念的较为浅层次的学习。在我们的日常学术活动里，我们过于倚重书本知识。通识教育应当致力于激发我们的具体理解，并满足年轻人亲自动手实践的渴望。即便在此过程中也应当进行一定的分析，但仅限于能够阐明不同领域思维方式的程度。在伊甸园里，亚当是在目睹动物之后才为它们命名的；而在传统的教育体系中，孩子们却是在看到动物之前就为它们命名了。

教育的实际困境并无简易的单一解决之道。然而，我们能够借助某种简明的理论来指引自身。学生应当将精力集中于一个有限的领域。这种集中应当涵盖该领域所需的一切实际与智力层面的学习内容。这是惯常的做法；在这方面，我倾向于增加而非削减专业学习的资源。与专业学习相关联的有一些辅助学科，诸如科学领域的语言学习等等。这样的专业培训应当指向一个与学生兴趣相契合的明确目标。无须对这些陈述的限定条件进行详尽阐释。这样的培训，自然必须具备达成目标所需的广度，但其规划不应因考虑其他目标的因素而变得复杂。这种专业培训仅仅触及教育的一个层面。其重心聚焦于智力，主要工具为书本。教育的另一层面的重心应当置于直觉之上，而非通过分析将其与整体环境相割裂。其目的在于即时的理解，并将过度分析的干扰降至最低限度。最为急需的那种普遍性是对价值多样性的欣赏。我所指的是审美素养的提升。纯粹实践者的粗陋专业价值观与纯粹学者的浅薄专业价值观之间存在着某种中间状态。两者均有所缺失；倘若将这两种价值观简单叠加在一起，亦无法获取遗漏的要素。所必需的是对有机体在适宜环境中所实现的无穷多样的鲜活价值的体悟。即便你对太阳、大气和地球自转的一切知识都了如指掌，仍有可能错失日落的壮丽光辉。没有任何事物能够替代对事物在其实际状态下的直接感知经验。我们需要具体的事实，并着重强调其珍贵性。

我所提及的是艺术与审美教育。然而，此处所说的艺术是极为宽泛的概念，以至于我几乎不愿径直称为艺术。艺术只是一个特殊的例证。我们期望培育的是审美感知的习惯。依据我所阐述的形而上学理论，培育这样的习惯便是增进个体的深度。对现实的分析揭示出两个要素，活动在个体化的审美价值中得以彰显。同时，显现的价值是活动个体化的衡量尺度。我们必须培育主动的创造性，以维系客观价值。缺乏主动性便无法获取这种感知，而没有感知亦无法激发主动性。越是趋近具体事物，便越无法排除行动。仅有敏感性而无冲动意味着颓废，仅有冲动而无敏感性则意味着暴力。我使用"敏感性"一词时，赋予其最为宽泛的含义，即涵盖对超越自我之物的感知；也就是说，敏感性是对所有事实的敏锐感知。因此，我所倡导的"艺术"在广义上是任何一种抉择方式，借助这种方式，具体事实被编排成能够引发对它们所能体现的特定价值予以关注的形式。例如，单纯地调整身体与视觉位置以获取一幅美妙的日落景观，便是一种简易的艺术抉择。艺术的习惯即是享受鲜活价值的习惯。

200

　　然而，从这个意义上讲，艺术并非仅仅关乎自然规律。一座工厂，涵盖其机械设施、工人社群、对大众的社会服务、对组织与设计才华的依赖、作为财富源泉的潜力等等，其本身便是一个展示多样鲜活价值的有机体。我们需要培育的是全面感知这样的有机体的习惯。可以说，在亚当·斯密（1790 年辞世）之后的首个时期，政治经济学的研究对经济学的发展所造成的弊端甚于益处。它破除了诸多经济谬误，并教导人们如何思索当时正在推进的经济革命。但它也使人们禁锢于一组有害的抽象思维之中，这对现代精神状态产生了灾难性的影响。它使工业与人性相脱离。这仅仅是现代科学内在的一般性危险的实例之一。它的方法论程序具有排他性与不容忍性，而这也是其取得成功的缘由。它将注意力聚焦于一组特定的抽象概念之上，对其他一切都视而不见，而后挖掘与所留存概念相关的每一丝信息与理论。这种方法倘若能审慎地选取这些抽象概念，便能取得成功。然而，无论其取得多大的成功，这种成功都是有限度的。忽视这些限度将会导致灾难性的疏忽。作为对其有效方法论的维护，科学的反理性部分尚可理解；但从另一方面来看，它亦充斥着非理性的偏见。现代的专业化训练便是使大脑适应这种方法论。17 世纪的历史性反叛，以及早期自然主义的反应，均是超越中世纪受教育阶层所痴迷的抽象概念的例证。这些早期时代怀揣着理性主义的理想，在追求的过程中却以失败而告终，因为他们忽视了推理方法论因需要抽象而涉及的局限性。因此，真正的理性主义必须通过回归具体来探寻灵感，从而超越自身。自满的理性主义实际上是一种反理性主义。它意味着在一组特定的抽象概念上停滞不前。科学的情形正是如此。

在事物的本质之中，存在着两种原理，它们在我们探索的任一领域里，均会以特定的形式不断地显现——其中之一是变化的精神，另一个是守恒的精神。倘若缺失了这两种精神，任何事物都不可能是实在的。只有变化而没有守恒，便是从无到无的流变，其最终的整合只能产生转瞬即逝的虚无。若只有守恒而没有变化，也不可能有守恒，因为，环境毕竟始终处于流动之中，单纯的重复就会使存在的活力逐步消失殆尽。现存实在的特性是由在事物流变过程中持久存在的有机体所构成的。低级有机体达成了在其整个物理生命历程中占据主导地位的自我同一性。电子、分子、晶体便属于此类。它们展现出的是强大且完整的同一性。而在高级有机体中，生命的诞生伴随着更为繁杂的复杂性。因此，尽管存在着复杂且持久的模式，但其已然退缩至更深层次的整体事实内部。从某种意义上讲，人类的自我认同比晶体更为抽象，它是精神层面的生命。它更多地与创造性活动的个体化相互关联，因此，从环境中所接纳的不断变幻的情形与鲜活的个性相互区分开来，并被视作形成了其感知的领域。事实上，感知的领域与感知的心灵均为抽象概念，在具体的情境之中，它们融合为一系列身体事件。心理领域，作为仅局限于感觉客体与短暂情绪的部分，是微小的永恒，几乎从纯粹变化的虚无之中被拯救出来；而心灵则是主要的永恒，充盈着这一完整的领域，其持久性便是活生生的灵魂。然而，灵魂若未能从短暂的经验中获取滋养，便会走向枯萎。高级有机体的奥秘就在于它们的两种永恒性的融合。通过这种方式，环境的新鲜感被吸纳进灵魂的永恒之中。变化的环境不再因其多 *202* 样性而成为有机体持久性的阻碍。高级有机体的模式已然退缩至个体化活动的深处，已成为应对环境变化的统一方式，且这种方式会因面对适宜多样的环境而愈发稳固。

这种灵魂的滋养正是艺术之必要性的根源所在。一种静止不变的价值，无论其多么庄重且意义重大，都会因其令人难以忍受的单调而变得不堪承受。灵魂会大声疾呼，渴望得到解脱与改变。它饱受幽闭恐惧症的折磨。幽默、机智、不敬、游戏、睡眠，尤其是艺术的转换，对其而言皆是不可或缺的。伟大的艺术乃是通过对环境的精心布置，从而为灵魂提供生动却又转瞬即逝的价值。人类需要某些能吸引他们的事物，某些能让他们暂时超脱日常生活、可供其凝视的事物。然而，在现实中，你无法将生活进行细分，除非是在思维的抽象分析层面。因此，伟大的艺术并非仅仅是短暂的慰藉，它还能够为灵魂的自我修养带来永久性的丰富。它的合理性既源自其直接的享受，也源于其对内心的磨砺。它的磨砺与享受并非相互分离，而是享受的成因。它将灵魂转化为对超越自身价值的永久性实现。这种转化元素在艺术的历史进程中表现得极为显著。一个时代会涌现出众多某种风格的杰作。新的事物必须被发掘。

人类不断地进行探索。然而、事物之中亦存在着平衡。在取得足够的成就之前，单纯的改变，无论是在质量层面还是产品层面，均会对伟大造成破坏。但一门鲜活且不断发展并留下永久印记的艺术，其重要性无论怎样强调都不为过。

就文明社会的审美需求而言，科学迄今为止的反应并不尽如人意。科学的唯物主义基础将人们的注意力导向了事物，而非价值。若从具体层面来看，这种对立是错误的；然而，在日常思维的抽象层面，它却是成立的。这种错误的重心与政治经济学的抽象思想相互结合，而政治经济学恰恰是商业事务运作的抽象体现。于是，所有与社会组织相关的思考，皆以物质性事物与资本作为表达的基础。终极价值被排除在外。它们会受到礼貌性的致意，但随后便被交付给神职人员予以保管，留待礼拜日时再行提及。由此便衍生出竞争性的商业道德观念，在某些方面显得颇为高尚，但全然未曾考量人类生命的价值。工人被视作仅仅是从劳动力队伍中抽调出来的人力而已。对于上帝的质问，人们回应的是该隐的答复——"我岂是我兄弟的看守者？"[1]；

203

---

① 译者注："我岂是我兄弟的看守者？"出自《创世纪》的圣经故事中该隐在杀死弟弟亚伯后对上帝的回应。这句话暗示了一种逃避责任、对他人命运冷漠无视的态度。该隐杀死亚伯后，用这样的反问来回应上帝，体现出他不愿意承认自己对兄弟应有的关照、保护和道德责任，反映出人性中自私、阴暗以及缺乏基本的同胞关怀与道义担当的一面。在更广泛的社会语境或对文明社会的讨论中，如上述文本所涉及的对工业革命时期社会道德观念的批判中，它被用来指责当时人们在商业竞争等情境下只关注自身利益，对工人等群体的福祉和生命价值漠不关心，如同该隐对兄弟的生死不管不顾一般，揭示了当时社会价值取向存在的严重问题和道德缺失的状况。

他们也因此背负了该隐的罪责。这种氛围伴随着工业革命的完成而产生，尤其在英格兰以及大多数其他地区表现得更为明显。在英国，过去半个世纪的历史正是致力于逐步纠正新纪元初期所引发的种种恶果。或许，人类文明永远都无法从机械化引入所营造的恶劣氛围当中彻底恢复过来。这种氛围弥漫于整个进步的北欧商业体系之中。它部分是新教审美错误的产物，部分是科学唯物主义的结果，部分源于人类与生俱来的贪婪本性，部分则是政治经济学抽象思想所导致的。我的观点能够通过马考利在 1830 年所撰写的《批评索瑟的社会对话》一文予以阐释。马考利堪称当时乃至任何时代的优秀典范人物。他天赋异禀、心地善良、品德高尚，还是改革者。以下是文章中的一段：

> 我们被告知，我们这个时代发明的暴行超出了父辈的想象；社会已经陷入一种状态，与之相比，灭绝反而是一种祝福；而这一切仅仅因为棉纺工的住所是光秃秃的、长方形的。索瑟告诉我们，他找到了一种方法，可以比较制造业和农业的效果。这种方法是什么？站在山上，看看小屋和工厂，看看哪个更漂亮。

索瑟在其自己的著作中似乎发表了诸多荒谬之语，然而就这段摘录而言，倘若他在近一个世纪后复活，仍能为自己进行辩解。早期工业体系的弊端如今已成为众人皆知的常识。我所秉持的观点是，即便是当时那些最为杰出的人物，亦对国家生活中审美层面的重要性视而不见。我并不认为我们当下已经充分地认识到这一点。导致这一灾难性错误的一个关键缘由，乃是科学信条认定物质运动是自然界中唯一的具体实在，因此，审美价值仅仅是额外附加且无关紧要之物。

在这幅关于各种可能的衰败颓废图景之中，还存在着另一面。当前，关于文明未来的探讨正如火如荼地展开，尤其是在科学与技术迅猛发展的全新形势之下。对于未来可能出现的恶果，已有各种各样的诊断：宗教信仰的丧失、物质力量的恶意运用、因生育率差异而导致的低等人类群体的退化，以及审美创造力的抑制。毫无疑问，这些均是危险且极具威胁性的恶果，但它们并非新鲜事物。自历史的开端起，人类便一直在丧失宗教信仰、一直在遭受物质力量的恶意使用、一直在遭遇最优秀智力类型的贫瘠、一直在见证艺术的周期性衰落。在埃及国王图坦卡蒙统治时期，现代主义者与宗教激进主义者之间便爆发了激烈的宗教斗争；洞穴壁画展现出了一个精致的艺术成就阶段，随后却被一个相对粗俗的时期所取代；中世纪的宗教领袖、伟大的思想家、伟大的诗人与作家，乃至整个教士阶层，都显著地缺乏生育能力；最终，倘若我们着眼于过去实际发生的情形，忽略对民主、贵族、国王、将军、军队和商人等浪漫化的幻想，物质力量通常是以盲目、顽固且自私的方式被行使，常常伴随着残酷的恶意。然而，人类依旧在不断进步。即便你找出一个微小的独特成就的"绿洲"，在古希腊的黄金时期最有可能获得幸福的现代人，或许（如同现今一样）是一位普通的职业重量级拳击手，而非一位普通的牛津或德国的希腊学者。事实上，牛津学者的主要作用或许是能够创作一首赞美拳击手的颂歌。相较于过度关注过去的优点，对当下平均失败的过度关注，往往会对人们履行当下职责的信心造成极大的损害。

然而，历史上确实曾经出现过衰落的时代。而在当下，如同其他历史时期一般，社会正处于衰退之中，迫切需要采取保护性的措施。专业人士在世界上并非新鲜事物，但在过去，专业人士往往构成了停滞不前的阶层。如今的关键在于，专业主义与进步相互结合。世界如今所面临的是一个自我演化的系统，其进展无法被阻止。此种局面既蕴含着危险，也存在着优势。显然，物质力量的获取为社会改善提供了契机。倘若人类能够迎接挑战，前方将会是一个充满恩泽与创造力的黄金时代。但物质力量本身在道德层面是中立的，其同样能够朝着错误的方向发展。问题的关键不在于如何培育伟大的个人，而在于如何缔造伟大的社会。伟大的社会将会为各个时刻培育出伟大的人才。唯物主义哲学着重强调物质的既定数量，进而衍生出环境的既定性质。这不幸地对人类的社会良知产生了不良影响，因为它几乎将全部注意力都集中于固定环境中的生存斗争之上。环境在很大程度上是固定的，因此，在这个意义上，生存斗争确实存在。透过玫瑰色眼镜看待宇宙是极为愚蠢的。我们必须承认斗争的存在。问题在于，究竟谁将被淘汰。作为教育者，我们必须对这一点有着清晰的认识，因为这决定了我们需要培育的类型以及需要灌输的实际伦理观念。

但是在过去的三代人中，将全部注意力都集中于这一方面，已然酿成了巨大的灾难。19 世纪的口号是：生存竞争、阶级斗争、国家间的商业对抗、军事战争。生存斗争被诠释为仇恨的福音。然而幸运的是，从进化哲学中所得出的完整结论更为平衡。成功的有机体会对其环境加以改造，而那些能够改造环境并相互协助的有机体才是成功的典范。这一定律在自然界中得到了大规模的证实。例如，北美印第安人接纳了他们所处的环境，其结果是稀少的人口在整个大陆上艰难地维持生存。当欧洲人种抵达同一片大陆时，他们采取了截然不同的政策。他们即刻展开合作以改造环境。其结果是，如今这片领土上居住着超过印第安人口二十倍的人口，并且这个大陆尚未被完全开发。再如，不同物种之间的协作关系。在最简单的物理实体中，这种分化也得以体现，诸如电子与正核之间的关联，以及在整个有生命的自然界之中。同一棵树在巴西的森林中依赖于多种生物种群的协作，而这些生物种群彼此之间相互依存。一棵孤立的树会受到不断变化的环境所带来的诸多不利因素的影响：风会使其变矮，温度变化会抑制其枝叶生长，雨水会冲刷其土壤，其叶子被吹走而无法用于土壤的肥沃化。你或许会在某些特殊条件下或人工种植的区域看到单独的优质树木，但在自然界中，树木繁茂的常态是它们在森林中共同生长。每一棵树或许会牺牲某些个体的完美成长，但它们相互协助，共同维持生存的条件。土壤得以保存并被遮蔽；必要的微生物既不会被晒死，也不会被冻死或冲走。一片森林是相互依赖的物种组织的胜利成果。而毁灭森林的某种微生物也会导致自身的灭绝。同样，雌雄两性之间的分化亦展现出了这种优势。在世界历史上，奖赏从未给予那些专注于暴力手段或防御性铠甲的物种。事实上，自然界最初产生的是为防御生活灾害而披覆坚硬外壳的动物；自然界也曾尝试过产生体型巨大的动物。但最终，那些无外部护甲的、小型的、温血的、敏感而灵活的动物清除了这些庞然大物。同样，狮子和老虎并非成功的物种。暴力的滥用往往会适得其反，其主要缺陷在于阻碍了合作。每一种生物都需要友好的环境，一方面这会保护它免受剧烈的环境变化，另一方面会满足它的需求。暴力的福音与社会生活是不相容的。此处的暴力，是指最广义上的对抗行为。

几乎同样危险的是"同一性福音"。人类各国各民族之间的差异是维持更高层次发展可能性的必要条件。动物生命向上进化的一个主要因素是流浪的能力。或许这便是那些披甲怪兽不善于生存的原因——它们无法流浪。动物在新的环境中流浪，它们必须适应或者死亡。人类从树上流

浪到平原、从平原到海岸、从一种气候到另一种气候、从
一个大陆到另一个大陆、从一种生活习惯到另一种生活习
惯。当人类停止流浪时，将会停止在生命阶梯上的攀升。
身体上的流浪仍然重要，但更为关键的是人类精神上的探
险——思想的探险、激情的探险、审美经验的探险。各种
人类群体间的多样化是为人类精神的奥德赛提供动力与素
材的关键所在。具有不同习惯的其他民族并非敌人，而是
上帝的恩赐。人类需要邻居既有足够相似之处以便能够被
理解，又有足够不同之处来引发关注，并且有伟大的成就
值得钦佩。当然，我们不能期望对方具备所有的美德。即
便只是有一些足够奇特之处让人觉得有趣，我们也应感到
满足。

现代科学向人类提出了流浪的必要性。它的进步思想
与技术使得代际的时间过渡成为一次真正穿越未曾探索海
域的探险航行。流浪的真正益处在于其危险性，以及需要
技巧去避免可能的灾祸。因此，我们必须预料到未来将会
揭示更多的危险。未来本就应当充满危险，而科学的优点
之一便是它为未来履行职责提供了装备。统治 19 世纪的富
裕中产阶级过于看重生活的安逸。他们拒绝直面新工业体
系所带来的社会改革的必要性，而如今他们又在拒绝面对
新知识所引发的思想改革的需求。中产阶级对未来世界的
悲观源于将文明与安全混为一谈。可以预见，在不久的将
来安全性将会比过去更少，稳定性亦会降低。必须承认，
当下存在着一定程度的不稳定性，这与文明是不相符的

但总体而言，伟大的时代往往是动荡不安的时代。

在这些演讲中，我努力记录了一场思想领域中的伟大探险。这场探险由整个西欧各族人民共同参与，它的发展如同一场缓慢的群众运动，以半个世纪为时间单位。这是一部关于理性显现的史诗，它讲述了独特的理性方向如何在漫长的前期准备中逐渐在一个种族中浮现，如何在诞生后逐步展开其研究主题，如何取得辉煌的成就，如何影响人类行动的根本动力，以及最后，在其取得最大成功的辉煌时刻，其局限性又如何显露出来，进而召唤新的创造性想象力的运用。这个故事的寓意在于理性的力量及其对人类生命的决定性影响。从亚历山大到恺撒，从恺撒到拿破仑，这些伟大的征服者无疑深刻地影响了后世的生活。然而，与人类习惯和思维方式的彻底转变相比，这种影响就显得微不足道了，而这种转变正是由从泰勒斯到当代的漫长思想家队伍所推动的。这些思想家个体或许是软弱无力的，但他们最终成为世界的主宰。

索 引*

---

　　* 术语后面的数字是原书页码。

后　记

在当下中国出版资源极为紧俏的状况下，《怀特海全集》能够在中央编译出版社出版，实属幸事。在此，我要衷心感谢中央编译出版社张远航社长的慷慨应允与大力支持。该社的远见卓识与对学术出版的热忱，使得这套《全集》得以问世，为广大读者带来了丰富的学术盛宴。

同时，我要特别感谢北京师范大学全球化与文化发展研究院院长薛晓源教授的热情举荐。正是薛教授的慧眼识珠与积极推动，才让这一出版项目得以顺利推进。此外，责任编辑李媛媛和王岗为编辑本套《全集》付出了艰辛的努力，他们的敬业精神和专业素养令人钦佩。在编辑过程中，他们严谨细致，对每一个细节都精益求精，确保了《全集》的质量。

我还要特别感谢北师香港浸会大学高等研究院怀特海研究中心的大力支持。该中心为《全集》的出版提供了丰富的学术资源和经费的支持，使得我们能够更好地呈现怀特海的学术思想。

《科学与现代世界》作为怀特海在美国出版的第一本科学哲学著作，曾一度风靡世界，吸引了大批优秀学子前往哈佛大学跟随怀特海学习哲学，其中就包括贺麟、全增嘏等一大批中国留学生。他们亲炙怀特海门下，参加怀特海组织的周末家庭沙龙等活动，深受其学术思想的影响。这部著作的第一个汉译本《科学与近代世界》（商务印书馆版）曾对中国学者了解怀特海科学哲学思想产生过重大影响。然而，将"现代世界"意译为"近代世界"，虽参照了历史学上的分期，但并不完全契合怀特海在这部著作中所阐述的科学哲学思想。

本次我们将此书收入《怀特海全集》，把书名直译为《科学与现代世界》，既恢复了该书的英文原版书名——*Science and Modern World*，也完全契合怀特海在这部著作中所阐述的科学哲学思想，特别是 17 世纪以来的科学发展对现代社会的积极作用和负面影响。从科学发展史来看，人们通常把牛顿以来的科学看作现代科学，而科学对现代世界的影响，从怀特海在本书中的论述来看，确实也是指自那时以来直到怀特海写作本书时的世界。因此，将书名中的"Modern World"译为"现代世界"更为准确，也契合当今学术界对"现代主义"中蕴含的"现代性"的负面影响的批判。

作为本书的最后校对者，我深知书中翻译的精彩内容和文字表述，都是译者郭海鹏教授学术素养和翻译水平的体现。郭教授在翻译过程中，严谨认真，对每一个术语、每一句话都反复推敲，力求准确传达怀特海的学术思想。同时，为了统一《怀特海全集》中的术语，我对一些关键术语进行了调整。若有不妥之处，敬请译者和读者见谅。

最后，我要特别感谢本书的责任编辑王岗同志。他在编辑本书和其他著作时，展现出的敬业和负责精神，令人钦佩不已。他不仅对文字内容严格把关，还对排版、校对等各个环节都一丝不苟，确保了书籍的高质量出版。

回顾这一套著作的整个翻译和出版过程，感慨万千。能够为在汉语学界传播和弘扬怀特海的学术思想贡献一份力量，深感荣幸。希望本书的出版，能够让更多的读者了解怀特海的科学哲学思想，从中获得启发和思考。

最后，北师香港浸会大学高等研究院为《怀特海全集》的出版提供了经费支持，特此致谢。

杨富斌
2025 年 5 月 1 日于北京金禧璞缇寓所